本报告的出版得到

国家重点文物保护专项补助经费资助

史道洛墓

宿白

题字：宿　白（北京大学）

执笔：○ 雷润泽（宁夏回族自治区文化厅文物局）　　　○ 谷一尚（共立女子大学）
　　　○ 罗　丰（宁夏固原博物馆）　　　　　　　　　○ 菅谷文则（滋贺县立大学）
　　　○ 苏　哲（北京大学）　　　　　　　　　　　　　茂木雅博（茨城大学）
　　　○ 卫　忠（宁夏文物考古研究所）　　　　　　　　三宅俊彦（国学院大学）
　　　　　陈晓桦（宁夏文物考古研究所）
　　　　　郑克祥（宁夏固原博物馆）

鉴定分析：韩康信（中国社会科学院考古研究所）
　　　　　袁　靖（中国社会科学院考古研究所）
　　　　　安家瑗（中国历史博物馆）

翻译：苏　哲　　　　　　　　　　　　　　　　　　　菅谷文则
　　　朱岩石（中国社会科学院考古研究所）　　　　　妹尾信子（共立女子大学）
　　　　　　　　　　　　　　　　　　　　　　　　　三宅俊彦

○：编辑委员
注：上述人员所属单位均系参加发掘时服务单位。

原州联合考古队发掘调查报告之一

唐史道洛墓

原州联合考古队　编著

文物出版社

北京·2014

封面设计：周小玮
责任印制：张道奇
责任编辑：刘　昶

图书在版编目（CIP）数据

唐史道洛墓/原州联合考古队编著．—北京：文物出版社，2014.7
ISBN 978－7－5010－4026－1

Ⅰ.①唐…　Ⅱ.①原…　Ⅲ.①唐墓－墓葬（考古）－研究　Ⅳ.①K878.84

中国版本图书馆 CIP 数据核字（2014）第 128803 号

唐 史 道 洛 墓

原州联合考古队　编著

*

文 物 出 版 社 出 版 发 行
（北京市东直门内北小街 2 号楼）
http://www.wenwu.com
E-mail：web@wenwu.com
北京君升印刷有限公司印刷
新 华 书 店 经 销
889×1194　1／16　印张：18　插页：1
2014 年 7 月第 1 版　2014 年 7 月第 1 次印刷
ISBN 978－7－5010－4026－1　定价：280.00 元

目　录

插 图 目 录

插 表 目 录

彩 版 目 录

前　　言

　　固原，作为西北历史上的交通重镇，汉唐时期被称作"高平"、"原州"。丝绸之路开通后，这里成为东西文化的交汇与中转站。从 20 世纪 80 年代以来，在固原地区发现了一系列重要的北魏、北周和隋唐墓葬，出土的大批珍贵文物引起了海内外考古学、历史学界的关注。尤其是日本同仁，提出运用科学的方法进行中日两国的合作研究，得到了宁夏文物考古部门的积极响应。

　　为了实现中日两国学界关于对宁夏地区北朝、隋唐墓葬与丝绸之路的合作研究，共立女子大学申请到 1995~1996 年度日本国文部省科学研究基金（国际学术研究·学术调查"中国北部的美术考古学调查"，研究代表谷一尚），聘请中国考古学学会副理事长北京大学宿白教授为学术顾问，由共立女子大学（谷一尚）、滋贺县立大学（菅谷文则）、茨城大学（茂木雅博）、宁夏固原博物馆（罗丰）、北京大学（苏哲）、宁夏文物考古研究所（卫忠）等组成原州联合考古队，在丝绸之路中国河西走廊以东的重镇宁夏回族自治区固原县，对北朝—隋唐时期的原州古墓群进行调查发掘。1995 年 8~9 月进行了第一次调查，期间于固原县南郊乡小马庄村发掘了唐史道洛夫妇合葬墓（墓主为唐高宗显庆三年〔658 年〕合葬的左亲卫史道洛及夫人康氏）；1996 年 5~9 月进行了第二次调查，期间发掘了大堡村北周雁门郡公柱国大将军田弘墓（墓主为周武帝建德四年〔575 年〕葬田弘及追葬的夫人）。两座墓都出土了墓志，墓主人身份与埋葬时间清楚。出土的拜占庭金币、玻璃器和壁画等遗物对于考察北朝—隋唐时期丝绸之路上的东西方文化交流及中国各地域独特的文化因素具有重要意义。在有关方面的支持与协助下，中日联合考古队将发掘资料整理出来编成书稿，其中，《北周田弘墓》中文版已于 2009 年由文物出版社出版。期望《唐史道洛墓》发掘报告的中文版公刊以后能够为促进两国学术研究的合作、发展作出进一步的贡献。为了便于研究者使用，报告中尽可能刊载详尽的彩色图版和准确的实测图。文中疏漏之处在所难免，敬请大家指正。

本报告曾在日本东京勉诚出版社出版，这次在国家文物局的大力支持下，报告的修订本由文物出版社出版。

第一章　概　　述

第一节　地理环境与气候

一、地理环境

固原地处中国内陆省宁夏回族自治区南部，位于北纬35°14′～36°05′与东经105°09′～106°59′之间，属于中纬度内陆地区，总面积16738平方公里，与甘肃省的庆阳、平凉、定西地区毗邻，通常被认为属黄河中上游地区。固原因距省会城市银川、兰州、西安在300至400公里之间（图一），自古以来是南北交通的必经之地。

地理形态对当地生活形态有着长期的制约作用，固原属典型的黄土高原地貌，在陕北黄土高原与陇西黄土高原的交接地带。地貌基本由黄土丘陵和六盘山地两部分组成，海拔在1300米至1900米之间，高差近600米。断续相连的主要是六盘山系。六盘山在中生代晚期有过剧烈的沉降，经燕山运动、喜马拉雅运动褶皱隆起、抬升，形成二列近乎南北走向的平行山脉。西列称六盘山，东列称小关山，成为清水河、泾河与渭河的分水岭。六盘山主峰美高山（亦称米缸山）高2942米，另外主峰在2600米以

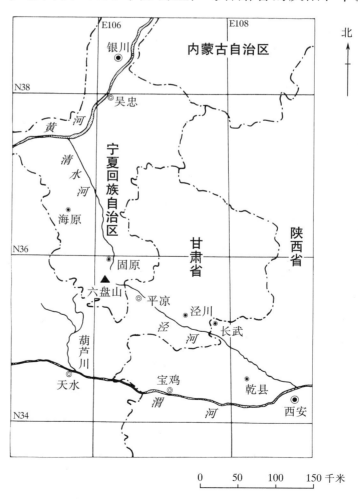

图一　固原位置图

上的有月亮山和南华山等。清水河是黄河的一级支流，源于六盘山麓的东侧开城梁一带，
两岸是冲积平原及台地，台地被马兰黄土覆盖，地势较为平坦，是主要的农业区。自古
以来，重要的交通要道几乎都沿河而行。河谷平原之上是黄土丘陵地带，塬、梁、峁等
起伏较大的地形，使黄土高原显得支离破碎，沟壑万千。地质结构、黄土的沉积特点和
气候条件是形成固原黄土地貌的主要因素，黄土的覆盖厚度一般为 20～90 米①。固原城
的位置在清水河上游台地上，东西环山，南北方向是清水河谷。

二、气　候

除去地理因素外，气候也是决定一个地区生活形态的重要因素。固原地区是温带半
湿润与半干旱气候环境，六盘山区称阴湿区，其余为半干旱区。基本特征是：风沙大，
日照时间长，干旱缺水；冬季寒冷漫长，夏季短促凉爽，日温差大；无霜期短，灾害性
天气频繁。

由于海拔较高，太阳辐射总量较为丰富，多在 5300 兆焦耳/米左右，年日照时间在
2318.7～2867.1 之间。年平均气温在 7℃ 以下，年温差较大。最冷的 1 月份为 -8℃ ～
10℃，最热的 7 月份为 18℃ 左右（表一），最高温度 30℃，但持续时间较短。

表一　　　　　　　　　　固原等地月、年平均气温比较表②　　　　　　　　（单位:℃）

地点 \ 月	1	2	3	4	5	6	7	8	9	10	11	12	年平均
银川	-8.6	-4.7	2.7	10.7	17.1	21.4	23.4	21.6	16.0	9.1	0.9	-6.6	8.6
固原	-8.1	-5.3	1.1	8.0	13.2	16.9	18.8	17.7	12.3	6.6	-0.6	-6.1	6.2

固原年降水平均在 450 毫米以上。地区间因地形不同有较大差异，由南向北逐渐呈
减少趋势。六盘山东南坡是宁夏暖湿空气进入的主要通道，由于地势抬升，山地降水量
高达 600～700 毫米，有黄土高原湿岛之称。在降水量的分配上，冬春少于夏秋。由于夏
秋降水量主要集中在 7、8、9 三个月，虽然仅以降水量而言完全超过旱作农业 400 毫米
降水量，但仍然不能满足基本需要。固原在季风地区的边缘，多东南风，与六盘山的走
向大体一致③。

进入历史时期以后七千年间，根据考古、文献资料，可分出四个温暖期和四个寒冷
期④，气候的冷暖转换，对当地居民生活产生重要影响。其中公元七至十世纪，相当于隋
唐时期，属于第三个温暖期。盛唐诗人王昌龄在《塞下曲》一诗中描写固原一带的物候

---

① 参见宁夏农业地理编写组：《宁夏农业地理》3～6 页，科学出版社，1976 年。固原地方志编纂委员会：《固
　原地区志》80～85 页，宁夏人民出版社，1994 年。宁夏回族自治区国土规划领导小组办公室：《宁夏国土资
　源》24～32 页，宁夏人民出版社，1988 年。
② 宁夏回族自治区气象局：《宁夏气象志》79 页，气象出版社，1995 年。
③ 宁夏回族自治区气象局：《宁夏气象志》69～114 页。
④ 竺可桢：《中国近五千年来气候变迁的初步研究》，原载《考古学报》1972 年第 1 期 15～38 页，后收入《竺
　可桢文集》475～478 页，科学出版社，1979 年。

情况："蝉鸣空桑林，八月萧关道。出塞复入塞，处处黄芦草"①。蝉鸣桑林的物候现象，表示气温较高，气候炎热，并且只有冬季温暖，才能保证蝉幼虫过冬，以目前的气候条件已经听不到蝉鸣，向南推移四百多公里的西安才可听到蝉声。根据一些学者的统计，从明代开始的近五百年间，在宁夏历史上形成一个相对寒冷的时期，近60%的年份有旱灾，并呈逐步增加的趋势②。

第二节　历史沿革

固原，是西北历史上的重镇，《读史方舆纪要·陕西七》固原州条云："州据八郡之肩背，绾三镇之要脊。元《开成志》云'左控五原，右带兰、会，黄河绕北，崆峒阻南，称为形胜'"③。

相当于中原商、周之际，固原是北方游牧民族聚集之地，其中周代一个与北方地区有着密切关联的地名——大原，被认为与固原有关。《诗经》中多次出现有关大原战事的诗篇④。春秋战国时期，北方地区由于专业游牧化的兴起，诸多以骑马为特征的游牧民族，纷纷移居这一地带。《史记·匈奴传》概括了当时的形势："自陇以西有绵诸、绲戎、翟、獂之戎"。"各分散居谿谷，自有君长，往往而聚者百有余戎，然莫能相一"⑤。名单上所列举的这些少数民族，被秦国占领后都变成秦属县（并）名：义渠、大荔、乌氏和朐衍等。

西汉元鼎三年（公元前114年），析北地郡之西北部另置安定郡。安定郡辖二十一县，囊括固原全境，郡治在高平（今固原市原州区），乌氏、朝那、月支道等县，俱在今固原境内。东汉时，安定郡辖县减少为七。安帝时，安定一带羌族暴动迫使安定等三郡内迁今陕西武功，汉顺帝时羌人起义被镇压后，安定等郡始复原始，不过以临泾（今甘肃省镇原县）为郡治。三国鼎峙，固原亦属安定郡，属魏雍州辖，后沦为匈奴余部属地。十六国时政区变化纷乱，属前后赵、秦、赫连夏诸国统领。北魏太延二年（公元436年）置高平镇，正光五年（公元524年）改为原州，置高平城。原州下辖高平、长城二郡。高平郡属县有高平、里亭；长城郡属县有黄石、白池。西魏时改高平为平高。

隋朝开皇三年（公元583年）废郡置州，炀帝时，又复州为郡。大业三年（公元607年）改原州为平凉郡。固原境内新置县有百泉、平凉、他楼。李唐王朝建立后，武德元年（公元618年）改平凉郡为原州，将全国分为十道，原州属关内道。又在边关要地设置总管府，以统军臣。武德元年，平薛仁杲，置原州。贞观五年（公元631年）置原州

---

① 王昌龄：《塞下曲》，版本不同字亦稍异，参见《全唐诗》卷一百四十，2420页，中华书局标点本，1992年。
② 参见杨新才：《宁夏水旱自然灾害史料》41～294页，宁夏回族自治区水文总站铅印本，1987年。
③ 顾祖禹：《读史方舆纪要·陕西七》卷五十八，2802页，中华书局，2005年。
④ 《诗经》中关于大原、猃狁之篇目甚多，著名的有《小雅·六月》"薄伐猃狁，至于大原"。《小雅·采薇》"靡室靡家，猃狁之故"。参见朱熹：《诗集传》105、115页，上海古籍出版社，1980年。
⑤ 《史记·匈奴传》卷一百一十，730页，中华书局标点本，1997年缩印本。

“都督府，管原、庆、会、银、亭、达、要等七州。十年，省亭、达、要三州，唯督四州”[①]。天宝元年（公元742年）改原州为平凉郡，乾元元年（公元758年）又复原州。贞观六年（公元632年），在原州地置银州，统突厥降户，寄治平高县界他楼城。他楼县，高宗神龙三年（公元707年）废，另立萧关县。安史之乱以后，吐蕃势力强大向南扩张，河、陇地区尽为吐蕃所据，元和三年（公元808年）于泾州临泾（今甘肃靖远县）移至原州。原州弹筝峡（今固原南三关口）一线成为唐蕃边境分界。原州虽被吐蕃所占，但却弃之不居。大历八年（公元773年）宰相元载深“知河西、陇右之要害”，上书奏议城原州。云：“今国家西极于潘源，吐蕃防戍在摧沙堡，而原州界其间。原州当西塞之口，接陇山之固，草肥水甘，旧垒存焉。吐蕃比毁其垣墉，弃之不居。其西则监牧故地，皆有长壕巨堑，重复深固。”[②] 并称修城二旬可毕，如筑原州城是谓断西戎之胫，朝廷可高枕矣。事未行而元载被诛。贞观年间吐蕃曾修原州城而居之。大和三年（公元829年）泾原节度使康季荣收复原州及石门、驿藏、木峡、制胜、六盘、萧关等七关，关敕名萧关为武州。五代、宋初，固原遂成为中原与西夏交界处。至道三年（公元997年）在唐原州地置镇戎军，初为陕西秦凤路，后改泾原路。庆历三年（公元1043年）在今固原隆德县城置德顺军。大观二年（公元1108年）升平夏城（今固原黄铎堡城）为怀德军。

金时升镇戎、德顺、怀德三军为州。元至元九年（公元1272年）封皇太子忙哥剌为安西王，驻锡开成（今固原开城乡）。有元一代开成遂有县、州、府、路等设置。明成化四年（公元1468年）置固原卫，成化六年（公元1470年）置固原兵备道。成化十年（公元1474年）置延绥、甘肃、宁夏三边总制府于固原，总督陕西三边军务。弘治十四年（公元1501年）设固原镇（又称陕西镇）。弘治十五年（公元1502年）置固原州。固原之名始于明代，因“北魏以此置原州，以其地险固因名”，“是为固原”[③]。清代初置固原州，属陕西省平凉府辖。陕西三边总督仍驻节固原，辖陕西、甘肃、延绥、宁夏四省巡抚。同治十二年（公元1873年）升固原州为直隶州。民国二年（公元1913年）废固原州，改为县。1953年成立西海固回族自治区，1955年改称固原回族自治州，隶甘肃省。1958年宁夏回族自治区成立后，划归宁夏，成为固原地区行政公署，下辖固原、海原、西吉、隆德、泾源、彭阳等六县。2000年，改为固原市，辖一区四县，原固原县改为原州区，海原县划归中卫市。

（罗丰）

第三节　发掘经过

从得到1995年度日本文部省科学研究费批准书之时，作为研究项目负责人的谷一尚先生便开始联络召集日本方面的成员。与此相应，宁夏方面的有关工作取得进展后，于

---

① 《旧唐书·地理志》卷三十八，374页，中华书局标点本，1997年缩印本。
② 《旧唐书·元载传》卷一百一十八，877页，中华书局标点本，1997年缩印本。
③ 那彦成：《重修固原城碑记》，现碑已无存，拓本藏固原博物馆。

1995 年 5 月 16 日邀请谷一尚、菅谷文则二氏来宁。这次宁夏之行，谷一尚、菅谷文则等考察了固原的发掘现场，并调查了固原博物馆的收藏品。在银川拜会了自治区政府马文学副主席、文化厅刘长宗厅长，并进行了友好的交谈。此后会同雷润泽、罗丰、卫忠三位先生前往国家文物局，并与宿白教授、苏哲副教授探讨并交换了意见。国家文物局专家组成员徐苹芳教授对发掘调查工作表示了支持。至此各方面意见汇总之后，发掘调查一事确定下来。

以下为发掘调查和资料整理的梗概。

1995 年度调查发掘

日　期　7 月 29 日～9 月 25 日

参加者　（中国方面）雷润泽、陈坤、罗丰、卫忠、苏哲、陈晓华、郑克祥、李全福、
　　　　　　　　　　陈安位、王建斌

　　　　（日本方面）谷一尚、菅谷文则、茂木雅博、铃木昭夫、日高薰、津村真辉子
　　　　　　　　　　辅助员（三宅俊彦、妹尾信子、箕轮正和）
　　　　　　　　　　学　生（郡司真由美）
　　　　　　　　　　视　察（北岛万次、北岛英子、大冢华子）

日　程

7 月 29 日　　　　日本方面成员从名古屋出发抵达西安国际机场受到中方的迎接。

7 月 30 日～8 月 7 日　协调发掘调查细节。签订协议书。此间参观调查了以往出土遗物。

8 月 5 日　　　　固原南郊实地考察，确定发掘地。

8 月 6 日～8 月 7 日　固原博物馆参观考察。

8 月 8 日～8 月 9 日　史道洛墓地形测量。

8 月 8 日　　　　开始测量地形地貌。

8 月 9 日　　　　开始正式发掘。

8 月 24 日　　　出土了墓志。同时还进行绘制周围墓葬封土平面图的工作。

9 月 10 日　　　墓道的发掘达到甬道墓门处。

9 月 18 日　　　开始发掘墓室。

9 月 19 日　　　刘长宗厅长视察发掘现场。

9 月 24 日　　　发掘调查全部结束。

9 月 25 日　　　返回银川。

1995 年度资料整理（同时进行田弘墓的发掘调查）

日　期　5 月 15 日～8 月 21 日

参加者　（中国方面）罗丰、卫忠、苏哲、陈晓桦、郑克祥、赵永洪

　　　　（日本方面）谷一尚、菅谷文则、茂木雅博、铃木昭夫、前园实知雄、钟方正
　　　　　　　　　　树、桥本裕行
　　　　　　　　　　辅助员（三宅俊彦、妹尾信子）
　　　　　　　　　　学　生（川上博子、宇都寿幸、高木清生、高木优子、山口典子、

　　　　　　吉川一子）

1996 年度资料整理（同时进行田弘墓的发掘调查）

日　　期　　12 月 22 日～1997 年 1 月 14 日

参加者　　（中国方面）罗丰、卫忠、苏哲、陈晓桦、郑克祥、黄丽荣、赵永洪

　　　　　　（日本方面）谷一尚、菅谷文则、早乙女雅博、日高薫、津村真辉子、梅原章
一、卜部行弘、福田小夜子、山内和也

　　　　　　　　辅助员（三宅俊彦）

　　　　　　　　学　　生（西泽志保、川上博子、中尾史、才本佳孝、高木清生、
高木优子、山口典子、宫崎雅充、平郡达哉、宫入文彦、高木公
辅、饭田史惠、仲村友一）

1997 年度资料整理（同时进行田弘墓的发掘调查）

日　　期　　12 月 25 日～1998 年 1 月 14 日

参加者　　（中国方面）罗丰、卫忠、陈晓桦、郑克祥、黄丽荣

　　　　　　（日本方面）菅谷文则、钟方正树

　　　　　　　　辅助员（三宅俊彦）

　　　　　　　　学　　生（川上博子、高木清生、藤田加奈子、山口典子、宫崎雅
充、平郡达哉、宫入文彦、高木公辅、饭田史惠、福田由里子、
早川圭、市元垒、三国博子）

1998 年度资料整理（同时进行田弘墓的发掘调查）

日　　期　　9 月 27 日～10 月 6 日

参加者　　（中国方面）罗丰、卫忠、苏哲、陈晓桦、郑克祥

　　　　　　（日本方面）谷一尚、菅谷文则、安井宣也

　　　　　　　　辅助员（三宅俊彦）

　　　　　　　　学　　生（川上博子、高木清生、高木优子、市元垒、加贺谷央、
盐谷磨智子、大籔由美子、福田由里子、山本郁子、劳文子、小
原聪子、永坂朋子、林依美、森垣直美、园部彩、饭田史惠）

第四节　发掘组织

　　中日联合原州古墓调查队的组织结构如后所述。在资料整理阶段多为自费，因此，
前节在资料整理成员的名单中，留存了较多学生的名字。

　　以下为 1995 年 8 月 4 日签订的《中日联合考古队固原北朝至隋唐墓葬调查计划协议
书》中的组织结构（均为当时所任职务）。

学术顾问　宿　白　　　北京大学考古系教授

中方队员　罗　丰　　　宁夏固原博物馆副研究员（中方队长）

卫　忠　　宁夏文物考古研究所助理研究员（中方副队长）

苏　哲　　北京大学考古系副教授

陈晓桦　　宁夏文物考古研究所助理研究员

郑克祥　　宁夏固原博物馆助理研究员

日方队员　谷一尚　　东京共立女子大学副教授（日方队长）

菅谷文则　　滋贺县立大学教授（日方副队长）

茂木雅博　　茨城大学教授

前园实知雄　橿原考古学研究所室长

日高薫　　国立历史民俗学博物馆助手

（雷润泽）

第二章　周围遗迹与隋唐墓地

第一节　周围遗迹

环绕固原城周围埋藏着丰富的古代文化遗存，主要有新石器时代、春秋战国、秦汉、北朝至隋唐、宋元明清各时代的遗迹和遗物（表二），其中以北朝至隋唐时代的墓葬最引人注目。

表二　　　　　　　　　　　　　固原城郊周边遗迹一览表

编号	名　称	位　置	时　代	形　制	出土遗物	资料来源
1	孙家村西周墓	中河乡孙家村	西周	土坑墓	铜鼎、簋、戈、车马具、贝等各类遗物	注①
2	鸦儿沟春秋墓	西郊乡鸦儿沟村	春秋末	土坑墓	铜鹤嘴斧、锛、银环、马具、珠饰等	注②
3	战国、秦长城	西郊乡明庄梁	战国、秦、汉		长城城垣遗迹	注③
4	固原师专汉墓	固原城北郊	西汉	砖室墓	绿釉陶壶、仓、陶灶、陶罐、铁刀、五铢等	注④
5	北塬汉墓	西郊乡北塬村	西汉至东汉	砖室墓	黄釉陶壶、绿釉陶壶、井、仓、陶壶、灶、罐、盆、铁刀、铜镜、带钩、五铢、货泉、货布等	注⑤
6	鸦儿沟汉墓	西郊乡鸦儿沟	东汉	砖室墓	彩绘骨尺、松塔墨等	注⑥

① 固原文物工作站：《宁夏固原西周墓发掘简报》，《考古》1993年第11期982～984页。
② 钟侃：《宁夏固原县出土文物》，《文物》1978年第12期88页。
③ 宁夏回族自治区博物馆、固原县文物工作站：《宁夏境内战国、秦、汉长城遗迹》，文物编辑委员会编《中国长城遗迹调查报告集》45～51页，文物出版社，1981年。
④ 资料未刊，藏固原博物馆。
⑤ 张宁夫：《固原县汉墓》，《中国考古学年鉴（1984）》173页，文物出版社，1984年；宁夏固原博物馆：《宁夏固原汉墓发掘简报》，《华夏考古》1995年第2期28～40页。
⑥ 钟侃：《宁夏文物述略》41～42页，宁夏人民出版社，1980年。

续表二

编号	名　称	位　置	时　代	形　制	出土遗物	资料来源
7	上饮河汉墓	西郊乡上饮河	东汉	砖室墓	陶罐、铜镜、骨管、五铢、珠饰等	注①
8	北魏漆棺画墓	西郊乡雷祖庙村	北魏	斜坡墓道砖室墓	漆棺画、萨珊卑路斯银币、舟形银杯、鎏金铜铺首、铁马镫等	注②
9	北周宇文猛墓	南郊乡王涝坝村	北周保定三年（563年）	多天井、斜坡墓道土洞墓	壁画、镇墓兽、镇墓武士、甲骑具装俑、武士俑、墓志等	注③
10	北周李贤墓	西郊乡深沟村	北周天和三年（569年）	多天井、斜坡墓道土洞墓	壁画、鎏金银壶、玻璃碗、环首刀、镇墓兽、镇墓武士俑、墓志等	注④
11	隋史射勿墓	南郊乡小马庄村	隋大业六年（610年）	多天井、斜坡墓道土洞墓	壁画、白瓷罐、四系青瓷罐、金器、萨珊卑路斯银币、墓志等	注⑤
12	唐史索岩夫妇墓	南郊乡羊坊村	唐显庆三年（658年）	多天井、斜坡墓道土洞墓	壁画、白瓷罐、豆、瓶、绿釉瓷砚、东罗马金币仿制品、石门、墓志等	注⑥
13	唐史诃耽夫妇墓	南郊乡小马庄村	唐咸亨元年（670年）	多天井、斜坡墓道土洞墓	铜镜、鎏金小铜豆、宝石印章、玻璃花、东罗马金币仿制品、墓志等	注⑦
14	唐史铁棒墓	南郊乡羊坊村	唐咸亨元年（670年）	多天井、斜坡墓道土洞墓	陶碗、钵、铜镜、开元通宝、萨珊金币仿制品、墓志等	注⑧
15	唐史道德墓	南郊乡王涝坝村	唐仪凤三年（678年）	多天井、斜坡墓道土洞墓	金覆面、金带扣、陶俑、陶罐、陶钵、东罗马金币仿制品、墓志等	注⑨
16	唐梁元珍墓	南郊乡羊坊村	唐圣历二年（699年）	多天井、斜坡墓道土洞墓	壁画、开元通宝、铁剪刀、陶砚、陶碗、墓志等	注⑩
17	西关宋元墓	西郊乡西关村	宋元	多天井、斜坡墓道仿木结构砖室墓	黑釉瓷坛、灯、罐、碗、陶砚、崇宁重宝等	注⑪

① 宁夏文物考古研究所等：《固原上饮河东汉墓清理简报》，《宁夏考古文集》119～123页，宁夏人民出版社，1996年。

② 宁夏固原博物馆：《固原北魏漆棺画》1～19页，宁夏人民出版社，1988年。

③ 宁夏文物考古研究所固原工作站：《宁夏北周宇文猛墓发掘简报》，《宁夏考古文集》134～147页，宁夏人民出版社，1996年。

④ 宁夏回族自治区博物馆、宁夏固原博物馆：《宁夏固原北周李贤夫妇墓发掘简报》，《文物》1985年第11期1～22页。

⑤ 罗丰编著：《固原南郊隋唐墓地》7～30页，文物出版社，1996年。

⑥ 罗丰编著：《固原南郊隋唐墓地》31～54页。

⑦ 罗丰编著：《固原南郊隋唐墓地》55～77页。

⑧ 罗丰编著：《固原南郊隋唐墓地》78～86页。

⑨ 罗丰编著：《固原南郊隋唐墓地》87～96页。

⑩ 罗丰编著：《固原南郊隋唐墓地》112～135页。

⑪ 延世忠等：《固原城郊元代仿木构砖室墓清理简报》，《宁夏文物》1990年总4期23～25页。

第二节　隋唐墓地

固原城东西南三面环山，清水河绕其东流，西南的白马山远望形似一匹白马，故而得名。白马山与固原城之间有一片开阔的塬地，塬地南侧为清水河支流马饮河谷切割，西北侧则是中河环绕，塬地南北宽 6 公里，东西长 9 公里，是古人理想的葬地，集中埋葬着北朝至隋唐的十几座墓葬，分属西郊乡深沟、大堡，南郊乡的羊坊、小马庄、王涝坝、杨家庄、万崖子、寇庄等自然村。北周墓葬占居塬的中央位置，分布相距较远，数千米不等。隋唐墓葬则集中分布在塬的东南边缘，其南河谷分布着现代聚落，塬边缘有一条现代简易公路由东向西穿过，公路两侧是隋唐墓葬群（图二、三；彩版一、二）。墓葬封土多在平整土地时被挖掉，但部分仍存封土（彩版三）。每座墓葬间距百米至数百米不等（图四）。北朝时称其地为"原州西南陇山之足"[1]，唐时则有"百达原"[2]之称。

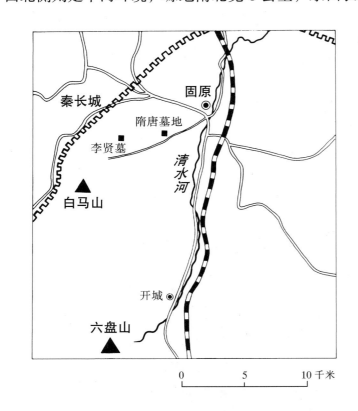

图二　固原南郊北周隋唐墓地分布图

20 世纪 70 年代后期以来，考古工作者对固原周围遗迹进行调查、发掘。先期调查发掘对象主要是城西、北郊的汉墓[3]。1982 年，固原文物工作站组织人力对西南郊北朝隋唐墓地进行调查，并于当年十月对唐史道德等两座墓葬进行发掘。1983 年秋，宁夏博物馆、固原文物工作站联合对北周李贤夫妇墓进行发掘。1985年，固原博物馆对唐史索岩夫妇墓进行发掘。1987 年，宁夏文物考古研究所固原工作站对隋史射勿等两座墓进行发掘。1993 年，同上单位对北周宇文猛墓进行发掘。这些发掘工作受到学术界的广泛关注，著名考古学家宿白、安志敏等亲临现场指导。

（罗丰）

① 延世忠等：《固原城郊元代仿木构砖室墓清理简报》，《宁夏文物》1990 年总 4 期 21～22 页。
② 延世忠等：《固原城郊元代仿木构砖室墓清理简报》，《宁夏文物》1990 年总 4 期 23 页。
③ 罗丰编著：《固原南郊隋唐墓地》17 页，文物出版社，1996 年。

北

图三　固原县城和南郊黄土台地（约1/32500）

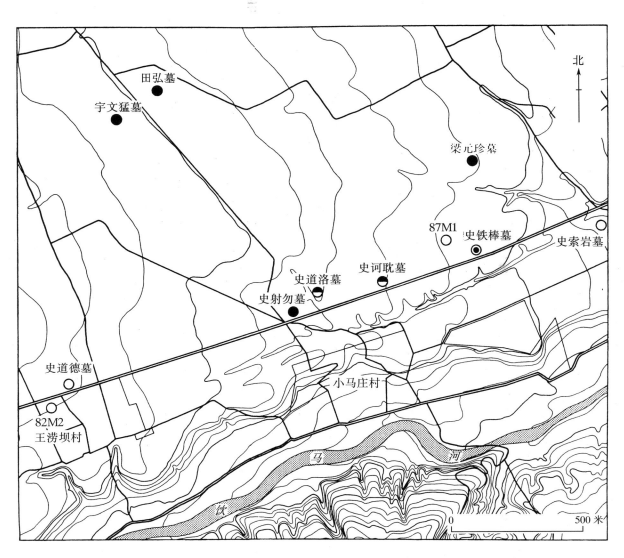

图四　史氏墓葬分布图

第三节　封土测绘

固原南郊的六盘山系高原，古称"百达原"。这一带分布着从北周到隋唐时代的封土墓。位于百达原北部深沟村至大堡村之间的北周李贤墓、宇文猛墓、田弘墓等尤为著名。百达原南部，从正对饮马河的南郊乡王涝坝村经小马庄至羊坊村一线，82M2、史道德墓、史射勿墓、史诃耽墓、87M1、史铁棒墓、史索岩墓整然排列。从史铁棒墓至史索岩墓之间的地点向北约 400 米分布着梁元珍墓等隋唐时代的墓葬（图四）。

对百达原一带古墓葬群的发掘调查是从 1982 年 10 月史道德墓开始的，至 1996 年田弘墓的发掘结束暂告一段落。但是，1995 年以前的调查没有进行封土测量。本次中日联合发掘中对现存发掘终了的古墓葬封土全部进行了测量。以下以南支群为中心将测量记录整理如下。

1995 年中日合作考古发掘开始之际，南支群中的 82M2、史道德墓和史索岩墓等三座古墓的封土已被削平，未被列入测量对象。我们以史道洛墓的封土顶部为基点对史射勿墓至梁元珍墓之间的六座墓进行了测量。1996 年又依据位于固原县城墙的水准点，测算出基准点 1802.593 米的海拔高度（考虑到今后调查的需要，于小马庄村村民赵吉宅的正门边上设置了 1798.309 米水泥临时基准点，相对于史道洛墓的封土顶部，该基准点相对高差为 - 4.30 米）。本次封土测量均以 25 厘米间隔的等高线实施。

总体测量结果显示出史射勿墓至史铁棒墓距离约 800 米，史射勿墓的营造基准点为海拔 1804.453 米，史铁棒墓的营造基准点为海拔 1789.843 米。两墓的修筑地点之间存在 14.61 米的相对高差。梁元珍墓与呈西南至东北直线分布的史氏诸墓之间有一条从北侧切入的狭窄谷地，古墓群修筑在地势较高的海拔 1793.093 米处。以下将分别报告各墓葬的封土状况，并在文末加以考察。

一、史射勿墓的封土（图五；彩版三，1）

据发掘报告，1987 年发掘调查时，封土南北径 16 米，残高 4.7 米[①]。但是，关于封土的形状只发表了简单的剖面图，没有附加详细的文字记录。该墓的内部结构为：墓道长 13 米，有两个天井。墓室长 3.25、前部宽 3.35、后壁宽 3.6 米，平面大致呈方形。本次测量中，在现存封土南侧田地中确认了墓道遗迹，完全回填的天井的范围已无法测出。封土东侧分布六座现代坟墓。

封土测量以 1808.499 米为最高点，图示范围东西 40、南北 40 米。东侧标高 1801.719 米，西侧 1800.969 米。测量结果封土东西径 12.5、南北径 13.5 米，平面呈圆形。现存封土顶部看不到平坦的部位，封土顶点以下 25 厘米的等高线东部长 1.5 米，北部长 1.8 米，呈直线状，西南部被削掉，切线位于封土南部，长约 6 米，从墓顶一直下切到 1 米的高度。这样封土的西南部完全被破坏，原状无存。在至顶点 1 米的相对高度上（海拔 1797.469 米）封土平面呈东西 6、南北 3 米的不规则椭圆形。至顶点 2 米（海拔 1796.496 米）的高度上，出现了绕封土一周的切削面，封土平面呈东西 9 米、南北 7 米的不规则椭圆形。至该水准，是以 25 厘米为高差的等高线测量的，以下部分的测量则以 50 厘米为等高间隔实施。- 2.5 米至 - 4.0 米的高度如图五所示。- 4.0 米等高线的西南侧未能纳入图内，向北向南呈不闭合状。- 4.25 米的等高线除西侧外呈方形。测量结果显示，封土高度 4.5 米，基部规模为东西 12.5、南北 13.5 米。

根据南侧墓道遗迹推测封土与墓室的相对位置，墓室应构筑于封土南侧的下方。

---

① 　罗丰编著：《固原南郊隋唐墓地》7 页，文物出版社，1996 年。

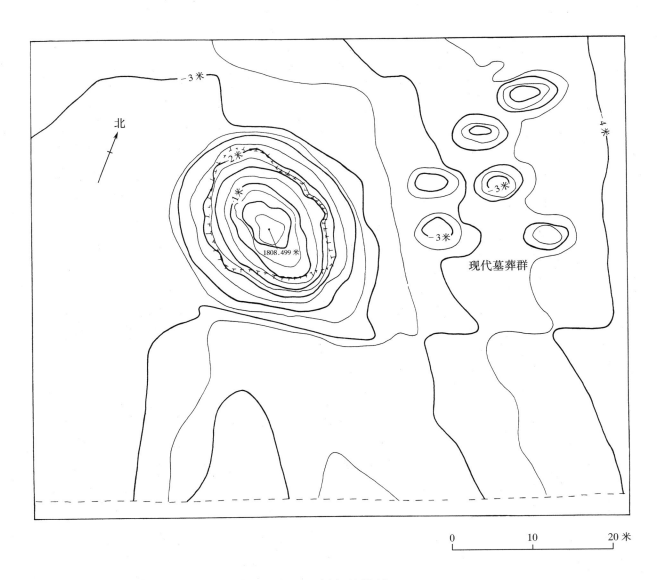

图五　史射勿墓的封土

二、史诃耽墓的封土（图六；彩版三，2）

1986 年发掘时，封土残高 6 米，底径东西 20、南北 22 米，顶部可以见到狭窄的平坦部，封土整体剖面成覆置圆底锅状①。1995 年测量时封土仅存一半，偏向西南的半部已被垂直切去。封土南侧至道路之间五个凹下的遗迹尚可确认。现存封土的海拔为1803.279 米，基部为 1797.259 米，封土高度 6.02 米。

该封土的测量范围东西 45、南北 55 米，这是因为南侧和东侧是道路，北侧为菜地，西侧地形变化较少，再加上纸幅的限制。

测量结果是沿着封土南部的五个天井遗迹，海拔 1797.029 米和海拔 1797.779 米两条等高线呈"U"字形迂回。海拔 1797.279 米等高线东侧南北长 3、东西宽 1.2 米的范

---

① 罗丰编著：《固原南郊隋唐墓地》55 页，文物出版社，1996 年。

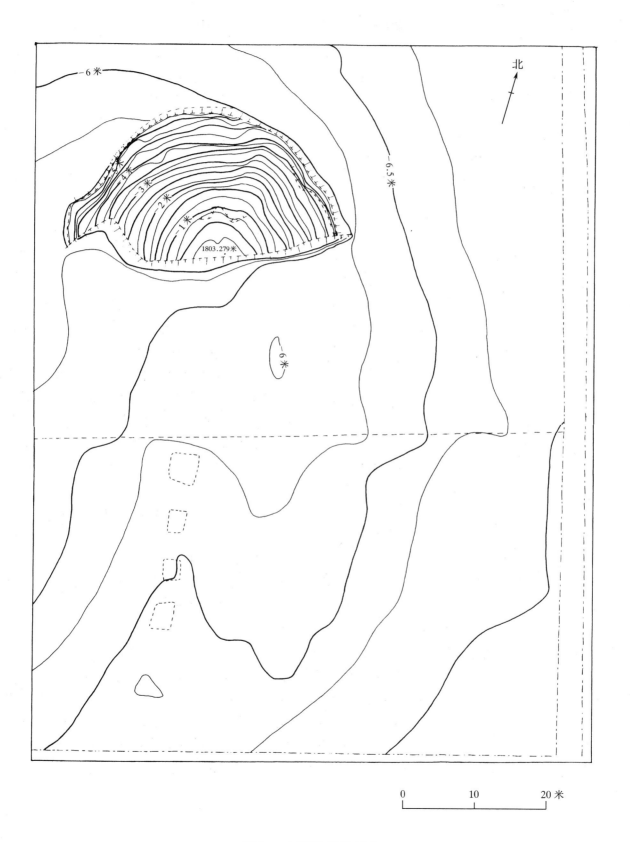

图六　史诃耽墓的封土

围内地形微微隆起。前述两条等高线进而向西南延伸，同时 1797.279 米等高线如图六所示明显向西突出。值得注意的是，1797.279 米等高线与 1796.779 米等高线之间整个地势微凹。据报告，该处为长 9、宽 10 米的墓室发掘土圹之所在。现在该地点的海拔高度为1797.024 米。

封土南半部已完全削平，显露在地表的应为发掘后回填的土砂。现在仅存封土北半部，而且基部 0.5～1.5 米的高度被垂直削去。该墓的测量以海拔 1803.279 米为 0 基点，0.25 米为高差间隔设定等高线。测量结果显示，至 -1.25 米高度封土图示为正圆形，至 -3.50 米的高度封土北侧呈直线形，因西北部仍呈弧形，所以可以推断封土原来为圆形。在封土断面上无法确认所谓版筑痕迹。

三、87M1 的封土（图七）

1987 年发掘调查之际，测量封土直径为 8、残高 3.10 米，呈不规则圆形[1]。封土南侧有带五个天井的墓道。遗憾的是该墓已经被盗掘，墓主人的身份已无从考知。

该墓位于简易公路西北约 150 米旱田中，仅存东西 3、南北 6、高 1.2 米的变了形的小封土。尽管如此，为了记录封土现状，我们还是实施了以 25 厘米为高差的遗址测量。因封土东部存在 1 米左右的台级状垂直变化的地势，所以依此为东界，将东西 25、南北 50 米的范围纳入图内。封土最高点为海拔 1793.729 米，基部为海拔 1792.609 米，现高 1.12 米。该实测图显示了至 1791.859 的高程，其南侧可确认是墓道的遗迹，并可以依据 1792.359 米和 1792.109 米的两条等高线辨认出封土的形状。东侧旱田地面因土地经平整，高度垂直下降 1 米，封土旧状已无法复原。1792.359 米和 1792.109 米的两条等高线可视为封土的遗迹，因为等高线 1792.109 米的范围为东西 20、南北 13 米，且东侧被削去。

四、史铁棒墓的封土（图八）

1986 年发掘之际，推测其封土四面被侵蚀，呈覆钵状。据发掘报告，当时的高度为 4.3 米[2]，但是现在测量时，仅存封土北侧的残余部分。测量结果封土最高点为海拔 1792.309 米，最低点为 1790.609 米，高度仅为 1.7 米左右。测量成图范围为东西 30、南北 50 米。

封土东西 4、南北 4、高仅 1.7 米。观察该图等高线的分布，三条线画出弧形，显示出南侧似乎有中心点存在。1790.609 米等高线环绕封土，呈以东部为顶点的三角形，西边长 6.50、东西径约 6 米。由 1790.359 等高线走向可推测该墓的封土存在于西南侧。该线如图八所示从西南部向西北部迂回，可视为封土被削平部分余土的堆积，南侧墓道回填痕迹依稀可辨，距 1790.359 线至少有 20 米的距离。但是仅据此还不足于探讨封土和墓室的关系。1790.359 米等高线圈出东西 25、南北 45 米的封土积土范围，1790.109 米与 1789.859 米等高线仅存于该图东部。

---

① 罗丰编著：《固原南郊隋唐墓地》85 页，文物出版社，1996 年。
② 罗丰编著：《固原南郊隋唐墓地》78 页。

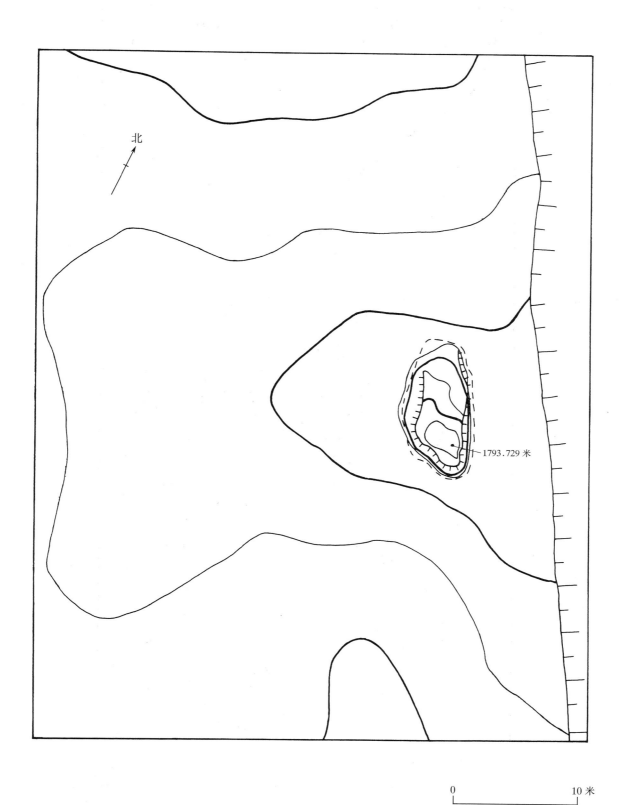

北

⊥ 1793.729 米

0　　　　　　　10 米

图七　87M1 的封土

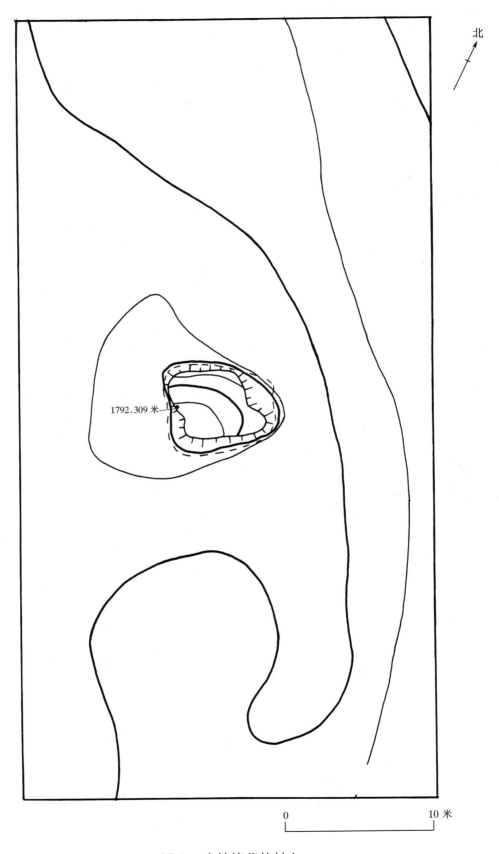

图八　史铁棒墓的封土

五、梁元珍墓的封土（图九）

史氏墓群与梁元珍墓之间的浅沟，将原州古墓群的南支进一步分隔开来。但是，梁元珍墓附近尚未确认其他封土的存在，仅该墓呈孤立状态存在。史铁棒墓在其南 370 米，87M1 位于其西南 350 米处。

该墓于 1986 年发掘，据发掘报告记录当时封土高 2.90 米，周长 19 米[①]。

梁元珍墓已经完全回填，封土南侧基部可以确认墓道遗迹，但无法推算其规模。现存封土已完全削平，成为地势较低的耕地。最高点为 1795.169 米，－1.26 米等高线如图九所示呈不规则形状，直径 25 米。测量时封土地带为已收获胡麻地，形状不规则地带均种植着齐腰高的谷子。东侧菜地的地势呈台级状升高，1793.359 米与 1793.609 米的线交

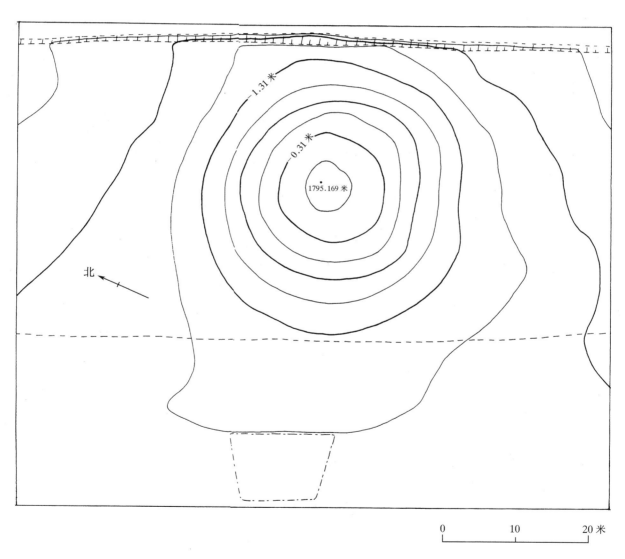

图九　梁元珍墓的封土

① 　罗丰编著：《固原南郊隋唐墓地》112 页，文物出版社，1996 年。

汇于此。西侧一角为现代墓地。可确认梁元珍墓封土为圆形，现高 1.8 米。

六、若干考察

以上报告了原州古墓群南支群的现存封土测量结果，依此资料为基础，试对以下问题进行考察。

第一，封土的形式。以往的调查报告均作圆形，但是并没有附图具体介绍。例如古墓群中的史射勿墓、史铁棒墓呈直线走向的等高线究竟是后世人为改变地形所致，还是另有原因，均未作解释。诸如此类的情况也见于北支群的宇文猛墓和田弘墓。这并非固原一个地方的问题。笔者曾经踏查过山西大同方山北魏文明太后永固陵，孝文帝虚宫万年堂以及河南洛阳邙山孝文帝长陵，这些一般被称为圆形封土的陵墓，经仔细观察均为上圆下方。上圆部规模宏伟，下方部十分低矮。陕西唐桥陵的惠庄太子墓封土中段设带状台级，其上为圆形，是典型的上圆下方坟。经本次封土测量，可确认为圆坟的仅梁元珍墓一例，即便如此，发掘调查以后封土已被削掉 1 米这一事实也不能不认真考虑。可见，不仅原州古墓的调查，作为中国考古学墓葬发掘调查的一个普遍性问题，今后必须加以注意。

第二、封土和墓葬的关系。发掘报告已经触及到这个问题，我想要强调的是，相对于由墓道、天井、甬道、墓室组成的庞大埋葬设施来说，封土的规模过小。这不仅仅限于北周墓和隋唐墓，自秦代以来一直致力于宏大陵园的营造，不甚重视封土，战国以前甚至不设封土。唐陵中山陵的形式也不少见，并不是一定要有封土。而且，墓室的中心部往往不是设在封土的中心部下方，而是置于南坡斜面下方。但是，像西汉陵墓那样设计整然，四方建有门阙者又当别论。这个问题还有待在将来的发掘调查中确认。总之，要重视封土与墓葬的关系。

第三，构筑封土的土是从什么地方运来的。原州古墓群的封土相对于墓室与墓道来说规模过小，可以想象建设埋葬设施（墓道、天井、甬道、墓室的总和）时挖出的土方足以构筑封土。通过观察史射勿墓、史诃耽墓可以认为，封土的构筑方法并非真正夯筑，而是为了防止砂土流失最大限度的谋求了堆积的合理化。

（茂木雅博）

第三章　墓葬形制

第一节　封　土

　　史道洛墓位于史射勿墓东北 100 米，史诃耽墓西南 280 米处。该墓现已成为耕地，封土已被削平，地表几乎未留痕迹。特别是墓葬西侧有一条宽约 15、深 3.5 米的南北走向水沟将封土西南侧完全破坏，东侧仅可观察到地面微微隆起痕迹。

　　根据测量结果，此墓的最高点为海拔 1802.593 米，如图一〇所示，只有 -0.25 米和 -0.50 米两条等高线呈封土状弧线，其余均被削平。

　　参照图一〇将发掘前封土状况归纳如下。封土测量范围至水沟东侧 60 米，以 0.25 米间隔的等高线成图，最低线为 -2.0 米（海拔 1800.593 米）。依据此图，以中央部菜地田埂等高线走向节奏变换处为界，南侧至 -1.00 米的等高线仍呈弧形，但是，北侧从 -0.75 米的等高线开始，已呈直线走向。大致呈圆弧形闭合的 -0.25 米等高线，南北径 17 米，西部因辟为水沟，故东西径 14 米。-75 厘米等高线南侧为菜地，因地形经过平整，从水沟向东沿菜地北界延伸 21 米，再由菜地北界向北延伸 30 米，呈椭圆形。可以认定这两条等高线是史道洛墓封土留下的痕迹，至于更南侧的 -1.00 米和 -1.25 米的弧形等高线是否与史道洛墓的封土有关，目前尚难断言。北侧的等高线几乎等间隔向东倾斜，封土东端的状况也无法复原。

　　其次，在封土西部，由穿过小马庄北的简易公路边缘向北约 60 米处，水沟分流为西、北两条，然后直进 100 余米，渐渐与农田的地面持平。西侧的水沟在史射勿墓北侧渐与农田持平。由水沟西侧的等高线判断，从史射勿墓至水沟的地势渐渐低缓。水沟的上侧面标高 -107 厘米（海拔 1081.523 米），-1.00 米的等高线呈南北 36 米的直线走向，描绘出低洼的地势。这样形状的等高线计有 6 条，直至 +0.25 米的高程。据此判断，水沟西侧未有任何封土的迹象。

　　综上所述，根据调查与测量的资料，已无法复原封土旧状。但是如图一〇所示，现在封土遗迹高不足 0.50 米，据此可以推测封土中心并没有坐落于墓室正上方，墓室的门接近于封土的南缘。此外，在水沟东侧对封土观察的结果表明，封土外侧不存在环壕。

（茂木雅博）

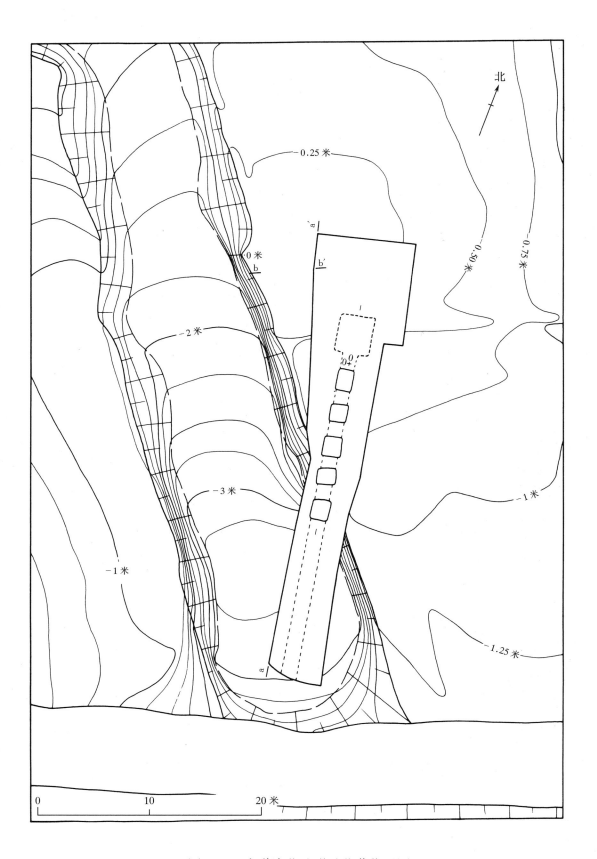

图一〇　史道洛墓地形及墓葬位置图

第二节　墓葬结构

墓葬上部地层堆积简单，只有耕土层和近现代文化层。耕土层依地势走向厚度不一，大约在 0.14~0.40 米，呈红褐色，土质松软，颗粒较大，包含有较多的现代遗物。近现代文化层约为 0.33~0.52 米，呈灰褐色，为沙性土质，结构细密，出土现代砖、瓦残块和清代青瓷片等遗物。墓葬直接打破生土（图一一、一二）。

叠压于耕土层和近现代文化层之下，位于甬道上方有灰坑（H1）一个，H1 平面呈不规则形，内径 2.03~2.88 米。壁面较平整，向下略内收，深度 1.06 米。坑内堆积可分成上下两层。下层堆积厚 0.55~0.68 米，被盗洞（D1）打破。土色呈黄褐色，土质细腻，密度、黏度较大，包含物为零星红烧土块和木炭颗粒。上层堆积厚 0.20~0.52 米，叠压于盗洞之上。土色呈灰褐色，土质相对疏松，颗粒较大，出土有较多的陶片和瓷片，器形有盆、盘、碗等。灰坑 H1 和 H1 内堆积的年代与盗洞 D1 的年代有早晚之别，H1 年代应早于 D1。由于盗洞被打破，在原灰坑上部形成叠压于盗洞之上的新的文化堆积，从而使该灰坑上下层堆积的时代明显有别，分别早于或晚于盗洞年代（图一三、一四）。

盗洞 D1 开口平面基本呈圆形，直径 1.17 米。越往下越大，并且剖面呈不规则状。主要是由于终年积水冲灌的缘故，造成多次坍塌，使盗洞 D1 与墓室坍塌部分形成一体。随着水流下灌，有很多动物骨骸也随之进入原无填土的墓室，继而由上往下逐渐淤积叠擦，形成从墓室到盗洞口，一直出动物骨骼的现象。多年的水蚀，也在洞壁上形成大小、深浅、形状不一的若干小龛，有些随水而入的小型动物便落置于此。

墓葬地下部分由墓道、天井、过洞、甬道和墓室几部分组成，墓残长 18.75 米，墓向 352°（图一五；彩版四、五）。该墓西侧有一条西北至东南方向的冲沟，过去曾为乡间小路，后因整治农田而废止，破坏了墓道前端部分和个别天井。

一、墓　道

我们把从水平开挖处一直通向甬道的斜坡统称为墓道。平地起挖的竖穴斜坡部分已遭破坏。

首先在墓道南侧的冲沟内开南北长 20、东西宽 4 米的探方，来寻找被破坏墓道残存状况。从探方剖面和平面观察，墓道几乎不存。在墓葬南侧约 20 米处有一条西北至东南向马路，横穿叠压于冲沟之上。从墓道斜坡延伸分析，墓道开口顶端可能正在马路下。残存与天井、过洞相通的隧道部分，其中编号第 1 天井与前端墓道相连的过洞部分和与第 2 天井的过洞部分也已毁去，仅剩第 2 天井至甬道口部分，残长 13.73 米。隧道宽度在天井和过洞相连处有所不同，天井处较宽，过洞处相对较窄。斜坡坡度大致在 18°左右。第 4 天井和第 3 天井一段坡度相对较陡，靠近甬道的第 5 天井部分的坡度相对较缓。斜坡地面为经过修整的生土，较为平滑，没有发现修整的工具痕迹，也没有经过夯打，只是挖成一个大致一体的斜坡后，铲平即可。壁面经过人工修理，主要是铲平和拍打工

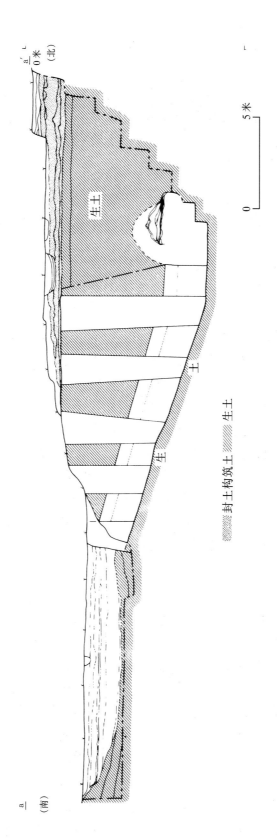

图一一　史道洛墓墓道填土层剖面及墓室发掘剖面图

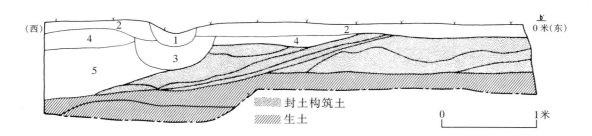

图一二 史道洛墓封土残存部剖面图
1.冲沟 2.耕土层 3.冲沟 4.耕土层 5.耕土层

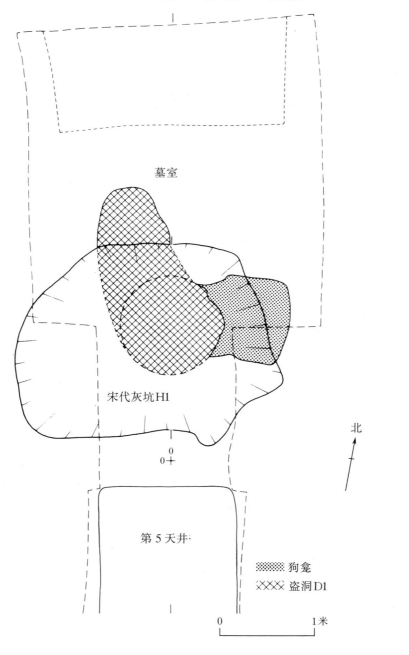

图一三 墓室和宋代灰坑 H1、盗洞 D1、狗龛位置关系图

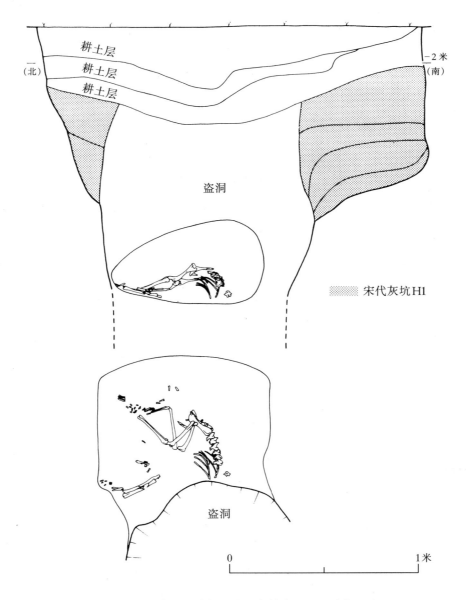

图一四　狗龛平、剖面图及宋代灰坑 H1 剖面图

序。修理铲平的方向基本为从上往下，形成多道宽度为 10～12 厘米的凹槽，这应是修理过程中所遗留的工具痕迹。拍打痕迹也十分明显，用修理工具在壁面上拍打，使壁面得以光平，同时拍打的挤压力造成壁面表面土质紧密，水分渗出，形成一层厚度约 1 厘米的黏度较大的土层面。而且土色也由黄褐色变为深褐色，经过一段时间的风干后，变成硬度较大的保护层，为后期绘制壁画提供了必要的条件。同时也使发掘过程中，剥离填土和壁面的工作相对容易。

　　壁面仍残存零星的颜料，地面上亦发现有壁画残块，由此推断墓道两壁、天井部分及过洞顶部曾绘制有壁画，并且直接绘制在经过拍打处理后的原土壁面上。正是因为这种没有经过壁画绘制前在壁面上涂抹草木灰泥或白石灰面的工序，使得壁画极不容易保存，辨别亦十分困难。特别是经过拍击后的壁面在结构方面有了变化，与原始生土发生

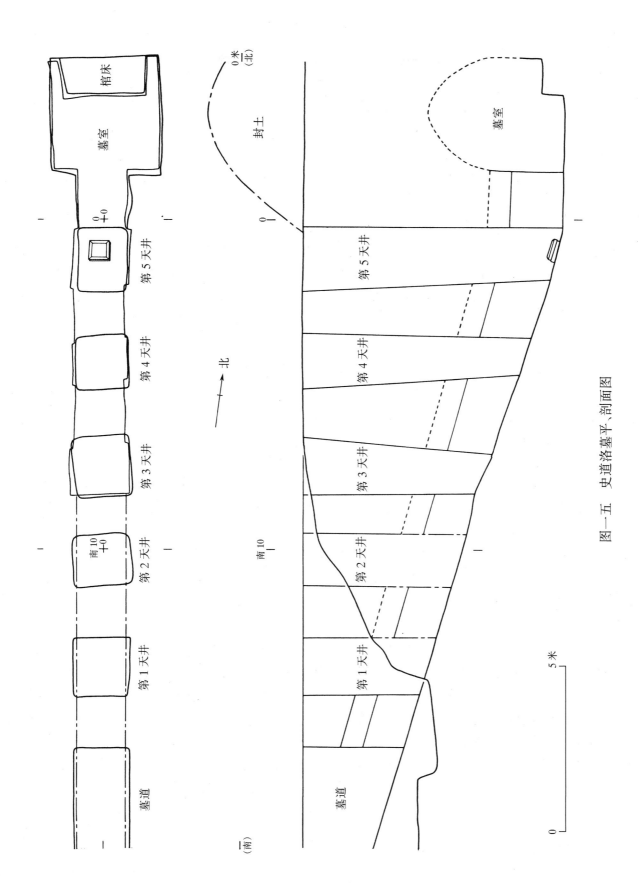

图一五　史道洛墓平、剖面图

了一定的脱离现象。墓道填土经过夯打，首先震动促进壁面的进一步脱离，同时使壁面表层和填土之间形成一定的结合力。上部水分主要是通过填土与壁面间隙而渗入的，经过多年的水蚀浸透，表层与原始生土发生了剥离。种种原因，致使墓道几乎无法保存下来壁画。

二、天　井

该墓开凿了五个天井，制作较为粗糙。每个天井平面基本呈圆角方形或圆角长方形，大小不一。天井间的距离也不一致。天井壁面皆经过修整，与墓道壁面一样，保存由上往下的工具铲削或拍打痕迹。

天井内填土应取自墓葬开挖过程中的墓室内的土，其中夹杂有少量的后期砖瓦残块和其它遗物。底部填土相对松软，层次不明显，坡状堆积，与壁面易于剥离。上部填土回填后经过夯实，夯层明显，愈往上夯层逐渐变薄，夯层厚度大致在 0.18～0.28 米不等。填土硬度亦由下而上逐渐变硬。夯打使填土与壁面结合紧密，加之上部相对干燥，清理过程中，壁面剥离较为困难。天井壁面没有发现壁画的痕迹。

从墓道顶端第一个天井至连接甬道处的天井依次编号为 1～5 号。

第 1 天井：被现代冲沟破坏殆尽，是在清理冲沟北崖接近沟底的探方平面时发现的。平面发现直角痕迹，直角边长分别为 0.14 米和 0.19 米，是该天井东、南两壁的残存部分。残存深度 0.14～0.21 米。

第 2 天井：开口部分已遭破坏。残存部分平面呈圆角长方形，长 1.73、宽 1.53 米。天井位于东西向冲沟的北崖，发掘期间适逢当地雨季，倾盆暴雨经常使墓侧的冲沟水满四溢，顺斜坡墓道灌入墓室中，给发掘清理工作造成诸多不便，也容易发生塌方等意外事故。为安全起见，对第 2 天井内填土未做清理。

第 3 天井：保存完整。上口平面基本呈圆角长方形，长 1.90、宽 1.72 米。地表平面与天井四壁呈现不规则扭曲，西壁和北壁下部内收严重，东壁基本垂直，南壁为直壁，总体呈不规则覆斗状。

第 4 天井：保存完整，制作相对规整。上口平面基本呈圆角方形，边长 1.58～1.64 米。南、北壁向下内收较甚，西壁略显内收，东壁基本为直壁，总体呈不规则覆斗状。斜坡地面上靠近西壁处有一片红烧土痕迹，向北延伸至过洞内，并夹杂大量的黑色木炭粒。通过现场观察，应是在未回填前经过较长时间的火烧后，在地面上形成板结的红烧土痕迹。在斜坡地面发现一块脱落的壁画残块，只存隐约的红色斑点，壁画内容不辨。壁画残块侧有一件残铁器。

第 5 天井：保存完整。上口平面呈圆角长方形，南北长 1.96、东西宽 1.14 米。东、南、西壁由上而下逐渐内收，北壁基本呈直壁，总体形状仍呈不规则覆斗状。该天井底部正中放置墓志，下部有残瓦片，起到支垫稳定墓志的作用。墓志西侧出土五件骨器。

三、过　洞

位于天井与天井之间，保存相对完好。过洞相对天井较窄，宽度大致相当。由于底部甚潮，水气较大，填土与壁面结合紧密，极不容易剥离，因而每个过洞的宽度只是大致的数据，不是很精确。每个过洞顶部有不同程度的裂纹，或有多层裂纹，或是过洞顶整体下落脱离原位。在清理过程中，通过土质、土色的辨认，过洞顶部没有塌落到墓道底部。究其原因，该是底部填土起到一定支撑作用，才使得顶部只脱离原位而没有下落。过洞顶部均出现裂纹的现象，是在墓室回填时发生的，由于在回填过程中对上部填土进行夯打，底部填土相当疏松，填土和过洞顶部有一定的间隙而缺乏必要的支撑力，在上部夯打的挤压和震动下，过洞顶部下裂。过洞顶应是拱形顶，这与裂痕也相一致。第2、第3天井间过洞地表距离1.16、底部宽1.46、现存高度1.10～1.24米。第3、第4天井间过洞地表距离1.47、底部宽1.48、现存高度1.32～1.47米。第4、第5天井间过洞地表距离1.30、底部宽1.45、现存高度1.53～1.62米。

四、封　门

南侧靠近第5天井的甬道口为木封门（图一六），木封门到甬道口距离为0.05米，因内侧盗洞积水、淤土和坍塌等因素，将木封门挤压变形，门框和门扇下部、门槛均向外侧斜突，上部遭破坏，结构不清。

门框为内外两层，内侧保存较差，外侧门框两侧立木保存较好。东侧立木残高0.94米，西侧立木残高1.22米。立木横向剖面呈圆形长方形，正面宽、侧面窄。门框立木分别装插于两侧平面呈长方形的门墩内。门墩间有门槛，间距为1.07米，门槛高0.05米，宽度不详。门框内外侧表面均发现黄、绿等颜色，应是门框所施颜色。东侧门扇残高0.91、宽0.58米，西侧门扇残高0.82、宽0.43米。

门边框使用扁方木与门扇钉在一起，门扇分别从两面由铁钉钉合而成。木门上的铁钉长短不一，多在0.06～0.062米之间，门扇的厚度也大抵如此。木门下侧距门槛0.06米处分别并排均匀装饰六枚圆帽铆钉，起到美观装饰和加固的双重作用。木门扇表面施白色颜料。双扇木门距地面约0.76米处对称装有铜质圆形素面铺首，内侧与铺首相对处有铁锁一把。在甬道底部靠近木封门甬道口中央处发现L形棒状铁制品一件，推测为钥匙，其侧有饰红、绿彩的编织木盒残迹，疑为墓主人盛装木封门钥匙的木盒。

五、甬　道

位于第5天井和墓室之间，南北长1.70、东西宽1.46米。由于盗洞是从甬道正上方打入的，因而甬道顶部受其影响几乎全部坍塌，其高度不详，顶部结构也不清，估计为拱形顶。甬道地面呈水平，与墓室地面平，未铺砖。

六、墓　室

墓室与甬道相连。由于受后期盗洞影响，墓室顶部完全坍塌。墓室四壁高度仅存1.34～1.58米，墓顶结构已不清楚。从残存四壁以及该墓周围隋唐墓地的情况来看，可能为穹窿顶的洞室墓。

墓室平面基本呈方形，南北长3.36～3.54、东西宽3.05～3.14米。四壁略带外弧。

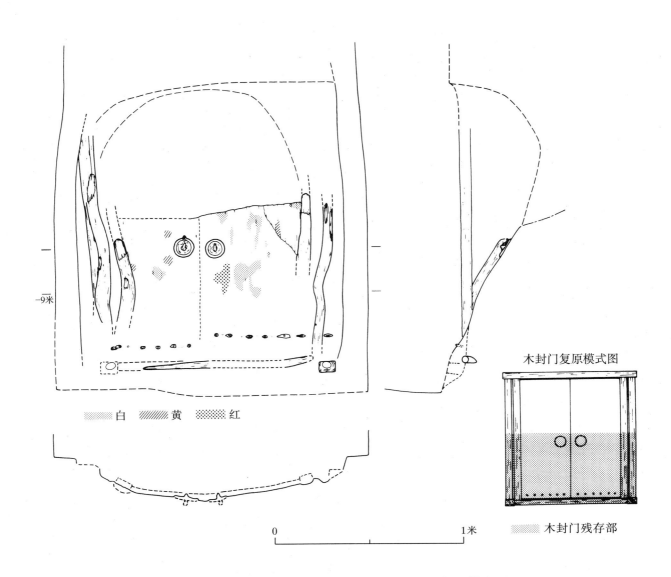

白　　黄　　红

木封门复原模式图

木封门残存部

0　　　　　　　　　　　　1米

图一六　木封门残存部平、剖面图及木封门复原模式图

墓门在南壁偏西，距西壁 0.67 米，距东壁 0.90 米。墓室北壁中央做生土棺床，分别与东、西两壁之间保留夹道，用于摆置随葬器物。棺床上部平面和东、西、南壁面都加以修整，但不十分规整。平面略呈梯形，上小底大。上部北侧长 2.23 米，距东壁 0.40 米，距西壁 0.34 米；南侧长 2.42 米，距东壁 045 米，距西壁 0.50 米。下部北侧长 2.40 米，距东壁 0.34 米，距西壁 0.31 米；南壁长 2.52 米，距东壁 0.38 米，距西壁 0.38 米。棺床平面上发现有白色痕迹，疑为棺木下铺垫物。

墓室地面平整，无铺地砖。

（卫忠）

第四章　遗物出土状况

根据发掘前墓葬钻探资料，史道洛墓墓室顶部塌落情况基本得以确认。进入到发掘阶段后，进一步确认了在埋葬后不久该墓葬就已经被盗掘。从发掘过程所观察到的遗迹现象，可以作如下推测：

第一，通过出土遗物情况大致可以推测墓葬地表设施。随盗洞进入墓室内的大量残碑石充分表明，原地表上应有碑亭或神道碑之类的构筑物，虽然作为地面遗迹未能予以确认，但是在发掘墓室附近的地表土时，出土有很多唐代砖瓦，可以推测这里曾经应有某种建筑物。

第二，在墓室被盗掘后，石碑（神道碑）和大量动物骨骸一起被砸碎，其中一部分从盗洞随流水进入墓室内。从清理碎石的情况看，可以推测石碑在盗掘前就已经被破坏了。从发掘平面观察，殉狗坑被后期盗洞和宋代灰坑打破，但从剖面可以确定壁龛的存在，即在墓室上方从地表开挖一个大约深 3 米左右的竖坑，在竖坑东壁设置了壁龛，发掘出的完整的狗的骨骸便殉葬于此。盗洞开挖位置基本与竖坑相同，靠竖坑东壁两者发生打破关系，殉葬狗的头部被破坏，盗洞穿越坑底进入墓室。以上现象表明，附带壁龛的竖穴应是殉狗坑，是该墓葬的附属设施。

第一节　墓室塌落过程的复原

墓室及其上面地表设施的状况如上所述。此外，通过发掘还了解到在埋葬以后墓室历经盗掘并发生过数次塌落（图一七）。

首先，对墓室的塌落过程进行复原。墓室经历了多次塌落和盗掘，遗物的出土情况变得十分复杂，在此，就墓葬的塌落过程和盗掘以及遗物的被弃入状况等方面进行复原和梳理，其目的就是准确分辨墓室陪葬品与后期带入物，以及后期涌入墓室的动物骨骸、石碑碎片的进入过程和堆积状况。这一系列过程的发生顺序大致经过了墓室顶部的小规模塌落、盗掘、动物骨骸和石碑碎片被带入墓室、墓室经历了数次塌落（至少两次）等过程。

一、墓室顶部的小规模塌落

从入葬到被盗掘的期间内，墓室顶部发生了小规模的塌落，塌落主要发生在以接近于墓室入口的南半部为中心的范围（图一八）。这一结论的得出基于以下原因：在甬道与墓室相接处发现有陶俑等随葬品，其上和周围覆盖有原生黄土，属墓顶塌落至此。此外，盗掘

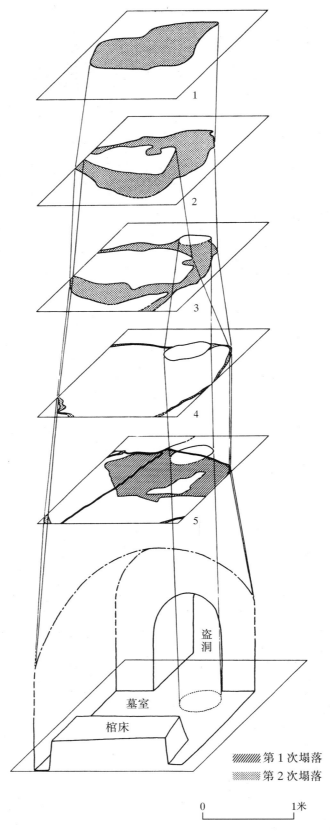

图一七　盗洞和墓室顶部塌落关系模式示意图

后进入墓室的动物骨骼和石碑，是从墓室南侧最高位置到其周围以及向墓室北侧逐渐倾斜的范围内零散分布的，部分叠压于原生黄土之上。

在墓室北侧靠近棺床周围，发现了被认为是在盗掘时所扰乱的被葬者的牙齿、下颌骨和可能曾含于口中的金币。在墓室地面还发现了动物骨骼和石碑碎块，暗示了这一时期的墓室顶部塌落并没有波及墓室北侧。

图一八　墓室顶部塌落痕迹

二、盗　掘

盗掘是在墓室南侧发生过小规模塌落之后发生的。虽然盗掘的具体时间尚不能确认，但从墓室地面随葬品扰乱情况以及墓室上部含宋代遗物的灰坑将盗洞打破等现象推断，在墓室尚未塌落前该墓葬就已被盗掘，而且是发生在宋或宋以前。若复原盗掘的步骤，似可作如下推测：首先除去殉狗坑之上竖立的石碑，然后打破殉狗坑，垂直挖一个三米深的盗坑，再斜向挖掘盗洞，进入墓室南侧以及甬道最北侧。

在盗掘的时候殉狗坑被破坏，同时狗的头骨也被扰失。由于墓室此前的自然塌落，黄土覆盖了墓室的南半部，所以盗掘者以墓室的北半部为中心进行了盗掘。正是由于这一原因，被黄土覆盖的甬道附近的陶俑等遗物才保持了原来的位置。

三、动物骨骼和石碑碎片被带入墓室

该墓被盗掘以后，从盗洞进入了大量的动物骨骼和石碑碎块。动物骨骼有鸟、鼠、兔、狗、马鹿、黄牛、马、山羊和哺乳动物等多种动物骨骼。大型动物骨骼的头部、体部、四肢等部位是被切断后带入的。

石碑碎块也和动物骨骼一起通过盗洞进入墓室。有的石碑碎片上雕刻有图案，在墓室北侧的棺床略南部出土的较大型的石碑残基座上就有阴刻的兽纹图案。

从动物骨骼和石碑的出土高度来看，如前所述，因盗掘前发生的塌落，墓室南侧中央部分变得最高，其周围的这些遗物散落的高度在墓室北侧逐渐变低，因此也表明了盗掘时墓室地面的高度。

四、墓室经历了数次塌落

大量动物骨骼通过盗洞被置入墓室以后，盗洞应一直是开放式的，并没有回填，在一段时期内仍保持着原状，这可从盗洞的填土里有水浸淤积土砂层堆积看出。在此以后，墓室顶部经历了数次全面的塌落。从墓室上方向下发掘的过程中，从平、剖面图可以显示塌落至少发生了两次。

第一次塌落是墓室顶部的整体塌落，也可能是墓室上方部分塌落。图一七，5显示了生土块和扰土的分布范围。在这次塌落发生以后，从盗洞进入大量泥水，并逐渐淤积于墓室。

第二次塌落规模变得更大，包括了墓室顶部和墓室四壁上部。墓室顶部大面积塌落，波及其周围四壁的上方，并且产生了小规模的龟裂。其形状可以从图一七，1～5 的平面图上看到。图一七，1 表现了墓室上方大规模的塌落；图一七，2 主要表现了塌落的生土；图一七，3 则表现了环状塌落的范围呈不断扩大的趋势；图一七，4～5 表示了龟裂及变化，在剖面图中与之对应的是拱形的龟裂。

第二次塌落时盗洞似还呈开放状态，图一七，4 所示塌落的龟裂空隙与淤积土无关，从盗洞的平面图上可以确认这一点。盗洞具体被填埋的时期如前所说可能在宋代以前。

第二节　遗物出土状况

以上是对墓室的塌落过程、盗洞、殉狗坑以及墓室内的动物骨骼之间的关系所作的推测性复原。下面将对各遗迹单位中的遗物出土状况进行介绍。

一、耕土层

从耕土层中不仅出土了大量瓦片，还出土了陶器（盖）、瓷片等遗物。由于农耕时将这些遗物扰乱，所以各时代的遗物混杂在一起。瓦片的大量出土，推测该墓葬可能还有地面建筑物。

二、宋代灰坑（H1）

在揭取耕土层后确认遗迹时，首先在墓室上方发现了平面呈不规则形状的灰坑 H1（图一三），东西长 2.8、南北宽 2.04 米。沿着墓葬南北向主轴对半发掘，再通过对这一剖面的观察，确定灰坑 H1 打破盗洞 D1，D1 应早于 H1。H1 出土有较多的宋代青瓷、白瓷瓷片，另有部分陶片，可以断定年代在宋代，从而也可基本确定盗洞的相对年代，至少应在宋代以前。

三、殉狗坑（图一三、一四；彩版六，1）

在墓室南侧的上方距地表 3 米处，朝东的一侧挖有壁龛，里面有一殉狗。殉狗坑挖在石碑的底下，是从地表挖竖穴坑以后，又向东掏挖横穴式壁龛而成。但竖穴坑由于盗洞的缘故，现已无存。被置于壁龛中的殉狗以头西背南的方向横卧着，但狗的头部因盗洞打破而散失。壁龛南北长约 0.9、东西残长 0.85、高 0.46 米。

四、从盗洞进入的遗物（图一九、二〇；彩版六，2）

墓葬内的遗物大致可分为伴随墓葬的原随葬品和从盗洞混入的遗物。从盗洞进入的遗物是从盗掘至盗洞被填埋期间带入墓室内的，它们和墓葬地面随葬品之间存在着盗掘前墓葬顶部塌落并堆积的黄土，这可以证实两大类遗物区分的可信性。从盗洞进入的遗物大部分是动物的骨骼，此外，还有原来竖立在地表的石碑及础石碎片、铁甲片等。动

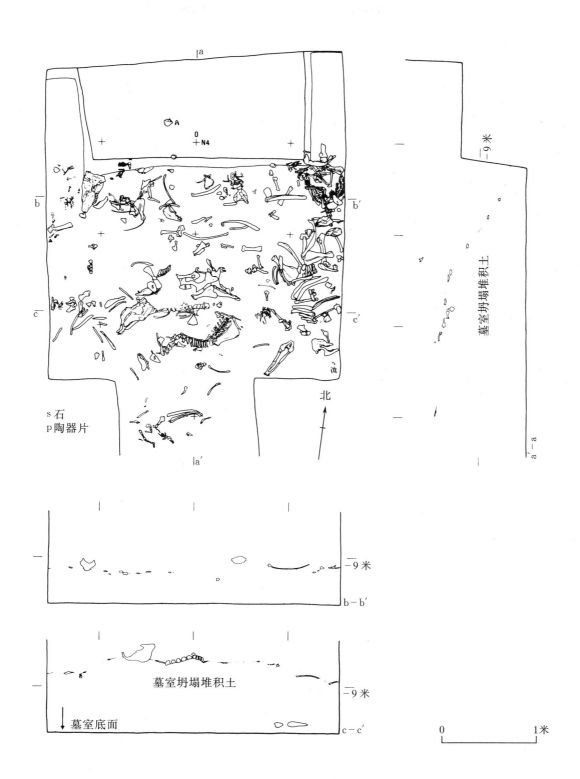

图一九　墓室堆积土上兽骨等遗物出土状况图

图二〇　墓室内石碑残基座及其它遗物出土状况图

S91. 石碑残基座　T1. 铁甲片　T5. 铁锅残片　504、506. 鎏金铜饰　503、517. 嵌玻璃珠鎏金铜饰　507、527、
529. 鎏金铜泡钉　515-1~3、523-1~9. 签形骨器　524. 圆形骨器　530. 贴金箔条形骨器　505-2、514-2、
525、526-2、木5-2、木5-3、木6-2、木8-1、木8-2、木12-1、木12-2. 装饰有鎏金铜饰的木箱残片
514-1、木1、木2、526-1. 第一类装饰有鎏金铜饰的木箱残片　木3、木4. 第二类装饰有鎏金铜饰的木箱残
片　505-1、木5-1、木6-3、木18-1、木18-3. 第三类装饰有鎏金铜饰的木箱残片　木6-1. 第四类装饰
有鎏金铜饰的木箱残片　519、木7-1、木7-2、木10~11、木15~17、木18-2. 残木片　502、508-1~3、
T4. 开元通宝　501. 海贝

物骨骼主要是大量的鸟、鼠、兔、狗、马鹿、黄牛、马、山羊和哺乳动物等。这些遗物是从盗洞开口处的墓室内黄土堆积上面出土的，该堆积为前述的盗掘以前墓室南半部的塌落形成的。这些遗物不仅分布在墓室南半部堆积的高处，而且也沿着黄土堆积的斜面，向北部堆积的低处扩展。出土的石制品有石碑碎片和竖立着的柱础石的一部分，石碑碎片虽然在墓室各处均有出土，但未发现碑文。础石发现于墓室北侧中央略西的棺床前，形状为上圆下方，上面开有方槽。

五、天井、过洞（图二一）

在天井、过洞内首先出土了墓志，其后出土了青铜制品、陶器、骨制品、壁画碎片等，此外还出土有木封门的铁钉和铜铺首等。墓志发现于第五天井中央略北处（彩版七）。志石和志盖不完全重合，墓志盖向北偏3厘米。墓志盖面向墓室，并刻有文字，文字四周辅以四神图案，四神的方向和其方位相一致。这表明墓志安置的方向在制作阶段就经过了严密的规划。在墓志盖上发现有白色颜料，由于干燥而已灰化。

在墓志周围的地面上，散落着条形骨器、鎏金铜饰和陶钵碎片等。特别是陶钵与出于墓室堆积土中的另一些碎片属于同一个体，故它是被打碎后，特意分置于墓室内和第五天井的。而且在第四天井西侧地面上，发现大量红烧土和炭化物，故推测在这里曾进行焚烧、祭祀等活动。此外，从第五天井的填土中还出土了棒状铁制品和陶纺轮等。在第三、第四、第五天井与第四、第五过洞还出土了壁画碎片，虽然可观察到壁画上描绘有内容，但由于大部分是很细小的碎片，所以图案的复原工作变得困难。出土于第三过洞的一部分壁画残片上为白地，再描绘红色直线。这些壁画是在黄土壁面上涂一层极薄的

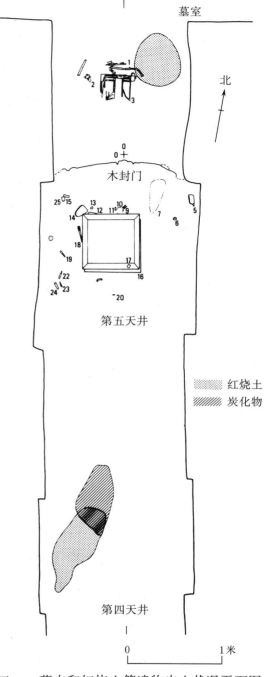

图二一　墓志和红烧土等遗物出土状况平面图
1.棒状铁制品（甬道北侧-1）　11（井五2-2）、12（井五墓志下）、15（井五15-2）、17（井五15-3）、18（井五18-2）、19（井五3-3）、20（井五墓志南）、22（井五4-4）、23（井五5-2）、24（井五1-2）.条形骨器　3、7、10.壁画残片　4.箱状木制品　6.陶纺轮（井五6-3）　5、13、14、25.陶钵残片（墓室·天井五）　9.装饰有鎏金铜饰的木箱残片（井五12-1～2）　16.墓志

白灰后，直接用颜料画上去的。由于水分的侵蚀，壁画已基本脱落了。

六、甬道（图二一、二二；彩版八，1~3）

甬道连接了第五天井和墓室。木封门位于第五天井北侧，系木制，因上半部腐朽而向墓室方向（北侧）倒塌。木封门四周有方柱形门框，方柱宽9、厚4.5厘米。门框的下部宽1.37、残高1.3米。门框内为门扇，门扇中央配有一对铜铺首，铺首安装在面向墓室的一方。门的下部排列着一排铁钉。木封门的表面涂有白、红、黄等颜色，但保存状况不好，使得图案难以复原。从铺首的铁钩推测，木封门的厚度约为3.3厘米（图一六）。

从甬道北侧地面中央出土了箱状木制品、棒状铁制品、条形骨器和壁画残片等（图二三）。发现的箱状木制品向北侧倒塌呈倾斜状，遗痕呈38.4×27.5厘米的长方形，一端附有一根直径4.4厘米的木柱。器表涂有红、白、绿等颜色，以红色勾边；内侧有红、白、绿颜色，绘以纵、横、斜向的图案。

棒状铁制品出土于箱状木制品的北侧，一端以铜丝连缀着枫叶形青铜装饰，另一端呈L字形，向南弯曲。其一面附着有铁锈。铁条的断面为椭圆形，长轴约0.3、短轴约0.2厘米，全长为41.1厘米。

条形骨器出土于棒状铁制品西侧的地面上。其形状呈长方形板状，两端和中央有孔，共计3个，概为墓室内箱状木制品的部件。三孔穿有鎏金铜泡钉，可能用来组装木箱外框。

壁画残片发现于箱状木制品和条形骨器之间的地面上，其上绘有绿、白、黑、金等颜色，图案不明。同时还发现了被酸化成白色的玻璃器。

陶灯盏应该是盗掘时被带入墓内的，具体情况在陶器出土状况一节叙述。从甬道东北侧近于墓室的地面上发现红烧土来分析，可能曾在这里焚火并举行某种祭祀活动。

七、墓室（图二二、二四~二六；彩版九~一五）

墓室内的遗物出土于地面以及棺床之上。在墓室地面遗物之上，由于堆积了盗掘前小规模塌落的黄土，因而可以和通过盗洞混入的动物骨骼区分开来。墓室中出土了陶俑、白瓷器、东罗马金币、铜钱（开元通宝）、铜镜、玻璃器、骨器、漆皮箱、木器等多种遗物。除此以外，还出土了人骨二具。下面对诸遗物进行逐一的叙述。

（一）陶俑出土状况

陶俑为武士俑和镇墓兽。在墓室南部的木封门两侧，各相向放置一组武士俑和镇墓兽，均为镇墓兽在东侧（即面向墓室右侧）、武士俑在西侧的排列，其中东南角的镇墓兽为兽面，西南角的镇墓兽为人面（图二二；彩版九，1、2）。

西南角的武士俑出土时倾靠在墓壁上，腿部与甲胄下缘、脚腕与基座部都已折断，其一只手部发现于墓室西壁中央的附近。与其相邻的东侧的人面镇墓兽出土时，基座与脚部已折断，基座离开了原来的位置，体部向北横倒。东南角的武士俑被发现时腰部已折断，在上半身与东侧相邻的兽面镇墓兽之间有掉下来的头部。兽面镇墓兽发现时形态完整，并保存了原位置。兽面镇墓兽的面部面向甬道放置，职能为守卫墓室。

东南角的武士俑闭口，西南角的武士俑张口。这两个武士俑均为扭转腰上部，呈上半身迎向墓道方向的样子。但是原来应是相对配置在墓室左右两侧的，现在却互相背向放置着。这似乎是在放置时将左右位置放颠倒了。这些陶俑大部分保留在原来位置上，由于在盗掘以前发生墓室顶部塌落而被砸断，横倒。

（二）瓷器出土状况

在南侧木箱遗痕大致中央的位置出土了白瓷瓶（图二二，536-1），出土时瓶口向西呈横倒状。除了瓶口沿部稍有欠损外，基本完整。它位于地面稍高的位置上，或有可能在盗掘时被移动过。

除此以外，还从墓室西北角的地面上出土了带盖白瓷罐。盖的纽把已失，口沿部也已破损，但大致完整（图二二，537、538、539）。

从棺床之上西侧（图二六，1）出土了正置状态的白瓷瓶盖，带宝珠形纽，口沿部破损。

（三）陶器出土状况

出土了两件陶灯盏。标本甬道 P-1，发现于甬道北侧偏东的堆积中（图二八，2；彩版一六，1），标本 532，发现于墓室中央南侧的堆积土中（图二八，3；彩版一六，2）。两件灯盏内侧均有石灰状的附着物，口沿部还附着有煤烟，可能是盗掘者在盗墓时作为照明用具，而后被弃留下来的。

（四）木制品出土状况

发现三件黑漆木箱的遗痕（彩版一二，3~5）以及葫芦形木器和彩绘木制容器（图四九~五二）。

根据木箱子下框的黑漆皮在墓室中央稍偏西的位置留下的遗痕，确认了南北并列的两个黑漆木箱遗痕（图二二、二五）。南侧黑漆木箱长 1.3、宽 0.68 米；北侧黑漆木箱长 0.99、宽 0.67 米。漆箱是根据黑漆皮遗痕得以确认的，这一遗痕属于漆箱底部的边框，在边框的漆皮下边向上钉有长 2.2 厘米的小铁钉。钉子间的间隔不确定，把漆箱的底部和上部钉在了一起。在钉帽上有着类似布类的遗痕。因涂有黑漆的木制品的部件散落在墓室东侧，这两个箱子的上半部似乎是在盗掘时被破坏。墓室东侧的黑漆木箱呈棒状，其断面为方形，表面镶有青铜鎏金装饰品，或配有带鎏金铜泡钉的条形骨器（彩版一二，4）。

在墓室西侧还发现有一些木制品，其中确认了可能是箱子盖的板状木质遗痕。这一木制品上涂有颜色，但颜料留存甚少。从以上的考察推测，盗掘者首先打开箱子盖，并将其置于墓室西侧，然后破坏了箱子的上部结构，造成箱子的部件散落于墓室东侧。虽然关于箱子构造的复原十分困难，但一部分部件的榫卯已被解体，其直角部分可以组装复原。另外还出土了起衔接作用的榫头部分（彩版一三，8），此物残长 27 厘米，两个榫头的间距为 9 厘米。这一间距的进深为 3.6 厘米，卯与卯之间的距离为 8.8 厘米。

此外，在墓室中部略偏西南出土了葫芦形木器，出土时其口部向西侧呈横倒状。器物外壳已经腐朽，中间呈空洞状，因此，往葫芦内侧的空洞里注入石膏，其外形被固定并取了出来（图四九、五○）。该器物表面残留有灰白色颜料描绘的云纹，但其彩色图案

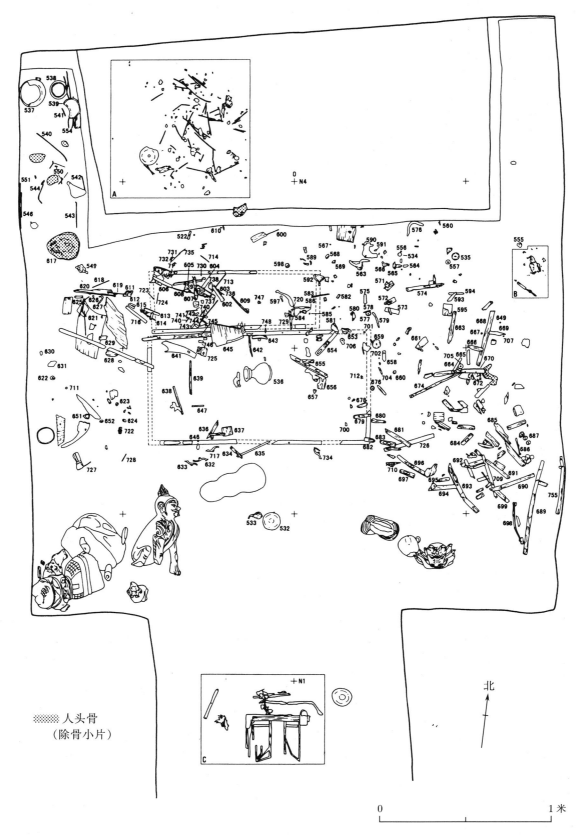

北

0　　　　　　　　　　1米

图二二　墓室遗物分布图

4、734－1、748～753.铁钉　576－5～6、579－1～2、613－4、627、720－2.棒状铁制品　581.不知名铁器
535－7、659.铜镜　533－3、632～633、717、734－2.鎏金铜马镳　651.鎏金铜马镫　631.鎏金铜杏叶　630－1～
2.鎏金残铜片　589－2.鎏金铜饰　590－2～3.鎏金铜饰残片　615－2、653－11、706－6～8.铜丝　653－
10、706－2.鎏金铜丝　597.叶形鎏金铜饰　534－1～3、535－6、565、578－2、580、595－1～2、605－1、609
－1～3、614－1、619－2、620－1、649、660－1～2、667、670－5～7、674－3、696－3、698－1～3、702、707
－1、712－1～2、729－2.鎏金铜泡钉　555、557、569、586、598、653－12～14、706－4.花瓣形玻璃饰片
556、567、584－1～3、585、610、615－1、626－2、646、653－8～9、701－1～3、706－1、707－2、711、730.
玻璃珠　564、568、591、706－5、747.玻璃器残片　590－1、706－3.六曲玻璃器　540、541－1～2、542～
543、544－1～5、546～547、551－1～2、554－1～11、560、600、603、618、621－1～10、713～714、724、
727～728、732、735－1～3、736～737、740－1～13、745－4～15.签形骨器　575、593～594、595－3～4、605－
2、606、608－1～3、609－4、614－2～6、619－2、620－2、658、663－2、664～665、670－4、686、698－4～6、
704、716、723、726.条形骨器　522.T字型骨器（横棒）　738.T字型骨制品（竖棒）　741、745－21.圆形骨
器　550.刀形骨器　582、745－1～3、745－19.长方形骨器　744－1～2、745－18、745－20.方形骨器　536－2、
731－2、742－2、746－2.贴金箔长方形骨器　731－1、742－1、745－16～17、746－1、746－3～4.贴金箔骨器
533－1、535－3～5、570、571－1～2、588、592－1、601、602－2、604－2、607－2、611－2、612－1、613－
3、625－3、629－5、634－1、638－1、639－1、643－1、644、647－1、650、653－4～6、654－2～4、655－1～
3、655－5、657－1、668－4、670－2～3、672～673、674－1、678－2、679－4、681－2、682－1～2、683－1～
4、685－2～4、689－1～4、690－2～6、691－1～2、693－2～4、694－2～4、695－2、697－1～2、699－2、
709－3～7、720－1、725－1～2、729－1、755－2.装饰有鎏金铜饰的木箱残片　572～573、684、693－1.第一类
装饰有鎏金铜饰的木箱残片　604－1、613－2、629－3～4、653－1、666、679－3、692－2、695－1、695－5、
699－1、709－2.第二类装饰有鎏金铜饰的木箱残片　535－1～2、607－1、611－1、625－1、669－1、678－1.
第三类装饰有鎏金铜饰的木箱残片　574、602－1、679－1～2、681－1、685－1、690－1、692－1、694－1、
696－1～2、70－9－1、710、755－1.第四类装饰有鎏金铜饰的木箱残片　533－2、571－3、578－1、583、589－
1、592－2、611－3、625－2、641～642、643－2、645、647－2、653－3、653－7、655－4、657－2、661、663－
1、669－2、674－2、680、695－3～4、695－6、697－3～4、755－3.残木片　577－1～2、676－1～3、
687－1～5、705.开元通宝　622～624、652、722－1～3.海贝　549.甲个体颈椎部分的环椎　563.　人骨
566.乙个体颈椎体残块　617.甲个体头骨　656.甲个体胸椎　700.乙个体左侧上第三臼齿

基本脱落于周围的土中。

　　彩绘木制容器出土于墓室西壁下的地面中部，基本是在原来的位置上。虽然容器的
上下两端不明，但可知它的体部呈圆筒状，表面施以色彩（图五一）。

　　（五）金币出土状况

　　金币发现于墓室东北部的棺床前地面上（图二二，534－4；彩版四一，1、2）。这枚
金币是东罗马皇帝查士丁二世时期（JustinⅡ，565～578在位）的物品。金币边缘钻有两
个小孔，可能是作为装饰品被缝缀在衣服等处的，不过鉴于出土金币的周围散落了较多
的牙齿这一现象，金币也有含于被葬者口中的可能性。

　　（六）铜钱出土状况（彩版一一，1、彩版一三，1）

　　均为开元通宝，总计出土了十六枚。除了一枚发现于墓室西侧地面中部以外，其余
均出土于墓室东侧。其中墓室西侧中部的一枚和墓室东北部的四枚出土于堆土中，其余
均出土于墓室地面之上。从这些开元通宝的周围散落着很多木制品来看，可能是盗掘者

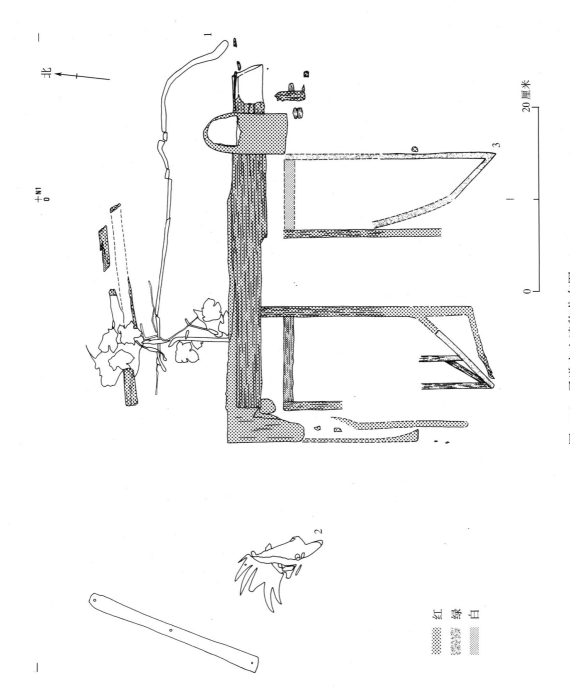

图二三　甬道出土遗物分布图

1. 棒状铁制品(甬道北侧－1)　2. 壁画残片　3. 箱状木制品

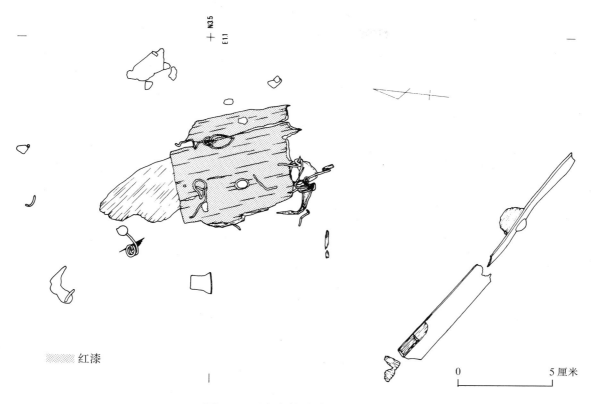

红漆

0　　　　　5厘米

图二四　漆皮箱分布图（B组）

在破坏墓室中央的木箱子时，同时将这些铜钱散落至墓室之中的。

（七）铜镜出土状况（彩版一〇，1）

墓室地面共出土两件铜镜。一件发现于墓室东北部的棺床前面（图二二，659），另一件发现于墓室中部偏东（图二二，535－7）。均为镜面向下，镜纽向上。通过周围遗物散落的状况来判断，这两件铜镜大概不在原有的位置上。

（八）小型模型马具出土状况（彩版一三，5、6）

出土的小型模型鎏金铜马具包括鎏金铜马镰5件、鎏金铜马镫1件和鎏金铜杏叶1件。马镰除了一件（图二二，533－3）出土于墓室中央偏南的堆土中，其余均发现于墓室地面上（图二二，632、633、717、734－2）。马镫出土于墓室中央西侧的地面上（图二二，651）。鎏金铜杏叶出土于墓室西壁下中部的地面上（图二二，631）。这些马具均为小型的，可能是安装在木制或金属制的马俑上，但不知是被盗掘者盗去了还是腐朽的原因，在墓室内并没有发现马俑。从发现了五件马镰这一点考虑，可以认为至少随葬了三匹小型马俑。根据马具出土位置，马俑大概随葬于墓室中央南部略偏西的位置。

（九）玻璃器出土状况（彩版一三，2）

玻璃器大致可以分为玻璃珠、花瓣形玻璃饰和六曲玻璃器三类。

玻璃珠、花瓣形玻璃饰出土于棺床面西侧以及从墓室北侧中部到东侧的地面上（图二六）。玻璃珠中间有孔，并用铜丝串装，花瓣形玻璃饰中央孔内的金属丝穿有玻璃珠，它们可能是某一物品上装饰的一部分。其出土地点仅限于棺床西部和散落有被葬者牙齿

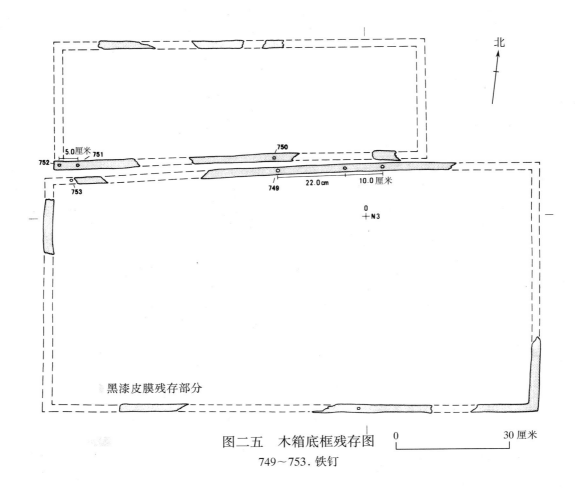

图二五　木箱底框残存图
749~753. 铁钉

的墓室北侧。根据上述现象，估计有可能是冠饰、发饰或被葬者头部的装饰品。

六曲玻璃器在墓室西南侧的陶俑下和墓室东南部的地面上各出土了一件。

（一〇）鎏金青铜装饰品出土状况

鎏金青铜装饰品大部分出土于棺床上的西部（图二六），此外，在墓室内棺床与西壁之间、墓室北侧的中部、墓室东北部等处也有发现。它们均为装饰品，有的呈花瓣状，有的呈叶状，还有的是螺旋状的铜丝。如前所述，呈花瓣状的装饰品中央有孔，并与泪滴形玻璃珠同为铜丝串联。这些鎏金青铜装饰品应与玻璃制装饰品共同作为冠饰或发饰的一部分。

（一一）骨器出土状况（彩版一二，2、彩版一三，3、4）

墓室出土的骨器主要有条形骨器、长方形骨器、方形骨器、圆形骨器、刀形骨器、T字形骨器、签形骨器、贴金箔条形骨片等。条形骨器是木箱的部件，之前已作了说明，兹不赘述。

长方形骨器、方形骨器、圆形骨器、刀形骨器等小型骨器，是在棺床面的西侧和以墓室中央略西为中心的范围内出土的。从墓室西北角的棺床和西壁之间的堆积土中，发现了一件刀形骨器，这件遗物应该是从棺床上掉落下来的。从墓室中央略偏西北的地面上出土了长方形骨器5件、方形骨器4件、圆形骨器7件、刀形骨器1件，这些出土遗物均集中在北侧木箱遗痕的内侧，有可能是收纳在箱子中的装饰品。

图二六　棺床上遗物出土分布图（A组）

121.白瓷瓶盖　162.不知名铁器　163-1.棒状铁制品　101、150~156、158、161、163-2、164-1、164-9、165~167、169~172、173-1.鎏金铜饰　173-2.条形骨器　157、159、164-6~7.嵌玻璃珠鎏金铜饰　164-2.铜丝　164-3~5.鎏金铜饰残片　164-8.叶形鎏金铜饰　6-3、19-1、100、102~106、107-1~2、109~115、117、119-1~2、124-1、126.玻璃珠　118.玻璃器残片　1-3、2-3~5、3-4、4-5、5-3~4、6-4、7-3~4、8-3、9-2、10-2、11-2、12-2、13-2、14-2、15-5、16-3、17-4、18-3、19-2、20~21、22-2~3、23-1~2、24~25、26-2~3、27~31、32-1~2、33-1~4、34-1~3、35-2~3、36~37、38-1~2、39~42、160.签形骨器　15-4、16-2、173-2.条形骨器　116、120、124-2、125.圆形骨器　164-10.刀形骨器　108.贴金箔长方形骨器

　　T字型骨器出土于墓室北侧偏西棺床前的堆积土中。出土的两件遗物为一组，即在一个圆柱形骨制品中部的孔内插入了另一个圆柱形骨制品，两者组合为T字形（图二二，522、738）。

　　签形骨器是以棺床面西侧为中心出土的，在墓室西北部地面也有发现。从其出土位置来看，墓室地面出土的签形骨器是从棺床上掉落下来的。

　　贴金箔条形骨器出土于墓室中部偏西北的地面上和西南角的陶俑之下。出土于墓室中部偏西北的贴金箔条形骨器是一种在极薄的长方形骨板上贴金箔的遗物，共出土了11件。由于是和上述长方形骨器、方形骨器、圆形骨器、刀形骨器等小型骨器一同出土于木箱遗痕的范围内，所以有可能和小型骨器一样，是被收纳于木箱中的装饰品。出土于西南角陶俑下的贴金箔条形骨器呈带状，在极薄的骨板上贴金箔，共出土了4件。另外，在棺床南侧中央部与墓室东壁下各出土2件，在墓室东壁下漆皮箱附近还出土了金箔残片。

　　（一二）人骨出土状况（彩版一一，2、彩版一五，1）

　　发现了二具被葬者的人骨，我们认为是夫妇合葬。头骨是在棺床中部南侧以及棺床西侧与墓室西壁之间地面上发现的。牙齿是在墓室西侧和棺床南侧的地面上发现的。躯干部骨骼集中出土于墓室中央东侧。由于在棺床上遗物主要集中在西侧，并且这一范围较多出土了可能属于冠饰、发饰的装饰品，故被葬者在棺床上大概为头向西侧入殓的。

　　（一三）其他遗物出土状况

　　墓室中还出土了漆皮箱和海贝等遗物。

　　漆皮箱发现于墓室东北部的地面上（彩版一〇，2），虽然呈方形板状，但要恢复原来的形状还很困难，有可能是箱形物品。皮革表面涂有橙色的漆，内侧还附着有绢类。

　　海贝除了在墓室西侧地面出土了七件外，还从堆土中出土了一件（图二二，622～624、652、722-1～3；彩版一二，1）。

（菅谷文则、三宅俊彦、苏哲）

第五章　出土遗物

第一节　陶器（含陶片）

陶器除了出自墓室和天井以外，在耕土层和宋代灰坑 H1 中也有发现。

一、墓葬以外出土遗物

从耕土层、近现代文化层和宋代灰坑 H1 中主要发现了瓦片，均为 5 厘米左右的板瓦碎片，属于宋代的遗物。出土的陶器均为残片。根据口沿部能够复原器形的有罐（瓮）、壶和钵，共计 10 件。全部为素面陶器，轮制成型。此外还有一件器盖（参见表三）。

表三　　　　　　　　　　耕土层、宋代灰坑 H1 出土陶器登记表

器 号	器 名	尺寸（厘米）			备　　注	彩版号	插图号
		口径	底径	器高			
耕土层－1	陶钵	48.6		7.2	轮制		二七，1
耕土层－2	陶罐（瓮）	35		6.45	轮制。口缘部磨光		二七，4
耕土层－3	陶器盖	10.7	2.2		表面模造，里面有指头的痕迹	一六，4	二七，11
耕土层－4	陶罐（瓮）	52		4.6	轮制。口缘部磨光		二七，5
耕土层－5	陶壶	36.4		7.4	轮制。器表有拍打工具痕迹		二七，10
H1－1	陶钵	45		2	轮制。口缘部磨光		二七，2
H1－2	陶钵	37		2.1	轮制。口缘部磨光		二七，3
H1－3	陶罐（瓮）	36		3	轮制。口缘部磨光		二七，6
H1－4	陶罐（瓮）	35		2.9	轮制。口缘部磨光		二七，7
H1－5	陶罐（瓮）	32.6		4.45	轮制。口缘部和腹部磨光		二七，8
H1－6	陶罐（瓮）	30.6		4.8	轮制。口缘部和腹部磨光		二七，9

　　陶罐（瓮）　6件。其中二件出于耕土层（图二七，4、5），四件出于宋代灰坑 H1（图二七，6~9）。陶罐口沿部明显下垂且外翻，与近圆形的体部相连接。

　　陶壶　1件。出于耕土层。标本耕土层－5，同样有下垂且外翻的口沿部，颈部竖直与弧形凸出的腹部相连接，在器表可以看到波状的拍打痕（图二七，10）。

　　陶钵　3件。出于耕土层与宋代灰坑 H1。口沿部稍外翻外倾且近乎直线，与下面倾斜度变缓的腹部相连接（图二七，1~3）。

　　器盖　1件。标本耕土层－3，从外面模制成型，其顶部和周围有椭圆形连珠纹，顶部连珠纹内侧有环形凸起线纹。器盖的内部残存有模制时手指的压痕（图二七，11；彩版一六，4）。

二、天井、甬道、墓室出土遗物

　　主要遗物有陶钵 1件，陶灯盏 2件、陶纺轮 1件，共计 4件（参见表四）。

表四　　　　　　　　　　　　　天井、甬道、墓室出土陶器登记表

器　号	器　名	尺寸（厘米）			备　注	彩版号	插图号
		口径	底径	器高			
墓室·天井五	陶钵	19.8	7.79	7.79	慢轮修整。腹部有拍打工具的痕迹		二八，1 二九
甬道 P－1	陶灯盏	5.45	1.42	1.95	轮制。有白色附着物和附着烟炱	一六，1	二八，2
532	陶灯盏	5.84	1.94	1.69	轮制。有白色附着物和附着烟炱	一六，2	二八，3
井五 6－3	陶纺轮	直径 4.5	孔径 1.1	厚 1.3		一六，3	二八，4

　　陶钵　1件。标本墓室·天井五，出于墓室内堆积土和第五天井的墓志周围，虽然彼此间不具有拼合关系，但从器形和胎土来看，这些残片属于同一个体（图二八，1、图二九）。其口沿部近于水平向外突出，腹部轮廓为柔和的弧线。制作时进行了拍打，大部分拍打痕迹在成型修整时消失了，故外面平行的拍打痕迹和里面衬垫工具的方格纹痕迹残存下来很少。成型修整时使用了轮修法。

　　陶灯盏　2件。推测为盗掘时带进墓室的物品。标本甬道 P－1 与标本 532 均保存完整，且器形基本相同。轮制，腹部线条柔和，口沿部略向内敛，底部残存有从轮制台取下时的割取线痕。在两件灯盏内还可以看到白色的附着物，口沿部还附着有黑色的烟炱

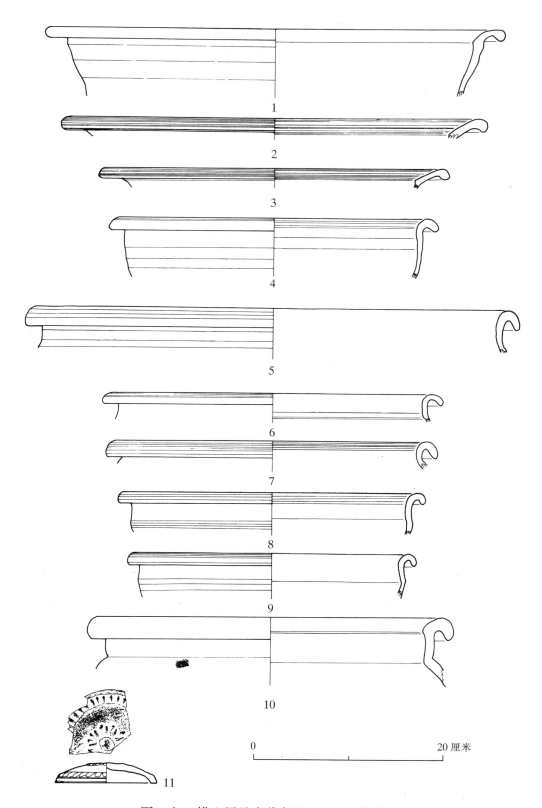

图二七 耕土层及宋代灰坑 H1 出土陶器

1.陶钵（耕土层－1） 2.陶钵（H1－1） 3.陶钵（H1－2） 4.陶罐（耕土层－2） 5.陶罐（耕土层－4）

6.陶罐（H1－3） 7.陶罐（H1－4） 8.陶罐（H1－5） 9.陶罐（H1－6） 10.陶壶（耕土层－5）

11.陶器盖（耕土层－3）

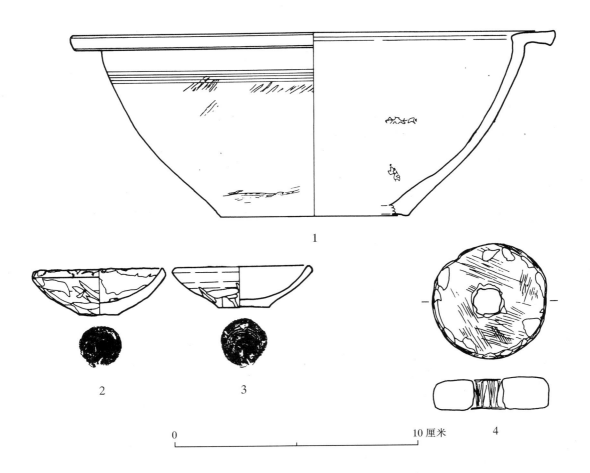

图二八　第五天井、甬道和墓室出土陶器
1.陶钵复原件（墓室·天井五）　2.陶灯盏（甬道P-1）　3.陶灯盏（532）　4.陶纺轮（井五6-3）

图二九　陶器残片（墓室·天井五）

（图二八，2～3；彩版一六，1、2）。标本P-1，口径5.45、底径1.42、高1.95厘米。标本532，口径5.84、底径1.94、高1.69厘米。

陶纺轮　1件，出于第五天井的堆积土中。标本井五6-3，为素面灰白色陶，呈圆盘状，中间有孔。在中央的孔上可以看到纵向的擦痕，周围还有纵向和横向的擦痕，这可能是由于使用而残存的痕迹。直径4.5、孔径1.1、厚1.3厘米（图二八，4；彩版一六，3）。

第二节　陶　俑

4 件。

陶俑列置在墓室南端的甬门两侧，虽已断碎呈倒卧状，但出土时基本保持了原有位置。武士俑和镇墓兽各二件。一武士俑和一镇墓兽为一组，分别相对配列。

镇墓兽均列于东侧（即面对墓室的右侧），武士俑均位于西侧。西南角是张口武士俑，其东侧是人面镇墓兽；东南角是闭口武士俑，其东侧为兽面镇墓兽。两组均面向南侧列置（即面向甬道的方向）。武士俑均为上半身扭转、呈面向甬道方向的姿态，原来似应是面向内侧的方向来列置，但在这个墓葬中却被列置成了面向外侧，且彼此后背呈相对状，这可能是在随葬的时候颠倒了左右顺序（彩版九，1、2）。

一、张口武士俑

张口武士俑　1 件。矗立在基座上，身穿明光铠，两脚用力踩踏基座，右脚稍稍向前方迈出。腰以上的半身扭转偏向右侧，脸部更加偏向右侧，且略向上扬起，嘴微启，眼睛张开，凝视斜上方。两臂从肘部开始弯曲，并向前伸出，两手握拳。紧握的两拳中心有孔，原来似乎是握着某种木制的武器，现在已失（彩版一七～一九）。通高 86.4 厘米，除去基座的身高为 75.0 厘米。两臂最大宽 39.8、肩宽 27.6、腰部宽 11.4 厘米。基座为实心，中间贯穿芯木，长 35.8、宽 29.2 厘米。

该俑身着明光铠，戴头盔，头盔的护耳向上方卷起，头盔的顶部和耳部有圆形凸起，在左右两侧配有鳞状甲片，甲片可能为皮带子编系，左右两侧均重叠有六层。颈部围着颈护，从两肩至两臂的肘部有披膊，在肩部还有半圆形的肩甲。肘部的披膊为双重，外重像一只张开巨口的虎头，从虎口中吐出内重披膊，内重披膊一直覆盖到肘部，其边缘向外侧翻卷。从肘部到手腕穿着有臂护，臂护在手腕部环绕有带子，并于内外侧各配一条带子，手部无护甲，呈暴露状。胸甲从中间分为左右两部分，两侧有边缘呈不规则圆形，其边缘在中央汇合处呈波状，两圆边缘内侧为四瓣的花形纹样。胸甲用上部的带扣来固定，胸甲的中央与从颈部的项护上纵延下来的甲带相连，甲带继而与穿过胸甲下部的横带在一圆环上相交叉。甲带一直延展到腰带的部位，盖在腰带与胸甲之间的护腹部的圆护上。

背面缠有横带和腰带，腰带的下部围有膝裙。

膝裙共有三层。最外层膝裙在前面敞开并不衔接。护在腰的两侧有鳞状甲片，甲片用皮带子编缀，共重叠七层。甲片虽然是用金箔和银箔表现的，但与塑造成型时，用来表现甲片范围的阴刻划线并不一致，而是在略小一圈的范围内贴以金箔和银箔。中层膝裙比外侧的长，其前面和左右两侧有纵向的细密衣褶，这些被立体地表现出来。后面虽然不能看到衣褶的立体表现，但是通过纵向描绘的墨线，也将衣褶表现出来。最内侧的膝裙一直上至膝盖前面在膝盖以上的高度围合，左右两侧斜向呈波状下垂连至身后，膝裙在右后侧最长。在这里从基座伸出一根柱状物，以加强塑像的稳定度。从膝盖至脚腕还表现出来吊腿，膝盖下和脚腕系有环带，小腿的前面还有一条纵向的带子。靴子面上装有圆形的扣环。

武士俑施以鲜艳的色彩。头盔的前面正中翻折部分为蓝色，贴饰的金箔表现了翻折部分的搭扣。头顶部从前面至护耳被分为若干单元，描绘出红、蓝、绿、橙、黑色的莲花纹，底色为暗红色。从头盔前面的翻折处到护耳的边缘均施以红色，由于褪色严重，头顶部圆形凸起的原有颜色已经不明。头盔左右的鱼鳞状甲片从上至下依先金后银的顺序贴有带状的金箔和银箔，并于其上用墨线描绘出每一枚甲片。头后部的鳞状甲片之后画有黑色的虎皮纹。头后部的中央部分由于剥落严重，图案已难以辨别，不过还可以看到一些黑色的圆形纹样和残存下来的褐色。

武士俑的脸部呈浅红色，唇部红色，眉毛、胡须涂成深棕色，黑眼球亦为深棕色。

项护在前面的接合部呈漩涡状，上面贴有金箔。项护的表面图案可分为五个单元的莲花纹，并以蓝、绿、群青、粉色绘之，底色为红色，该图案的上部有三个单元，下部有两个单元，上下色彩相异。

披膊上半圆形的肩甲在其中心部贴有半圆形的金箔，它周围和外缘均用红色勾边，其间用红、蓝色满绘莲花纹，底色为群青色。上层披膊的虎头部分为白底，其上以墨线绘虎头。虎的口唇部、耳朵、鼻子、眼睛的周围均为红色，两颊、眼眶隆起部、嘴部则贴有金箔。从虎嘴中垂出的下层的披膊为红色，虎牙为白色。

从胳膊肘到手腕的臂护用褐色与银箔相间的条纹来表现，塑像成型时臂护部位塑出了凹凸面，但在着色的时候完全未受原有凹凸面的制约。臂护在手腕处的系带为红色，系带前端的金属配件和扣环部贴有金箔。穿过胸甲中央的甲带的边缘以金箔勾边，其内侧在白底色上用金箔表现出方格纹。与甲带相交叉的横带为红色。交叉部分的圆环虽然严重剥落，但从仅存的金箔来推测，其原来亦贴有金箔。横带和腹部的圆护之间在白底色上绘有红色莲花纹，中间还有蓝色和粉色。圆护边缘贴有金箔，其边缘部的铆钉以排列的小圆点来表现，其内侧有从中央穿过的甲带，其两侧画有红色的莲花纹，圆护底色为红色。

背甲在颈护和横带之间表现为圆角的方形，周围环以绿色，内侧装饰有红、绿、群青、粉、蓝色的莲花纹，其底色为白色。横带和腰带之间由于剥落严重，图案与色彩不明。腰带为绿色。

膝裙有三层。最外层膝裙的外缘部贴有带状的金箔，左右两侧的鳞状甲片上亦贴有金箔和银箔，甲片从上面开始按金箔、银箔的顺序贴成带状，在其上再以墨线绘出每一枚甲片。在外缘金箔和甲片之间涂有红底色，其上绘有红、绿、蓝色的莲花纹。

背面在左右两侧甲片的下端用红线绘出了水平分割线，将纹样分为上下两部分。下部图案以蓝、绿、群青、粉色为单元绘出莲花纹，并与前面的纹样相衔接，底色为红色。这一部分的纹样如果包括前面的部分，共计十三个单元，上面有六个单元，下面有七个单元。上下纹样的构图与色彩有所区别。分割线的上部正中有长方形鳞状甲片，它从腰带处垂下，其上贴有金箔，在金箔之上用墨线表现出每一枚甲片，编缀甲片的皮带子为红色。这一鳞状甲片与左右鳞状甲片之间、该鳞状甲片与下面分割线之间，各有一个单元的图案，总计三个，都绘有红、蓝、绿、群青、黑色的莲花纹，底色为群青色。

在前面外层膝裙围合的缝隙间可以看到内侧膝裙，膝裙在红色勾边的内侧贴有金箔，金箔内侧以红、蓝、绿、粉色以及银箔绘制莲花纹。中层膝裙为绿色，在背面用墨线绘出纵向的衣褶。最内侧膝裙亦以金箔勾边，内涂红底色。在背部中部用白色和绿色绘出重叠的半圆形纹样，在其周围配有白色、深绿色的花草纹。膝裙的里衬为绿色。

膝部在红色的底色上绘有白色的方格，方格的内侧装饰有白色圆点纹。吊腿上用墨线绘出莲花纹，膝盖下的环带和前面纵向的带子贴有金箔。脚腕处环带虽然是深灰色，但有可能原来也贴有银箔，现已褪色。吊腿内外两侧的中部绘有红色和绿色的莲花纹，底色为白色。莲花纹上端贴以带状金箔，下端贴以带状银箔。下端的带状金箔与脚腕环带之间为绿色。靴子为红色，靴面的扣环贴有金箔。基座以及加大稳定度的柱状物均为黑色。

通过以上对颜色的考察，对于着色和贴金箔、银箔实施顺序可以进行如下的复原。

首先塑像在制作完成后是胎土的颜色，即砖红色。这时在最外层膝裙上阴刻出鳞状甲片区域的分割线，然后在塑像全身涂一层厚约一毫米的白垩粉，使其全身变为白色。此后用红色绘出最外层膝裙背面的分割线，用红色绘出细部纹样的轮廓线，这一工序丝毫不受到此前阴刻的甲片区域分割线等的制约。细部纹样完成之后，将纹样按绿色、粉色、红色、蓝色、黑色的顺序进行着色，最后以红色和群青色涂绘底色，至此着色主要工序基本完成。下面是勾勒的工序，先从胸甲、鳞状甲片、吊腿等各部位贴施金箔、银箔，金箔、银箔贴好后，项护接合部的边缘、胸甲边缘等再勾勒红色，将轮廓线洗练地明确出来，同时在胸甲和圆护的边缘用白色的小圆点表现出铆钉，此后用墨线勾勒脸部的胡须、披膊的虎头纹、中层膝裙背面的衣褶、每一枚甲片等，并用红色勾绘编缀甲片的皮带子，至此着色全部完成。

二、闭口武士俑

闭口武士俑 1件。与张口武士俑造型基本相同，是一个矗立在基座上身着明光铠的武士。腰以上半身转向左侧，脸部更加偏向左侧，且稍稍向上扬起，嘴呈"一"字形紧闭，两眼张开，凝视斜上方（彩版二〇～二二）。通高83.1厘米，除去基座武士身高为70.5厘米。两臂最大宽度为39.6、肩部宽26.8、腰部宽11.8厘米。基座长34.9、宽32.5厘米。

该俑身着明光铠，戴头盔，颈部围以项护。从两肩至肘穿着披膊，自肘部至手腕覆有臂护，手呈暴露状。胸部着有胸甲，胸甲与从颈护垂下来的甲带相连。甲带在胸甲下部与横带交叉并穿过圆环，垂至圆护。背面围有横带和腰带。腰带的下面围系三层膝裙，在最内层膝裙垂下的右后侧，从基座向上塑有一个增加稳定度的柱状物。

从膝盖以下至脚腕有吊腿。在靴子面的中部附有方形的扣环，但这也可能是从小腿前面的带子上垂下的部件。

闭口武士俑涂绘有艳丽的色彩。头盔前面正中央翻折处为蓝色，从头顶前面到护耳部被分为若干个单元，绘有蓝、绿、群青色的莲花纹，底色为红色。头盔前面翻折处至护耳处的外缘部分为绿色。头顶部的圆形凸起已经变为黑色，可能原来贴以银箔。虽然头顶的后半部剥落十分严重，纹样识别很困难，但似乎是以黑色为主调。其中头后部的右侧可观察到有一部分是用墨线绘制虎头纹以及黑、褐色的图案。

武士俑脸部呈浅红色，嘴唇呈红色，以淡墨绘出棕褐色的眉毛和胡须，黑眼球虽为深棕色，但是瞳孔涂以深绿色。

项护除了在前面的漩涡状接合处贴以金箔，还在表面用红、蓝、绿色绘出连续的莲花纹，其底色为红色。这一图案是以背面正中为轴线对称的两个单元。在披膊的半圆形肩甲的中心部贴有半圆形的金箔，其周边和外缘部分用红色勾边，外缘与金箔间填满蓝、群青、粉色的莲花纹，底色为红色。披膊的虎头部分是于白底色上画黑色的虎纹，虎的口部、鼻子、耳朵、眼睛的周围为红色，而虎的两颊和眼眶隆起部贴有金箔，从虎口中垂出的下层披膊为红色，虎牙为白色。从胳膊肘到手腕处的臂护似乎用褐色和灰色的条带来表现，但由于剥落十分严重，已无法完全确认，或许也使用了银箔，臂护上的带子贴有金箔。手同脸部一样呈浅红色。

胸甲在不规则圆形的边缘部分贴有金箔，外缘部以黑色描绘为主，加之排列的白色小圆点表现出铆钉。不规则圆形边缘的内侧为绿色，中间的四瓣花形纹贴有金箔，其周围用红色勾边。固定胸甲的扣带、系带前端的金属部件以及扣环的部分均贴有金箔，底色为红色。纵穿胸甲中央的甲带边缘部以红色勾边，内侧贴以金箔。在甲带边缘部与胸甲相同，用排列的白色小圆点来表现铆钉。其表面绘有黑色的莲花纹，与甲带相交的横带为红色，但交叉部的圆环由于剥落严重，色彩不明。横带和腹部的圆护之间在白地上绘有红色的龟甲纹，龟甲纹涂以绿色和粉色。圆护边缘贴以金箔，其边缘部的铆钉也是以排列白色小圆点的方法来表现。甲带从圆护内侧中间穿过，在甲带两侧的圆护内配有群青和粉色的莲花纹，底色为群青色。

背甲在项护和横带之间呈圆角方形，周围有红色宽边，再内侧小一周的圆角方形内，装饰着红、蓝、绿色的莲花纹，底色为白色。横带与腰带之间在红色的底色上画有纹样，但由于剥落严重，图案与色彩均不明。

膝裙为三层。最外层膝裙的边缘部以红色勾边，其内侧贴有带状的金箔。左右两侧的鳞状甲片还贴有金箔和银箔。甲片与金箔、银箔之间绘出了红、蓝、绿、粉色的莲花纹，底色为红色。鳞状甲片处自上而下依金箔、银箔之序贴成带状，其上再用墨线绘出每一枚甲片。背面左右的鳞状甲片下端有一条红色水平分割线，此线将纹样上下区分开来，区分后的下侧以单元形式绘出莲花纹，且与前面的纹样相连接。在分割线上侧的中央从腰带垂下一个黑色长方形，这一范围也可能是用来表现甲片的。黑色长方形与左右的鳞状甲片之间、黑色长方形与分割线之间各自为一单元。这三个单元之内均绘有莲花纹，但是由于剥落严重，色彩不明。外层膝裙在前面围合处留有缝隙，缝隙间可以看到内侧膝裙。内侧膝裙为红色勾边，其上贴有金箔，金箔之上还绘有红色带，再内侧绘有红、蓝、绿色莲花纹。中层膝裙为绿色，背面用墨线绘出衣褶。最内侧的膝裙以金箔勾边，勾边的内侧为红色，左右两侧画有绿、深绿、浅褐色的花草纹。在背面中央以浅褐色绘出重叠的半圆形纹样，其周围配有与左右两侧面一样的花草纹。最内侧膝裙的里衬为绿色。

　　膝盖部在红底色上画有白色的方格，方格内侧装饰有白色的花点。吊腿的膝盖环带和腿前纵带之上贴有金箔，脚腕环带上贴有银箔。吊腿内外两侧的居中部位，以蓝、绿、黄、粉色和银箔绘有莲花纹，底色为白色。在其上部、下部再分别贴以带状的银箔，再外层绘有黑色带。其中下侧的黑色带与脚腕之间，依照黑色和绿色的顺序绘出六条相间的色带。靴子由于剥落和褪色严重，其色彩不明。靴面扣环上贴有金箔。基座与用来增加稳定度的柱状物均为黑色。

　　色彩和金箔、银箔实施技法与顺序与张口武士俑相同。虽然这两个武士俑在上半身的扭转方向、脸部的朝向、嘴部的表现等细微部分有些差别，但在造型上的共同点很多，有可能是使用了同一模具制作出来的。

三、人面镇墓兽

　　人面镇墓兽　1件。人面镇墓兽坐在基座上。在基座上它的后腿弯曲，前腿伸直，腰下弯。后背稍微呈现圆弧状，从臀部的正中至接近后背中部的位置有翘起来的尾巴，尾巴的前端垂向下方。从肩部到头的两侧生出翅膀，左右的翅膀各以三个单元独立的羽毛来表现。脸部朝向正前方，嘴呈"一"字形紧闭状，双眼凝视前方。头顶结有发髻，且束以发饰、从对身体的表现来看，大概是参考了猫科动物而制作的。人面头部非常写实，有着精悍的表情（彩版二三、二四）。通高54.6厘米，除去基座镇墓兽身高为46.4、体部最大宽度24.9厘米。基座长26.7、宽29.1厘米。

　　人面镇墓兽的脸部制作为面向正前方。嘴部呈一字状，周围长有胡须，耳朵很大，头发均梳至头顶部，结成一个菱形的发髻，并用发饰来系束。左右的翅膀各以三个单元独立的羽毛来表现，以肩部为中心呈漩涡状，且向上方逐渐展开。在羽毛的每一个单元中央沿其漩涡走势，均有一条刻线。其前腿伸直，腿根的后面有鳍状的装饰物，爪趾类似猫科动物中的猛兽，爪子紧紧抓住基座，共有四根爪趾。后腿呈弯曲状，爪趾张立于基座上，亦为四根爪趾。后腿膝至踝倾向后方，臀部便坐于基座中并与后腿相接。臀部的中间长有尾巴，尾巴从臀部沿后背的弧线翘至后背中部，尾巴的末端垂下并向后方飘散。

　　人面镇墓兽施以艳丽的色彩。它的前部和后部有着鲜明的色彩区分，以下先描述其前部。

　　前部以白色为基本色。脸部呈肉粉色，嘴唇、鼻孔、眼睛的周围为红色。耳朵与脸部相同亦为肉粉色，头发用金箔勾边，中间有红色的小圆点。头发全部贴有银箔，同时在银箔上用墨线绘出波形纹。鬓发、胡须也用墨线绘出。眼睛的底色为白色，眼睑为黑白两色，眼球是墨绿色。翅膀各个单元分别涂有颜色，自上而下的三单元羽毛依次为绿、红、白色。每一单元羽毛的先端部还贴有金箔，翅膀的中心部也贴有金箔，沿其曲卷之势绘有墨线。从胸部直通腹部的正中有一条纵向浅黄的色带，两侧贴有很窄的带状金箔、银箔，银箔上用墨笔绘有斜线，金箔上用墨笔画有豹皮纹样的图案。这一浅黄色带的左右绘有红、蓝、绿、黄、粉红色的半月形莲花纹。胸部为白底上绘黑色虎皮纹。前腿亦在白色的底色上绘出黑色的虎皮纹，肘部同爪尖以红色勾勒出圆边，其内侧贴有金箔，前爪为朱红色。后腿的底色为白色，绘有黑色的虎皮纹，爪子为朱红色。以上是镇墓兽前面的颜色。

背面以黑色为基本色调。耳朵背面与前面一样呈肉粉色，翅膀和前腿的肘部的鳍状毛等均为白色，尾部的中央和两侧面涂有橙色带，其侧面用黑色线绘出平行的毛，垂下来的尾部的脊部以黑色的带状条纹纵贯。后背的中央纵向施以四个单元的垂鳞纹，其两侧绘有黑色带，再向外侧为白色带。颈部以上以及从两肩经身体的两侧，到大腿部位均为黑色。基座也涂为黑色。

通过以上对色彩的考察，色彩和金箔、银箔的实施技法以及顺序可以作如下的复原。

塑像刚制成时其胎土为砖红色。此时先刻划出阴线，以表现出羽毛等部位。然后在塑像的全身涂上约一毫米厚的白垩粉，塑像随之成为白色。再用红色绘出细微部位的轮廓，并涂绘以红、蓝、绿、黄、肉粉等色彩。完成后再贴金箔、银箔。最后用墨笔绘虎皮纹、头发、胡须、鬃毛、翅膀和尾部的纹路等，并将背面、基座等涂以黑色，着色工作便告完成。

四、兽面镇墓兽

兽面镇墓兽　1件。造型基本上与人面镇墓兽相同，为坐在基座上的兽面兽身镇墓兽。从肩部开始到头的两侧有翅膀，左右各以四个独立单元的羽毛来表现。面部朝向正前方，兽口大张，巨齿尽露，眼睛凝视前方，呈现出一副威吓侵入者的样子。耳朵向上直立，嘴巴的下面有胡须。虽然镇墓兽是想像出来的怪物，但其身体的表现应是参考了猫科动物而制成的，其变形的脸部有着十分逼真、生动的表情，显示出制作者技艺的高超（彩版二五、二六）。通高51.0厘米，除去基座镇墓兽的身高为43.0、体部最大宽度26.0厘米。基座长28.1、宽29.8厘米。

兽面镇墓兽的脸部面向正前方。从张开的嘴中可以看到牙齿和舌头，牙齿可以分为门齿和犬齿，舌头向上方卷起，口腔中空，其纵深不明。耳朵竖向上方，正面超前，耳朵内侧有两条放射状的划线。胡须刻分为六个单元，除一个单元朝右侧外，其余五个单元呈波浪状偏向左侧，顺沿每撮胡须还刻划有阴线。左右的翅膀各以四个独立的单元来表现羽毛，并呈放射状向上方展开。前腿伸直，前腿腋下后方有鳍状装饰，右侧的鳍状装饰有三条放射状的刻线，左侧有四条同样的刻线。后腿呈弯曲状，膝部则与前腿后部的鳍状装饰相连接。尾部的两侧都刻有用来表示兽毛纹路的划线。

此镇墓兽施以精美的色彩。前后两部分用色彩明显地区分开。以下先描述其前部。

前面以白色为基调。面部在白色的底色上画有黑色的虎皮纹，鼻子的正面、嘴的周围为粉红色，眼睛周围为红色，嘴的里面为原胎土的颜色，即砖红色。上下的牙齿先贴以金箔、银箔，再用墨笔表现出每一颗牙齿。舌头呈红色。耳朵上沿放射状刻线涂有红色和肉粉色。胡须从最后一撮依次涂有绿、红、白、白、白和红的颜色，胡须之末端贴以金箔。黑眼球用墨笔勾勒出轮廓以后，内侧贴有金箔。此外，在脸颊、鼻翼两侧、眼眶隆起处、两眉之间和鬓角处均贴有金箔。翅膀上每一个单元的羽毛自上而下依次涂有绿、红、白的颜色，其末端贴有金箔，同时沿每撮羽毛走势用墨线绘出纹路。从胸部至腹部的中央部位有一条纵向粉红色的色带，色带的两侧贴有宽度较窄的金箔、银箔，在银箔上绘有黑色的斜线，金箔上绘有黑色的豹皮纹样。该色带的再外侧，左右均绘有红色的莲花纹，由于褪色严重除红色外，其他色彩不明。胸部的底色为白色，其上绘有黑色虎皮纹。前腿系在白色底色上绘出黑色虎皮纹，肘部及爪尖用红色勾边，内侧贴有金箔，爪子为红色。整个后腿于白色的底色上绘有黑色的虎皮纹，后腿的腿根处涂有纵向的红色，爪子为红色。以上为塑像前部的色彩情况。

背部除少部分外基本为黑色。耳朵的背面可以看到少许涂于前面的粉红色，其余耳背部在白色底色上画有黑色的波形纹。在翅膀的末端贴有金箔，尾巴的中央部位有一条粉红色的色带，其两侧平行绘以黑色的兽毛纹路，基座涂有黑色。

根据以上对颜色的视察，兽面镇墓兽的色彩和金箔、银箔的实施技法与顺序和人面镇墓兽是基本相同的。首先塑像成型后为陶土的颜色，及砖红色。这时以阴线来划出耳朵、胡须、翅膀、尾部等，再给塑像全身涂以白垩粉，用红色勾勒出纹样的轮廓，此后以红、绿、粉红等颜色进行着色。然后用墨笔绘出眼睛的轮廓，并贴上金箔、银箔，最后用墨线绘出虎皮纹、牙齿以及胸部和尾部的线条，及至背面和台座涂以黑色，着色工作便告完成。另外，在画尾部兽毛墨线时，丝毫不受到此前阴刻线的制约。

这两件镇墓兽身体部分同型同大，应是相同模具制作的。头部和翅膀等部位有区别，属于另外附加上去的。

第三节　瓷　器

瓷器主要发现于耕土层、宋代灰坑（H1）以及墓室里。

一、耕土层、宋代灰坑（H1）中出土瓷器

从耕土层和宋代灰坑 H1 中出土的瓷器为碎片（彩版二七），故绘图时可以复原的很少，共计 12 件（参见表五）。以耀州窑系的青瓷为主，年代为宋代，这也是确定灰坑年代和盗掘时间的重要依据。

耕土层出土瓷碗 1 件。

青瓷碗　1 件。标本耕土层 - 6，内外均施釉，在外面可以看到纵向的压印纹。底径 7、器高 4.1 厘米（图三〇，8；彩版二七，1）。

宋代灰坑 H1 中出土有瓷碗 9 件、瓷碟和圈足瓷灯盏各 1 件，青瓷残片 3 件，共 14 件。

褐釉碗　1 件。标本 H1 - 13，底径 3.8、器高 1.9 厘米（图三〇，10）。

白瓷碗　1 件。标本 H1 - 12，口径 10、器高 2.7 厘米（图三〇，9；彩版二七，5）。

表五　　　　　　　　　**耕土层、宋代灰坑 H1 及天井出土瓷器登记表**

器 号	器 名	尺寸（厘米）			备 注	彩版号	插图号
		口 径	底 径	器 高			
H1-7	青瓷碗	20		4.1	轮制。八瓣口缘	二七, 10	三〇, 1
H1-8	青瓷碗	16		3	轮制	二七, 8	三〇, 2
H1-9	青瓷碗	20		7.7	轮制	二七, 13	三〇, 3
H1-10	青瓷碗	15		2.8	轮制	二七, 12	三〇, 4
H1-11	青瓷碗	12.8		4.6	轮制。器表下部有指头痕迹	二七, 11	三〇, 5
H1-12	白瓷碗	10		2.7	轮制	二七, 5	三〇, 9
H1-13	褐釉碗		3.8	1.9	轮制		三〇, 10
H1-14	青瓷碗	15		2	轮制	二七, 9	三〇, 6
耕土层-6	青瓷碗		7	4.1	轮制。外面模造	二七, 1	三〇, 8
H1-20	青瓷圈足灯盏	体部径6.6		1.9	轮制	二七, 4	三〇, 12
H1-15	青瓷碗	17		1.4	轮制	二七, 7	三〇, 7
H1-16	青瓷碟				轮制。内面模造		三〇, 11 三一
H1-17	青瓷残片					二七, 2	
H1-18	青瓷残片					二七, 3	
H1-19	青瓷残片					二七, 6	

　　青瓷碗　7件（图三〇，1～7；彩版二七，7～13）。标本 H1-7，口沿呈八分花瓣状，近口沿处模印一圈环形装饰。口径20、器高4.1厘米（图三〇，1；彩版二七，10）。
　　青瓷碟　1件。标本 H1-16，内面压印有鱼纹和波状纹（图三〇，11、图三一）。
　　青瓷圈足灯盏　1件。标本 H1-20，外施釉。体部径6.6、器高1.9厘米（图三〇，

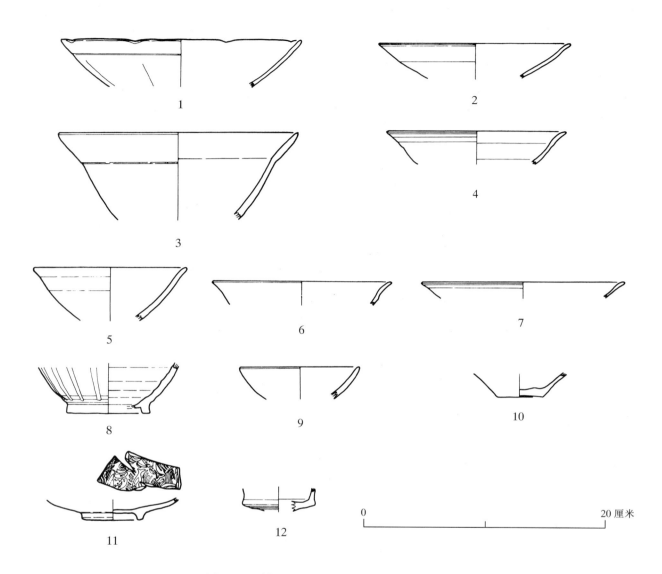

图三〇　耕土层及宋代灰坑 H1 出土瓷器

1.青瓷碗（H1－7）　2.青瓷碗（H1－8）　3.青瓷碗（H1－9）　4.青瓷碗（H1－10）　5.青瓷碗（H1－11）
6.青瓷碗（H1－14）　7.青瓷碗（H1－15）　8.青瓷碗（耕土层－6）　9.白瓷碗（H1－12）　10.褐釉碗（H1－13）　11.青瓷碟（H1－16）　12.青瓷圈足灯盏（H1－20）

12；彩版二七，4）。

青瓷残片 3 件。标本 H1－17、18、19（彩版二七，2、3、6）。

二、墓室出土瓷器

墓室出土白瓷器 2 件，为带盖白瓷瓶与带盖白瓷罐，基本完整（参见表六）。

带盖白瓷瓶　1 件。瓶体（标本 536－1），出自墓室中央的木箱遗痕内侧，即从随葬的箱子中出土。其腹部垂圆，向上逐渐变细并与瓶颈相连，盘口直立，口沿部外翻。通高 14.4、口径 9.8、颈径 4.8、腹径 13.5、底径 10.1 厘米。最大口径位于距离口沿部五分之四通高的位置上，器形均匀稳定。从瓶体下端（不包括圈足和底部）到颈部内侧，

图三一　青瓷碟残片（H1-16）

瓶的外部全部均匀地施以略显浅黄的白釉。胎土细腻纯白。（图三二，2；彩版二八，1～2）。瓶盖（标本121），出自棺床西侧。与下述白瓷罐的盖子形状基本相同，盖钮呈宝珠形，周围环划有阴线。瓶盖下侧制出一圈下凸的搭口。阴线是在轮修时留下的痕迹，由于轮修工具在旋转一周后并未回到初始点，所以约有三分之一的圆周上有两条阴线。瓶盖通高4.1、口径7.4、最大径10.8厘米。瓶盖外表到搭口外侧所施的白瓷稍显灰黄色，并存在部分的流釉现象。胎土亦非纯白色，稍显粗糙（图三二，1；彩版二八，4）。

表六　　　　　　　　　　　　　　墓室内出土瓷器登记表

器　号	器　名	尺寸（厘米）			备　注	彩版号	插图号
		口径	底径	器高			
121	白瓷瓶盖	7.4		4.1	轮制。白瓷	二八，4	三二，1
536-1	白瓷瓶	9.8	10.1	14.4	轮制。白瓷	二八，1、2	三二，2
538	白瓷罐盖	7.4		3.61	轮制。白瓷	二八，3	三二，3
537、539	白瓷罐	8.5		10	轮制。白瓷	二八，3	三二，4

　　带盖白瓷罐　1件。出自棺床和墓室西壁之间的西北角。罐体（标本537、539）从和缓的圈底向上，经过外凸的圆腹部到达内敛的口沿，整个罐体近球形。通高10.0、口径8.5、最大腹径14.3厘米。内外均施白釉，白釉则偏于从淡黄绿色到黄灰色间的色泽，罐底部可以看到支具痕迹，呈三角形分布（图三二，4；彩版二八，3）。罐盖（标本538）残高3.61、口径7.4、最大径10.3厘米。表面所施白釉偏黄白色，且有部分流釉的现象。釉上有斑疵，胎土非纯白色，略显粗糙。盖钮有缺损，其外周饰有阴线。罐盖下侧制出一圈下凸的搭口（图三二，3；彩版二八，3）。

　　　　　　　　　　　　　　　　　　　（菅谷文则、三宅俊彦、陈晓桦）

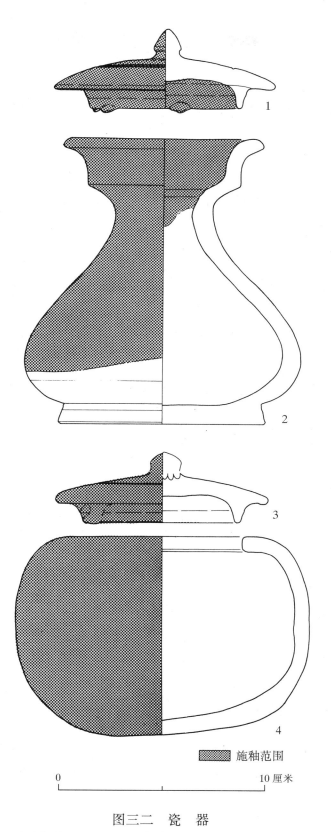

图三二　瓷　器

1.白瓷瓶盖（121）　　2.白瓷瓶（536）　　3.白瓷罐盖（538）

4.白瓷罐（537、539）

第四节　金属器

金属器出自盗洞、墓道、墓门附近以及墓室内，包括铁器、铜器和鎏金铜器。

一、铁　器

共 65 件。主要有铁甲片 1 件，棒状铁制品 11 件，铁钉 44 件，铁钉残片 1 件，不知名铁器 4 件，铁锅残片 2 件，铁滓 2 件（参见表七）。

表七　　　　　　　　　　　　　**铁器登记表**

器 号	器 名	出土位置	尺寸（厘米）			备 注	彩版号	插图号
			长（残长）	幅（最大幅）	厚度（最厚）			
封门下 1－1	铁钉	封门下	6.5（6.3）	头 1.35×0.8 体 0.7	0.4	3.3 厘米处木纹呈直角		三四，21
封门下 2－1	铁钉	封门下	6.1（5.9）	头 1.5×0.5 体 0.65	0.3	粘连残木。木纹从 3.3 厘米处呈直角交叉		三四，19
封门下 3－1	铁钉	封门下	（3.3）	0.7	0.6			
井五 3－2	铁锅残片	第五天井	（6.6）	5.6	0.8			三三，3
封门下 4－1	铁钉	封门下	（2.0）（5.1）	头 1.2×0.5 体 0.6	0.3	大部粘连横向残木和固体物		三四，24
封门下 4－2	铁钉	封门下	（5.6）	0.7	0.8	粘连残木		
井五 4－3	铁钉片	第五天井	（1.7）	0.8	0.7			三三，7
封门下 5－1	铁钉	封门下	（4.65）	头 1.35×0.6 体 0.65	头 0.2 体 0.3	粘连残木		三四，18
甬下 6－1	铁钉	甬道下	（2.3）	0.7	0.4	粘连残木		
井五 6－2	铁滓	第五天井	（4.0）	1.5	2.1			三三，6
封门下 7－1	铁钉	封门下	5.15（4.95）	头 1.05 体 0.6	头 0.3 体 0.3	木纹直角交叉		三四，13
封门下 7－2	铁滓	封门下	纵 1.7	横 1.55	0.7			三三，8

续表七

器 号	器 名	出土位置	尺寸（厘米）			备 注	彩版号	插图号
			长（残长）	幅（最大幅）	厚度（最厚）			
封门下 8－1	铁钉	封门下	（5.2）	头 1.2 体 0.6	0.3	粘连横向残木		三四，15
封门下 8－2	铁钉	封门下	（5.3）	1.4	0.9	粘连残木		
封门下 9－1	铁钉	封门下	（5.0）	头 0.7×0.4 体 0.65	头 0.3 体 0.1	粘连铜锈和残木		三四，12
封 门 下 10－1	铁钉	封门下	5.3（5.1）	头 1.05 体 0.65	头 0.15 体 0.3	粘连铜锈和残木	二九，2	三四，14
封 门 下 11－1	铁钉	封门下	6.7（6.6）	头 1.2×0.9 体 0.7	0.3	木材中途直角交叉	二九，2	三四，25
封 门 下 12－1	铁钉	封门下	（6.1）	头 1.4×0.9 体 0.6	0.3	中部呈直角		三四，20
甬 13－1	铁钉	甬道	4.0（3.7）	头 1 体 0.6	头 0.2 体 0.2			三四，11
甬 14－1	铁钉	甬道	5.8（5.7）	头 1.45 体 0.7	头 0.3 体 0.3	粘连残木		三四，17
甬 15－1	铁钉	甬道	6.3（6.0）	头 1.5×1 体 0.5	0.3	粘连 3.3 厘米长的残木		三四，23
甬 16－1	铁钉	甬道	6.05（6.0）	头 1.2 体 0.65	头 0.35 体 0.35	粘连残木	二九，2	三四，16
甬 17－2	铁钉	甬道	（4.05）	头 0.8×1.25 体 0.55	0.7			三四，9
甬 17－3	铁钉	甬道	7（6.7）	头 1.1×0.85 体 0.7	0.4	粘连横向残木	二九，2	三四，26
过洞 26－1	棒状铁制品	第三～四天井过洞底	（7.6）	0.6	0.6			三三，2
封 门 下 33－1	铁钉	封门下	（2.1）	0.4	0.3			三四，1
封 门 下 33－2	铁钉	封门下	（2.25）	头 0.8 体 0.25	头 0.1 体 0.35			三四，2
封 门 下 33－3	铁钉	封门下	2.45（2.3）	头 0.6 体 0.2	0.2			三四，3
封 门 下 33－4	铁钉	封门下	（2.4）	头 0.7 体 0.25	头 0.2 体 0.25	粘连残木		三四，4

续表七

器 号	器 名	出土位置	尺寸（厘米）			备 注	彩版号	插图号
			长（残长）	幅（最大幅）	厚度（最厚）			
封 门 下 33-5	铁钉	封门下	3.25（3.15）	头 0.7 体 0.4	0.2			三四，5
封 门 下 33-6	铁钉	封门下	（2.95）	头 0.15 体 0.5	0.5			三四，6
封 门 下 33-7	铁钉	封门下	3.8（3.4）	头 0.8 体 0.4	0.3	带横向残木		三四，7
封 门 下 33-8	铁钉	封门下	3.2（3.1）	头 0.9 体 0.55	头 0.45 体 0.4	带横向残木		三四，8
封 门 下 33-9	铁钉	封门下	（3.95）	头 0.95 体 0.4	0.3	带纵向残木		三四，10
封 门 下 33-10	铁钉	封门下	（5.8）	头 1.9 体 0.9	0.3	粘连横向残木		三四，22
封 门 下 33-11	铁钉	封门下	（3.65）	0.4	0.3	粘连残木		
井二 44	棒状铁制品	第二天井	（14.1）	0.6~0.5	0.4~0.3			三三，1
甬 50-1	不知名铁器	甬道	（2.71）	1.23	0.6	粘连残木		
甬 50-2	不知名铁器	甬道	（2.14）	1.17	0.4			
162	不知名铁器	墓室棺床上	（1.3）	1.75	0.5	一端有刻痕		三五，11
163-1	棒状铁制品	墓室棺床上	（8.8）	0.3	0.3	有粘连物		三五，12
576-1	铁钉	墓室	（2.1）	头 1.1 体 0.4	0.3	粘连残木	二九，2	三五，6
576-2	铁钉	墓室	3.15（2.9）	头 0.8 体 0.3	头 0.2 体 0.25			三五，8
576-3	铁钉	墓室	（3）	头 0.8 体 0.55	0.4	粘连残木朽痕		三五，10
576-4	铁钉	墓室	（3.3）	0.7	0.5			
576-5	棒状铁制品	墓室	（5.0，4.0）	0.2，0.3	0.2，0.3			

续表七

器 号	器 名	出土位置	尺寸（厘米）			备 注	彩版号	插图号
			长（残长）	幅（最大幅）	厚度（最厚）			
576－6	棒状铁制品	墓室	（2.5）	0.2	0.25			
579－1	棒状铁制品	墓室	（8.6）	0.4	0.3			三五，13
579－2	棒状铁制品	墓室	（6.0）	0.4	0.35			三五，14
581	不知名铁器	墓室	（3.2）	0.3	0.3			三五，9
613－4	棒状铁制品	墓室	（2.43）	0.5	0.5	伴出残木		
627	棒状铁制品	墓室	（4.2，3.0）	0.4，0.5	0.4，0.5			
669－3	铁钉	墓室	2.55（2.5）	头 0.85 体 0.2	头 0.1 体 0.4	粘连残木。中部呈直角		三五，7
669－4	铁钉	墓室	（2.6）	0.25	0.2			
720－2	棒状铁制品	墓室	（2.3）	0.2	0.3	伴出残木		
734－1	铁钉	墓室						
748	铁钉	墓室	（2.4）	头 1 体 0.3	头 0.1 体 0.35	中部木质从横向变为纵向。头部粘连布	二九，2	三五，5
749	铁钉	墓室	（1.65）	头 1 体 0.3	0.2	粘连残木。中部木质直角交叉		三五，4
750	铁钉	墓室	（0.7）	0.1	0.1	粘连残木		
751	铁钉	墓室	（2.5）	0.2	0.15	粘连木质。中部木质直角交叉		三五，3
752	铁钉	墓室	（1.2）	0.15	0.15	粘连残木		三五，2
753	铁钉	墓室	0.7	头 0.6 体 0.15	0.2	粘连残木		三五，1
T5	铁锅残片	墓室西壁	（5.7）	7.0	0.3	内外壁大部粘连铁锈		三三，4

续表七

器　号	器　名	出土位置	尺寸（厘米）			备　注	彩版号	插图号
			长（残长）	幅（最大幅）	厚度（最厚）			
T1	铁甲片	墓室	（5.5）	3.9	0.1		二九，1	三三，5
甬道北侧－1	棒状铁制品	甬道北侧	41.1	0.6	0.4			三三，9

（一）铁甲片

1件。标本 T1，出自墓室顶部塌落形成的黄土堆积之上，是从盗洞进入的遗物。该甲片为锻铁，其上钻有八孔，甲片的周边从表面向内侧微弯曲。残长 5.5、幅 3.9、厚 0.1 厘米（图三三，5；彩版二九，1）。

（二）棒状铁制品

11件。墓道 2件、甬道 1件、墓室 8件。

在甬道北侧出土有弯曲呈"L"形的棒状铁制品 1件。标本甬道北侧－1，全长 41.1、厚 0.4 厘米。从形状推测可能是钥匙，较长一端的断面呈圆形，短端的断面呈椭圆形（图三三，9）。被制成葡萄叶形的鎏金装饰铜片同时出土，推测应属于钥匙的缀饰，有标本甬道北侧－2、甬道北侧－3（图三三，10、11；彩版三四，1、2）。尽管出土了 8枚以上，但因太薄已呈粉末状。

其余棒状铁制品形状大致可分为两类：

一类弯曲成弧形。如标本井二 44，残长 14.1、幅宽 0.6、厚 0.4 厘米（图三三，1）。标本 163－1，残长 8.8、幅宽 0.3、厚 0.3 厘米（图三五，12）。标本 579－1，残长 8.6、幅宽 0.4、厚 0.3 厘米（图三五，13）。

另一类由于两端残断呈直条形。如标本过洞 26－1，残长 7.6、幅宽 0.6、厚 0.6 厘米（图三三，2）。标本 579－2，两端残断呈直条形，残长 6.0、幅宽 0.4、厚 0.35 厘米（图三五，14）。

（三）铁　钉

44件。封门下 24件、甬道 7件、墓室 13件。

在封门各处都钉有铁钉，其中门扇下端的外框还钉有装饰性铁钉，为 3厘米长的一种细短形铁钉（图三四，1～8、10、12～15、18～22、24、25）。甬道出土的可参看图三四，9、11、16、17、23、26。

墓室内出土铁钉与甬道及封门附近发现的铁钉形状相似，都由钉帽和钉体构成，钉体上多有木质附着。铁钉残长 0.7～6.6 厘米不等（图三五，1～8、10；彩版二九，2）。

（四）铁器残片

5件。分别为铁锅残片 2件（标本井五 3－2、T5），出自第五天井与墓室内（图三三，3、4）。其中标本 T5，内外大部分已被锈蚀。长 5.7、宽 7.0、厚 0.3 厘米（图三三，4）；铁滓 2件（标本井五 6－2、封门下 7－2），出自第五天井与封门下（图三三，6、

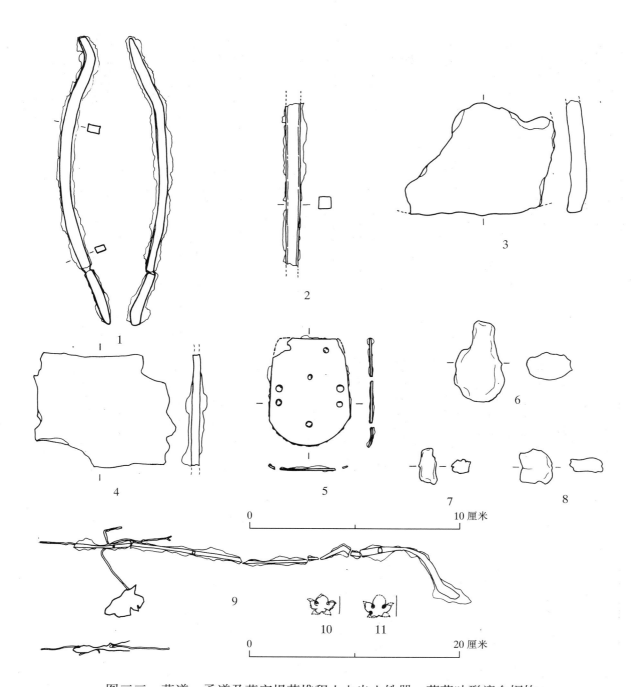

图三三　墓道、甬道及墓室塌落堆积土上出土铁器、葡萄叶形鎏金铜饰

1.棒状铁制品（井二 44）　2.棒状铁制品（过洞 26－1）　3.铁锅残片（井五 3－2）　4.铁锅残片（T5）
5.铁甲片（T1）　6.铁滓（井五 6－2）　7.铁钉片（井五 4－3）　8.铁滓（封门下 7－2）　9.棒状铁制品（甬道北侧－1）　10～11.葡萄叶形鎏金铜饰（甬道北侧－2、甬道北侧－3）

8）；铁钉残片 1 件（标本井五 4－3），出自第五天井（图三三，7）。

（五）不知名铁器

4 件（标本甬 50－1、甬 50－2、162、581）。标本 162，出自墓室棺床上。形状似圭形，一端有刻痕。残长 1.3、宽 1.75、厚 0.5 厘米（图三五，11）。标本 581，残长 3.2、幅 0.3、厚 0.3 厘米（图三五，9）。

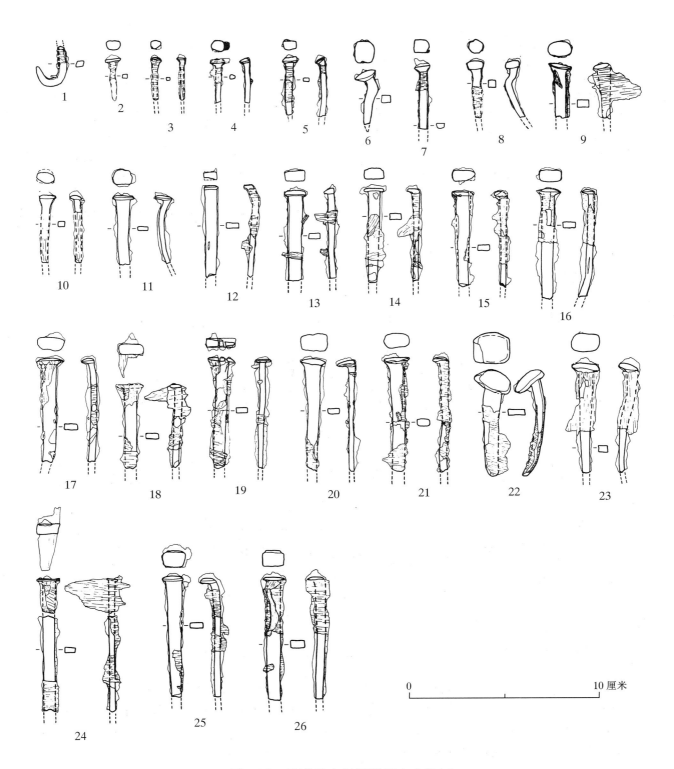

图三四　甬道及木封门附近出土铁钉

1. 封门下 33 - 1　2. 封门下 33 - 2　3. 封门下 33 - 3　4. 封门下 33 - 4　5. 封门下 33 - 5　6. 封门下 33 - 6　7. 封
门下 33 - 7　8. 封门下 33 - 8　9. 甬 17 - 2　10. 封门下 33 - 9　11. 甬 13 - 1　12. 封门下 9 - 1　13. 封门下 7 - 1
14. 封门下 10 - 1　15. 封门下 8 - 1　16. 甬 16 - 1　17. 甬 14 - 1　18. 封门下 5 - 1　19. 封门下 2 - 1　20. 封门
下 12 - 1　21. 封门下 1 - 1　22. 封门下 33 - 10　23. 甬 15 - 1　24. 封门下 4 - 1　25. 封门下 11 - 1　26. 甬 17 - 3

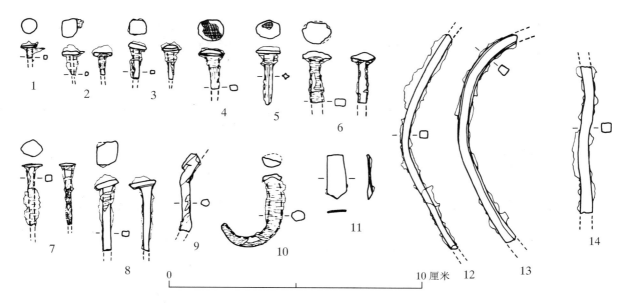

图三五　墓室铁钉和铁制品

1. 铁钉（753）　2. 铁钉（752）　3. 铁钉（751）　4. 铁钉（749）　5. 铁钉（748）　6. 铁钉（576－1）　7. 铁钉（669－3）　8. 铁钉（576－2）　9. 不知名铁器（581）　10. 铁钉（576－3）　11. 不知名铁器（162）　12. 棒状铁制品（163－1）　13. 棒状铁制品（579－1）　14. 棒状铁制品（579－2）

二、铜　器

主要有铜铺首与铜镜，各发现 2 件（参见表八）。

表八　　　　　　　　　　　　铜铺首与铜镜登记表

器　号	器　名	出土位置	尺寸（单位厘米）	彩版号	插图号
47	铜铺首	封门上	直径 10.2	二九，3	三六，1
48	铜铺首	封门上	直径 10	二九，4	三六，2
535－7	铜镜	墓室	直径 4	三〇，1	三七，1
659	铜镜	墓室	直径 4	三〇，2	三七，2

（一）铜铺首

2 件。两件铜铺首出土时，仍然保持着在木封门上安置的状态。

标本 47、48，基本同形同大，直径 10～10.2 厘米。其呈伞状的金属座上开有长方形的孔，铺首门鼻的铁条就从此孔插入，铁条在铺首背面被折曲（图三六，1、2；彩版二九，3、4）。正是根据这一折曲的长度，而确定了封门具有 3 厘米的厚度。

（二）铜　镜

2 件。发现于墓室地面。标本 535－7、659，均为凸面镜，周缘有棱凸。镜背面纹样分内外两区，内区表现四叶纹，四叶之间加饰圆形乳凸纹；外区为一周锯齿纹（图三七，

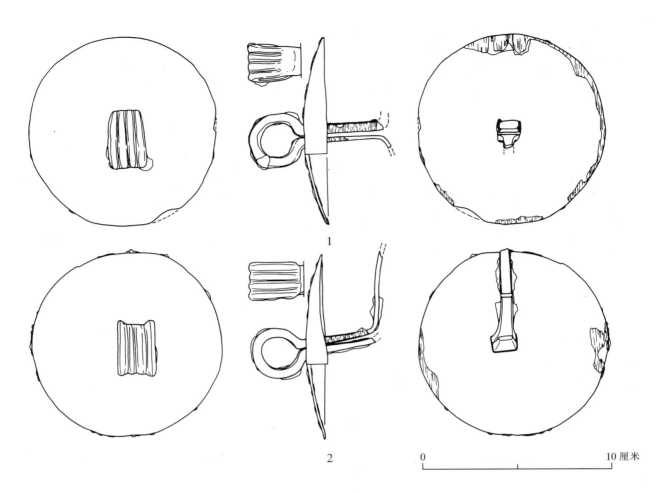

图三六　木封门铜铺首

1. 铜铺首（47）　　2. 铜铺首（48）

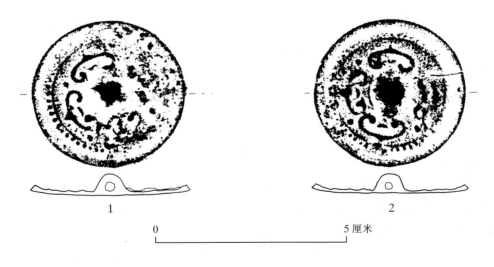

图三七　铜　镜

1. 铜镜（535－7）　　2. 铜镜（659）

1、2；彩版三○，1、2）。两者直径均为4、弧起0.8厘米，重3克。从其大小考虑概为明器用镜，但其纹样、镜面弧度均制作精致。

三、鎏金铜器

主要有鎏金铜马具、鎏金铜冠及嵌玻璃珠鎏金铜饰、鎏金铜泡钉。

（一）鎏金铜马具、鎏金铜杏叶和鎏金残铜片

9件。墓室内出土，包括鎏金铜马镳5件、鎏金铜马镫1件、鎏金铜杏叶1件、鎏金残铜片2件（参见表九）。

表九　　　　　　　　　　　　　鎏金铜马具登记表

器 号	器 名	出土位置	尺寸（厘米）			备 注	彩版号	插图号
			长（残长）	幅（最大幅）	厚度（最厚）			
734－2	鎏金铜马镳	墓室	7				三一，1	三八，1
633	鎏金铜马镳	墓室	7				三一，1	三八，2
717	鎏金铜马镳	墓室	7				三一，1	三八，3
533－3	鎏金铜马镳	墓室	7				三一，1	三八，4
632	鎏金铜马镳	墓室	7				三一，1	三八，5
651	鎏金铜马镫	墓室	4.6（高）	3.2（宽）			三一，2	三八，6

鎏金铜马镳　5件。标本734－2、633、717、533－3、632，大小相当于实用品的四分之一，表面有很厚的鎏金层（图三八，1～5；彩版三一，1）。推测应是为那些制作极其精良的马俑配备的物品，因仅出土了5件（两套半），故着用的马俑至少有3匹。

鎏金铜马镫　1件。标本651，由镫穿与镫环两部分构成，镫穿用于将马镫悬挂于马鞍两侧，镫环则用于骑者踏脚（图三八，6；彩版三一，2）。虽然只出土了一件鎏金铜马镫，但考虑到马镳的出土数量，推测盗墓时至少被盗走五件。

鎏金铜杏叶　1件。标本631，上部的系环方孔尚存，且方孔附着有锈。整体类似杏仁形，表面铸造出涡纹和四叶纹。器物表面镀金，但现已少许剥落（图三八，7；彩版三二，4）。

鎏金残铜片2件（标本630－1、630－2）。发现于墓室，从残存的纹饰看，推测应是鎏金铜杏叶的残片（图三八，8、9）。

装配马镳、镫的马俑一般是木制俑或金属制俑，但考虑到没有出土木俑片的现象，故金属制马俑的可能性更高。

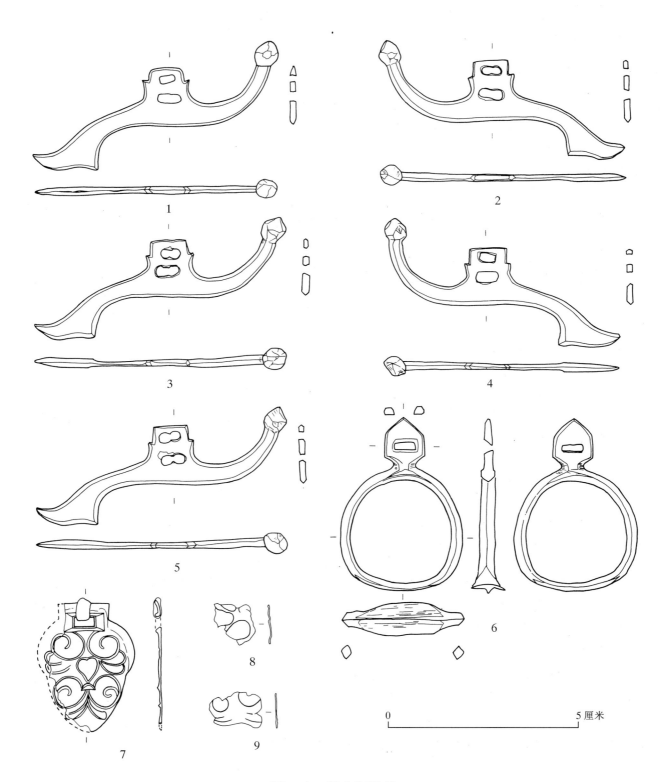

图三八　鎏金铜马具

1.鎏金铜马镳（734-2）　2.鎏金铜马镳（633）　3.鎏金铜马镳（717）　4.鎏金铜马镳（533-3）　5.鎏金铜马镳（632）　6.鎏金铜马镫（651）　7.鎏金铜杏叶（631）　8.鎏金残铜片（630-1）　9.鎏金残铜片（630-2）

（二）鎏金铜冠残片、嵌玻璃珠鎏金铜饰、叶形鎏金铜饰、铜丝、鎏金铜饰及残片

发现于墓室棺床上及其周围。主要包括鎏金铜冠残片 3 件，嵌玻璃珠鎏金铜饰 7 件，叶形鎏金铜饰 2 件、铜丝 8 件、鎏金铜饰 26 件、鎏金铜饰残片 2 件、鎏金铜杏叶 1 件、葡萄叶形鎏金铜饰 2 件、鎏金残铜片 2 件（参看表一〇）。

表一〇　　　　　　　嵌玻璃珠鎏金铜饰、鎏金铜饰、铜丝登记表

器　号	器　名	出土位置	尺寸（厘米）		保存情况	备　注	彩版号	插图号
			高	直径				
101	鎏金铜饰	墓室棺床上						
150	鎏金铜饰	墓室棺床上						
151	鎏金铜饰	墓室棺床上						
152	鎏金铜饰	墓室棺床上						
153	鎏金铜饰	墓室棺床上						
154	鎏金铜饰	墓室棺床上						
155	鎏金铜饰	墓室棺床上						
156	鎏金铜饰	墓室棺床上						
157	嵌玻璃珠鎏金铜饰	墓室棺床上		2.3				三九，13
158	鎏金铜饰	墓室棺床上		0.77				三九，20
159	嵌玻璃珠鎏金铜饰	墓室棺床上	0.95	0.55	绿色有风化层		三四，8	三九，17
161	鎏金铜饰	墓室棺床上						
163－2	鎏金铜饰	墓室棺床上						
164－1	鎏金铜饰	墓室棺床上	0.5	0.35	黄色透明	鎏金铜饰件带铜丝	三四，3	三九，8
164－2	铜丝	墓室棺床上	1.43				三四，9	三九，7

续表一〇

器　号	器　　名	出土位置	尺寸（厘米）		保存情况	备　　注	彩版号	插图号
			高	直径				
164－3	鎏金铜冠残片	墓室棺床上					三二，1	三九，9
164－4	鎏金铜冠残片	墓室棺床上						三九，10
164－5	鎏金铜冠残片	墓室棺床上						三九，11
164－6	嵌玻璃珠鎏金铜饰	墓室棺床上		2.86				三九，14
164－7	嵌玻璃珠鎏金铜饰	墓室棺床上	0.7	2.2	银白色风化		三二，6	三九，16
164－8	叶形鎏金铜饰	墓室棺床上	6.6				三二，3	三九，21
164－9	鎏金铜饰	墓室棺床上						
165	鎏金铜饰	墓室棺床上				残片8		
166	鎏金铜饰	墓室棺床上						
167	鎏金铜饰	墓室棺床上						
169	鎏金铜饰	墓室棺床上						
170	鎏金铜饰	墓室棺床上				残片3		
171	鎏金铜饰	墓室棺床上				残片若干		
172	鎏金铜饰	墓室棺床上						
173－1	鎏金铜饰	墓室棺床上				残片2		
503	嵌玻璃珠鎏金铜饰	墓室		2.53				三九，12
504	鎏金铜饰	墓室	1.98					三九，19

续表一〇

器　号	器　名	出土位置	尺寸（厘米）		保存情况	备　注	彩版号	插图号
			高	直径				
506	鎏金铜饰	墓室					三二，5	
517	嵌玻璃珠鎏金铜饰	墓室	1.5	1.4				三九，15
589－2	鎏金铜饰	墓室						
590－2	鎏金铜饰残片	墓室	2.53					三九，23
590－3	鎏金铜饰残片	墓室	2.31					三九，24
597	叶形鎏金铜饰	墓室	6.6				三二，2	三九，22
615－2	铜丝	墓室	1.1					三九，5
630－1	鎏金残铜片	墓室	1.1					三八，8
630－2	鎏金残铜片	墓室	1.43					三八，9
631	鎏金铜杏叶	墓室	3.85				三二，4	三八，7
653－10	鎏金铜丝	墓室	0.33					三九，1
653－11	铜丝	墓室	1.1					三九，6
706－2	鎏金铜丝	墓室	1.32					三九，2
706－6	铜丝	墓室						
706－7	铜丝	墓室						
706－8	铜丝	墓室						
一括－2	嵌玻璃珠鎏金铜饰	墓室	0.55	0.45				三九，18

续表一〇

器　号	器　名	出土位置	尺寸（厘米）		保存情况	备　注	彩版号	插图号
			高	直径				
	鎏金铜饰	墓室	1.21					三九，3
	鎏金铜饰	墓室	0.99					三九，4
甬道北侧－2	葡萄叶形鎏金铜饰	甬道	0.55					三三，10
甬道北侧－3	葡萄叶形鎏金铜饰	甬道	0.66					三三，11

鎏金铜冠残片　3件。

标本164-3~5，呈带状，表面的上下端捶打出由鱼籽纹构成的大连珠纹，连珠纹上下捶出界线，连珠纹带内由左向右延伸的连续忍冬纹也是用鱼籽纹来表现的（图三九，9~11）。其中标本164-3上下宽1.3厘米，缀有铜线，应为垂饰（图三九，9；彩版三二，1）；标本164-4~5带状冠体的一部分向上方呈"U"字形弯转，表面纹饰与标本164-3相同，但在忍冬纹卷曲部分的中间表现叶子。同时带状金属板上缘的一部分表现出向上突出的特征，可以认为是粟特系的带状冠（图三九，10、11）。

嵌玻璃珠鎏金铜饰　7件。

标本503、157、164-6，用花瓣状鎏金铜板制成的中间有圆孔的花形装饰物，型制大小略有差异（图三九，12~14）。标本164-7、159、一括-2中央的孔装着玻璃质的水滴形花蕊（图三九，16~18；彩版三二，6）。据此推测，标本503、157、164-6也曾嵌有玻璃珠。标本517，为嵌玻璃珠鎏金铜饰的鎏金铜花蕾，原来附属的鎏金铜丝已不存在，高1.5、直径1.4厘米（图三九，15）。标本157、一括-2的花瓣内侧用鱼籽纹表现出子花瓣（图三九，13、18）。

叶形鎏金铜饰2件。

标本164-8、597是边缘呈弧形凹凸的叶形鎏金铜饰，铜饰的足根部较粗，径1.1厘米。表面用焊接法，并捶打出鱼籽纹表现复杂的纹饰（图三九，21、22；彩版三二，3、2）。鱼籽纹的大小，鎏金的色调与标本164-3~5（图三九，9~11）相似，应是带状冠上的立饰。标本590-2、3为断片，是叶形鎏金铜饰的残片（图三九，23、24）。

铜丝　8件。有标本164-2（图三九，7；彩版三四，9）、标本615-2（图三九，5）、标本706-6~8、标本653-10（图三九，1）、标本653-11（图三九，6）、标本706-2（图三九，2）。

针状金属丝应是冠上的附属物（图三九，1~7）。

鎏金铜饰　26件。

有标本101、150~156、158、161、163-2、164-1、164-9、165~167、169~

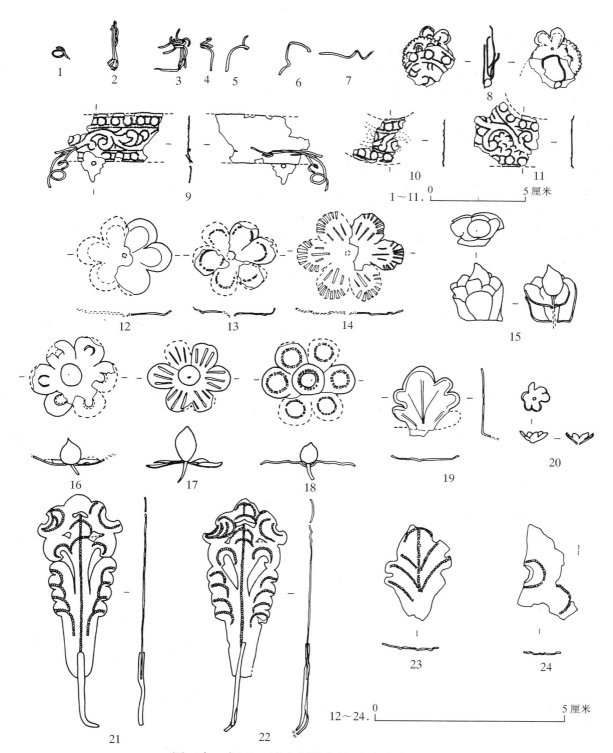

图三九 铜丝、鎏金铜饰与嵌玻璃珠鎏金铜饰

1. 鎏金铜丝（653－10） 2. 鎏金铜丝（706－2） 3. 鎏金铜饰 4. 鎏金铜饰 5. 铜丝（615－2） 6. 铜丝（653－11） 7. 铜丝（164－2） 8. 鎏金铜饰（164－1） 9. 鎏金铜冠残片（164－3） 10. 鎏金铜冠残片（164－4） 11. 鎏金铜冠残片（164－5） 12. 嵌玻璃珠鎏金铜饰（503） 13. 嵌玻璃珠鎏金铜饰（157） 14. 嵌玻璃珠鎏金铜饰（164－6） 15. 嵌玻璃珠鎏金铜饰（517） 16. 嵌玻璃珠鎏金铜饰（164－7） 17. 嵌玻璃珠鎏金铜饰（159） 18. 嵌玻璃珠鎏金铜饰（一括－2）19. 鎏金铜饰（504） 20. 鎏金铜饰（158） 21. 叶形鎏金铜饰（164－8） 22. 叶形鎏金铜饰（597） 23. 鎏金铜饰残片（590－2） 24. 鎏金铜饰残片（590－3）

172、173－1、504、506、589－2、无号（2件）

标本164－1，为带有铜丝的鎏金铜饰（图三九，8；彩版三四，3）。

标本158，为嵌玻璃珠鎏金铜饰的花瓣形金属座（图三九，20）。

标本504，也同属带状冠上的断片（图三九，19）。

标本506（彩版三二，5）

推测复原以后的冠与粟特银币上的王冠以及法隆寺金堂壁画的王冠形态近似，由冠带与立饰构成。鎏金铜质，而不用黄金是本冠的特色。

鎏金铜饰残片2件。有标本590－2、590－3（图三九，23、24）。

（三）鎏金铜泡钉

40件。为钉在木片或骨器上的鎏金铜泡钉（参看表一一）。

表一一　　　　　　　　　　　　　　鎏金铜泡钉登记表

器 号	器 名	出土位置	泡（厘米）				木片（厘米）			备 注	彩版号	插图号
			径	长（残）	幅	厚	长（残）	幅	厚			
507	鎏金铜泡钉	墓室	0.9	0.9	1.0					曲折		四〇，24
527	鎏金铜泡钉	墓室	0.9	1.5								四〇，21
529	鎏金铜泡钉	墓室					①（4.8）②（1.8）	① 1.0 ② 1.6	① 1.8 ② 0.5	钉附木制品		四〇，1
534－1	鎏金铜泡钉	墓室	0.8	1.6								四〇，19
534－2	鎏金铜泡钉	墓室	0.95	1.65								
534－3	鎏金铜泡钉	墓室	0.95							粘连残木		
535－6	鎏金铜泡钉	墓室	1.0		1.0	1.9	2.8	0.8	1.3	钉附木制品		四〇，5
565	鎏金铜泡钉	墓室	0.8	1.7		1.7		1.2	1.1	铜钉下存金属垫片，粘连残木		四〇，6
578－2	鎏金铜泡钉	墓室	1.0	1.8								四〇，18
580	鎏金铜泡钉	墓室	1.0	1.9	1.0	2.0	1.2	0.3	1.5			四〇，14

续表一一

器 号	器 名	出土位置	泡（厘米）				木片（厘米）			备 注	彩版号	插图号
			径	长（残）	幅	厚	长（残）	幅	厚			
595－1	鎏金铜泡钉	墓室	1.0	1.9		1.8	5.0	1.4	1.2	铜钉下带金属垫片		四〇，10
595－2	鎏金铜泡钉	墓室	0.95	1.7								
605－1	鎏金铜泡钉	墓室	1.0	1.2	1.5							四〇，32
609－1	鎏金铜泡钉	墓室	1.0	1.6		1.6	6.0	2.1	1.1	铜钉下带金属垫片，粘连残木		四〇，8
609－2	鎏金铜泡钉	墓室	1.0	1.5		1.6	5.3	1.0	0.8	粘连残木		四〇，11
609－3	鎏金铜泡钉	墓室	1.0	1.5		1.8	3.4	1.0	1.2	铜钉锈蚀，粘连残木		四〇，12
614－1	鎏金铜泡钉	墓室	0.95	1.2								
619－1	鎏金铜泡钉	墓室	1.0	1.9		2.1	5.3	1.1	1.3	粘连残木		四〇，9
620－1	鎏金铜泡钉	墓室	0.9	1.5								四〇，30
649	鎏金铜泡钉	墓室	0.9	1.6								四〇，22
660－1	鎏金铜泡钉	墓室	1.1	1.5	1.8					曲折		四〇，26
660－2	鎏金铜泡钉	墓室	0.95	1.5								
667	鎏金铜泡钉	墓室	0.9	1.6								四〇，16
674－3	鎏金铜泡钉	墓室	0.9	1.2						曲折，断面四角形，铜钉下带金属垫片		四〇，15
696－3	鎏金铜泡钉	墓室	1.0	1.7						断面四角形		四〇，13

续表一一

器　号	器　名	出土位置	泡（厘米）				木片（厘米）			备　注	彩版号	插图号
			径	长（残）	幅	厚	长（残）	幅	厚			
698－1	鎏金铜泡钉	墓室	1.0	0.9	1.1					曲折		四〇，23
698－2	鎏金铜泡钉	墓室	1.4	1.8								四〇，29
698－3	鎏金铜泡钉	墓室	1.0	1.5								四〇，31
702	鎏金铜泡钉	墓室	1.2	1.7	1.9					曲折		四〇，27
707－1	鎏金铜泡钉	墓室	1.0	1.1								
712－1	鎏金铜泡钉	墓室	1.0	1.5								四〇，17
712－2	鎏金铜泡钉	墓室	1.0	1.7	1.8					曲折		四〇，25
729－2	鎏金铜泡钉	墓室			1.9		7.3	1.2	1.6	铜钉下带金属垫片，粘连残木		四〇，2
670－5	鎏金铜泡钉	墓室	1.1	1.3	1.2	1.25	2.8	1.1	0.6	铜钉整体锈蚀，局部存布纹痕，粘连残木		四〇，4
670－6	鎏金铜泡钉	墓室					2.5	1.3	1.1	粘连残木		四〇，3
670－7	鎏金铜泡钉	墓室	1.3	1.6	1.7					曲折		四〇，28
棺床上散－18	鎏金铜泡钉	墓室棺床上	0.9		1.0	1.2	3.4	0.7	0.7	粘连残木		四〇，7
棺床上散－19	鎏金铜泡钉	墓室棺床上	1.0	1.6								四〇，20
棺床上散－20	鎏金铜泡钉	墓室棺床上	1.1	1.2						曲折		
井五15－3	鎏金铜泡钉	墓志下（第五天井）	0.9	1.3						曲折		四〇，33

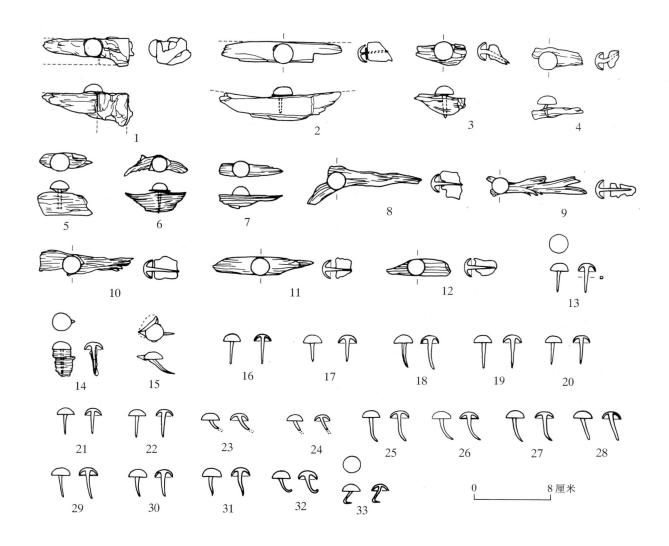

图四〇 鎏金铜泡钉

1.529　2.729－2　3.670－6　4.670－5　5.535－6　6.565　7.棺床上散－18　8.609－1　9.619－1　10.595－1　11.609－2　12.609－3　13.696－3　14.580　15.674－3　16.667　17.712－1　18.578－2　19.534－1　20.棺床上散－19　21.527　22.649　23.698－1　24.507　25.712－2　26.660－1　27.702　28.670－7　29.698－2　30.620－1　31.698－3　32.605－1　33.井五15－3

泡钉由半球形钉帽和钉体构成，径0.8~1.4、长0.9~1.9厘米，有的铜钉下带金属垫片（图四〇，1~32）。钉体较多存在斜曲的现象，这可能是由于直接将泡钉钉入没有打孔的硬木或干燥木材之中造成的，如标本683－3、683－4、709－5、709－7、638－1（彩版四〇，1~5）。钉入骨制品的鎏金铜泡钉与木片上的属于同一类，标本井五15－3，发现于第五天井墓志下，原钉在条形骨器上（图四〇，33）。

标本729－2，为切削出榫头的木片上钉着的鎏金铜泡钉，铜钉下带金属垫片（图四〇，2）。

（菅谷文则、郑克祥）

第五节　玻璃器

61 件。其中六曲玻璃器 2 件、花瓣形玻璃饰片及残片 9 件、玻璃珠 44 件、玻璃器残片 6 件（参见表一二）。

表一二　　　　　　　　　　　　　　　　玻璃器登记表

器　号	器　名	出土位置	尺寸（厘米）		保存情况	备　注	彩版号	插图号
			高	直径				
6-3	玻璃珠	墓室东壁下	0.8	0.5	银白，已风化	带铜丝		四二，34
19-1	玻璃珠	墓室东壁下	0.55	0.5	淡绿色	带铜丝	三五，6	四二，35
100	玻璃珠	墓室棺床上	0.8	0.65	绿色，有风化层			四二，8
102	玻璃珠	墓室棺床上	0.8	0.6	淡绿色		三五，16	四二，28
103	玻璃珠	墓室棺床上	0.7	0.6	绿色，有风化层			四二，15
104	玻璃珠	墓室棺床上	0.65	0.7	绿色，有风化层			四二，13
105	玻璃珠	墓室棺床上	0.9	0.7	绿色，有风化层			四二，2
106	玻璃珠	墓室棺床上	0.8	0.7	绿色，有风化层			四二，5
107-1	玻璃珠	墓室棺床上	0.7	0.6	银白色，已风化			四二，6
107-2	玻璃珠	墓室棺床上	0.75	0.65	绿色，有风化层		三五，17	四二，29
109	玻璃珠	墓室棺床上	1.1	0.75	银白色，已风化			四二，1
110	玻璃珠	墓室棺床上	0.8	0.5	绿色，有风化层			四二，16
111	玻璃珠	墓室棺床上	0.5	0.6	银白色，已风化			四二，12
112	玻璃珠	墓室棺床上	0.8	0.6	绿色，有风化层	带铜丝	三五，14	四二，18
113	玻璃珠	墓室棺床上	0.7	0.6	绿色，有风化层			四二，11
114	玻璃珠	墓室棺床上	0.8	0.5	绿色，有风化层			四二，4

续表一二

器　号	器　名	出土位置	尺寸（厘米）		保存情况	备　注	彩版号	插图号
			高	直径				
115	玻璃珠	墓室棺床上				半残		
117	玻璃珠	墓室棺床上						
118	玻璃器残片	墓室棺床上						
119-1	玻璃珠	墓室棺床上	0.6	0.7	绿色，有风化层			四二，14
119-2	玻璃珠	墓室棺床上	0.6	0.65	绿色，有风化层		三五，12	四二，26
124-1	玻璃珠	墓室棺床上						
126	玻璃珠	墓室棺床上	0.8	0.6	绿色，有风化层		三五，15	四二，19
520	玻璃珠	墓室	0.89	0.63				四二，20
555	花瓣形玻璃饰片	墓室					三五，1	四二，38
556	玻璃珠	墓室	0.7	0.6	绿色，有风化层			四二，17
557	花瓣形玻璃饰片	墓室	最大幅 3.7	最大厚 0.1	淡绿色		三四，5	四二，40
564	玻璃器残片	墓室						
567	玻璃珠	墓室						
568	玻璃器残片	墓室						
569	花瓣形玻璃饰片	墓室	纵 0.7 横 1.5	厚 0.15			三五，2	
584-1	玻璃珠	墓室	0.7	0.55	黄色透明			四二，10
584-2	玻璃珠	墓室	0.7	0.55	黄色透明	带铜丝	三五，8	四二，33
584-3	玻璃珠	墓室						
585	玻璃珠	墓室	0.8	0.5	黄色，有风化层	带铜丝	三五，13	四二，27
586	花瓣形玻璃饰片	墓室	0.9	2.6	淡绿	鎏金花瓣饰	三四，6	四二，37

续表一二

器　号	器　　名	出土位置	尺寸（厘米）		保存情况	备　注	彩版号	插图号
			高	直径				
590－1	六曲玻璃器	墓室	1.75	复原最大直径3.8	淡绿	里面粘连铁锈	三三，1、2	四一，1
591	玻璃器残片	墓室						
598	花瓣形玻璃饰片	墓室	纵2.7横2.55	最大厚0.1	淡绿	铜花饰。金箔残存局部。里面粘连绿色与气泡状的颗粒	三四，4	四二，39
610	玻璃珠	墓室	0.9	0.65		粘接剂痕（?）。铜丝断面呈台形		四二，3
615－1	玻璃珠	墓室	0.45	1.1	淡绿	粘连红绿色铜片	三五，4	四二，31
626－2	玻璃珠	墓室						
646	玻璃珠	墓室	0.7	0.6			三五，10	四二，24
653－8	玻璃珠	墓室	0.65	0.5		带铜丝	三五，7	四二，32
653－9	玻璃珠	墓室	0.575	0.61	淡绿	带铜丝	三五，5	四二，36
653－12	花瓣形玻璃饰片	墓室	纵1.3横1.4	厚0.1	淡绿，已风化			四一，4
653－13	花瓣形玻璃饰片	墓室	纵1.5横2.4	厚0.15	淡绿，已风化			四一，5
653－14	花瓣形玻璃饰片	墓室	纵1横2.65	厚0.1	淡绿，已风化		三五，3	四一，6
701－1	玻璃珠	墓室	0.6	0.6	绿色，有风化层		三五，11	四二，25
701－2	玻璃珠	墓室	0.6	0.5	绿色，有风化层		三五，9	四二，23
701－3	玻璃珠	墓室	0.65	0.6	银白色，已风化			四二，7
706－1	玻璃珠	墓室	0.45	0.6	黄色透明	带铜丝	三五，18	四二，21
706－3	六曲玻璃器	墓室西南角陶俑下	最大幅1.7	口径3.9	淡绿	底部。铜板（表面鎏金）	三三，3、4	四一，2

续表一二

器　号	器　名	出土位置	尺寸（厘米）		保存情况	备　注	彩版号	插图号
			高	直径				
706－4	花瓣形玻璃饰片	墓室	纵1.2 横1.4	厚0.1	淡绿色，已风化	带鎏金铜饰。表面粘连黄褐色物。里面局部粘连白色（绿色）颜料		四一，3
706－5	玻璃器残片	墓室						
707－2	玻璃珠	墓室						
711	玻璃珠	墓室	1.3	1.3	银白色，已风化	孔内存铜丝	三四，7	四二，30
730	玻璃珠	墓室						
747	玻璃器残片	墓室						
皮革东部	玻璃珠	墓室	0.7	0.6	绿色，有风化层			四二，9
一括－1	玻璃珠	墓室	0.6	0.55				四二，22

一、六曲玻璃器

2件。标本706－3，淡绿色，钙化严重。敞口，器身呈六瓣瓜棱状，凹底，外表面各棱相交处贴饰鎏金铜条。直径3.9、高约1.7厘米（图四一，2；彩版三三，3、4）。标本590－1，形制基本同标本706－3。高1.75、复原最大径3.8厘米（图四一，1；彩版三三，1、2）。

这种在玻璃容器上附加金属装饰的图像例证见于天宝年间（742～756年）开凿的敦煌172窟[①]（敦煌的最早例证）和法隆寺金堂壁画（1号壁）[②]，实物例证以史道洛墓为最早[③]。这两件六曲玻璃器系用含量高达70%的高铅玻璃铸造（或模压）成型的。同样的器物，还见于宁夏固原的原州史氏墓地的史诃耽墓（669年）、史铁棒墓（670年）以及甘肃合水唐魏哲墓（669年）[④]、陕西羊头镇李爽墓（668年)[⑤]、陕西西安东郊唐温绰夫妇

① 安家瑶：《莫高窟壁画上的玻璃器皿》，《敦煌吐鲁番文献研究论集》第2辑，425～464页，北京大学出版社，1983年。
② 谷一尚：《壁画に描かれたガラス容器——敦煌莫高窟と法隆寺金堂旧壁画》，《美術史》119，31页图4；33页图10，1986年。
③ 谷一尚：《中国·北周と唐の壁画墓》，《季刊考古学》61，29～32页，1997年。
④ 甘肃省文物考古研究所等：《甘肃合水唐魏哲墓发掘简报》，《考古与文物》2012年第4期51页。
⑤ 陕西省文物管理委员会：《西安羊头镇唐李爽墓的发掘》，《文物》1959年第3期43页。

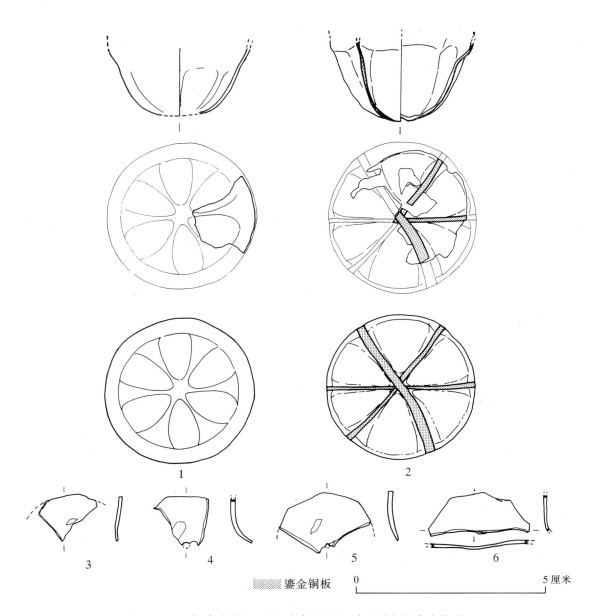

图四一　六曲玻璃器（下段为复原图）与花瓣形玻璃饰片

1. 六曲玻璃器（590 – 1）　2. 六曲玻璃器（706 – 3）　3. 花瓣形玻璃饰片（706 – 4）　4. 花瓣形玻璃饰片（653 – 12）　5. 花瓣形玻璃饰片（653 – 13）　6. 花瓣形玻璃饰片（653 – 14）

合葬墓（670 年）[①]。这些遗物因埋藏年代与分布地域均很接近，可能是 7 世纪中叶在西安地区附近制作的。

二、花瓣形玻璃饰片

9 件。比较完整的有 6 件。以绿色透明薄玻璃制成的花卉形装饰。断面呈八字形，形如喇叭口部，中央有孔，孔的周围镶嵌六瓣形鎏金铜花叶，从孔中穿出的金属丝端部嵌入宝珠形的玻璃珠中，如标本 586、555、598、557、569、653 – 14（图四二，37～40；

① 西安市文物保护考古所：《西安东郊唐温绰、温思睐墓发掘简报》，《文物》2002 年第 12 期 37～49 页。

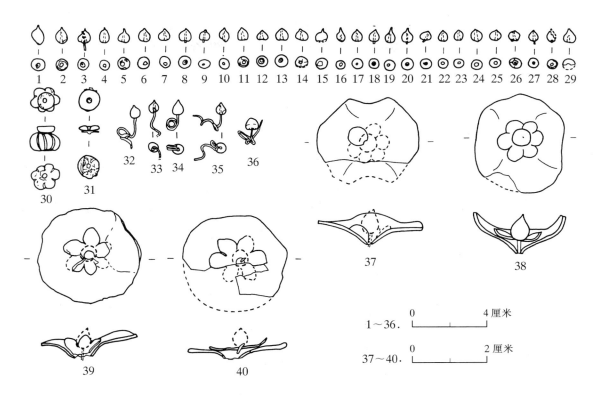

图四二 玻璃珠与花瓣形玻璃饰片

1. 玻璃珠（109） 2. 玻璃珠（105） 3. 玻璃珠（610） 4. 玻璃珠（114） 5. 玻璃珠（106） 6. 玻璃珠（107－1） 7. 玻璃珠（701－3） 8. 玻璃珠（100） 9. 玻璃珠（皮革东部） 10. 玻璃珠（584－1） 11. 玻璃珠（113） 12. 玻璃珠（111） 13. 玻璃珠（104） 14. 玻璃珠（119－1） 15. 玻璃珠（103） 16. 玻璃珠（110） 17. 玻璃珠（556） 18. 玻璃珠（112） 19. 玻璃珠（126） 20. 玻璃珠（520） 21. 玻璃珠（706－1） 22. 玻璃珠（一括－1） 23. 玻璃珠（701－2） 24. 玻璃珠（646） 25. 玻璃珠（701－1） 26. 玻璃珠（119－2） 27. 玻璃珠（585） 28. 玻璃珠（102） 29. 玻璃珠（107－2） 30. 玻璃珠（711） 31. 玻璃珠（615－1） 32. 玻璃珠（653－8） 33. 玻璃珠（584－2） 34. 玻璃珠（6－3） 35. 玻璃珠（19－1） 36. 玻璃珠（653－9） 37. 花瓣形玻璃饰片（586） 38. 花瓣形玻璃饰片（555） 39. 花瓣形玻璃饰片（598） 40. 花瓣形玻璃饰片（557）

彩版三四，4～6；彩版三五，1、3）。标本586，高0.9、直径2.6厘米（图四二，37；彩版三四，6）。墓室中发现的玻璃残片706－4、653－12～14，应该是花瓣形玻璃饰的一部分（图四一，3～6）。

壁画中花形饰的例证见于陕西富平房陵公主墓（唐高祖李渊第六女，673年葬），该墓与史道洛墓的年代亦相近。史道洛墓花瓣形玻璃饰有的出自遗骨附近，很可能是"簪花"一类首饰。簪花之例年代较早的见于成都永丰[1]与重庆化龙桥[2]东汉墓出土的陶俑，以及北魏大同司马金龙墓[3]（484年葬）出土的木板屏风漆绘[4]。唐代中可列举出敦煌130

[1] 周汛、高明春：《中国历代妇女妆饰》86页，图版100，上海学林出版社，1988年。
[2] 李之檀等：《中国历代女性像》，泛亚细亚文化交流センター，15、107页，图版7，1986年。
[3] 大同市博物馆等：《山西大同石家寨北魏司马金龙墓》，《文物》1972年第3期20～33、64页，图版12～14。
[4] 周汛、高明春：《中国历代妇女妆饰》87页，图版103。

窟都督夫人太原王氏供养者壁画①、新疆吐鲁番阿斯塔那唐墓出土"弈棋仕女图"绢画②
以及唐周昉"簪花仕女图（摹本）"③ 等。史道洛墓出土的花瓣形玻璃饰与正仓院北仓藏
御冠残花饰④ 相似。

三、玻璃珠

44 件。根据大小分为小珠与大珠。

玻璃小珠　42 件。大多出土于墓室棺床上，有的散落于棺床下的地面上。高 0.45～
1.1、直径 0.5～0.75 厘米。形状呈宝珠形，底部中央有孔，用于穿插铜丝（图四二，1
～29；彩版三五，5～18）。标本 653－8、584－2、6－3、19－1、653－9 等玻璃小珠的
孔内还保留有穿插的铜丝（图四二，32～36）。标本 610、112、520、706－1、585 等五
件玻璃小珠的孔内也残留有铜丝（图四二，3、18、20、21、27）。带铜丝的玻璃珠应该
是鎏金铜冠上的装饰。除了个别为黄色珠子外，颜色多为绿色，由于风化现已变成淡绿
色或银白色。标本 706－1，黄色透明，高 0.45、直径 0.6 厘米（图四二，21；彩版三五，
18）。

玻璃大珠　2 件。标本 711，银白色，珠子呈六棱形，顶部有圆形凸起，中央有小
孔，孔内存铜丝。高 1.3、直径 1.3 厘米（图四二，30；彩版三四，7）。标本 615－1，圆
形淡绿色透明珠子，中央有小孔。高 0.45、直径 1.1 厘米（图四二，31；彩版三五，4）。
珠子上还残留有已经生锈的铜片，推测珠子原先是镶嵌在鎏金铜饰上的。

四、玻璃器残片

另外有玻璃器残片 6 件，为标本 118、564、568、591、706－5、747，可参看表一
二。

据笔者观察，史道洛墓出土的玻璃器与附近的史诃耽墓（道洛之兄，669 年葬）⑤、
史铁棒墓（道洛之甥，670 年葬）⑥ 出土玻璃器材质相同，均为当时中国的制品，含 70％
以上的铅，属于特殊的高铅玻璃⑦。西安隋李静训墓（608 年葬）⑧ 出土玻璃器中一部分
（带盖盒等）已被确认为高铅玻璃⑨。《隋书·何稠传》（"何"亦为中亚系昭武九姓之一）
中有关于使用绿瓷技术恢复失传已久的琉璃制法的记载⑩，绿釉大概就是中国传统的铅
釉。其大略操作程序为，先将黑铅（金属铅）熔化，制成铅丹（四氧化三铅 Pb_3O_4），加
入白石（石英 SiO_2）等，再熔炼。以原料制作铅玻璃的方法记载于天平六年（734 年）

---

① 李之檀等：《中国历代女性像》，泛亚细亚文化交流センター，39、111 页，图版 42，1986 年。
② 江上波夫等：《中国新疆出土文物——中国西域シルクロード》，图版 97，旭通信社，1986 年。
③ 周汛·高明春：《中国历代妇女妆饰》86 页，图版 102。
④ 正仓院事务所：《正仓院宝物》2，北仓Ⅱ，54、174、226 页，图版 157，每日新闻社，1996 年。
⑤ 罗丰：《固原南郊隋唐墓地》60～61 页，图 43：12－13，图版 50～53，文物出版社，1996 年。
⑥ 罗丰：《固原南郊隋唐墓地》82 页。
⑦ 罗丰：《固原南郊隋唐墓地》235～239 页。
⑧ 唐金裕：《西安西郊隋李静训墓发掘简报》，《考古》1959 年第 9 期 471～472 页，图版 2～3。
⑨ 安家瑶：《中国的早期玻璃器皿》，《考古学报》1984 年第 4 期 424～426 页，图版 9：1、6。
⑩ 《隋书》卷六八列传第三三《何稠传》，1596 页，中华书局，1973 年。

五月一日的正仓院文书（关于兴福寺西金堂造营的造佛所作物账断简，续修古文书第 4 卷所收）[1]，史道洛墓高铅玻璃的发现为证实这一记载的可靠性增添了新资料[2]。

（谷一尚）

第六节　骨　器

骨器共 250 件，出土于第五天井以及墓室内。根据形状、粗细、装饰等因素，大致可以分为条形骨器、签形骨器、圆形骨器、方形骨器、长方形骨器、刀形骨器、T 字型骨器和贴金箔骨器（参看表一三）。

表一三　　　　　　　　　　　　　　　　　　骨器登记表

器　号	器　名	出土位置	尺寸（厘米）			备　注	彩版号	插图号
			长（残）	幅（最大幅）	厚（最厚）			
井五 1－2	条形骨器	第五天井	(5.6)	1.65	0.1	两端残，有孔		四三，6
1－3	签形骨器	墓室棺床上	(12.7)	0.08	0.08	两端残		
井五 2－2	条形骨器	第五天井	(9.0)	1.65	0.1	残存一端，有孔		四三，10
2－3	签形骨器	墓室棺床上	(4.6)	1.12	0.1	一端存		
2－4	签形骨器	墓室棺床上	(2.8)	0.1	0.12	两端残		
2－5	签形骨器	墓室棺床上	(1.9)	0.1	0.05	两端残		
井五 3－3	条形骨器	第五天井	(12.7)	1.6	0.1	一端存，孔 1		四三，7
3－4	签形骨器	墓室棺床上	(6.9)	0.09	0.1	一端存		
井五 4－4	条形骨器	第五天井	16.9	1.7	(0.16)	两端存，孔 3		四三，1
4－5	签形骨器	墓室棺床上	(6.8)	0.1	0.1	两端残		

---

[1]　正仓院事务所：《正仓院のガラス》47～51 页，图版 90～91，日本经济新闻社，1995 年。
[2]　谷一尚：《ガラスにおける中国と日本－中国出土六曲ガラス杯と正仓院－》235～238 页，《共立総合文化》4，1998 年。

续表一三

器　号	器　名	出土位置	尺寸（厘米）			备　注	彩版号	插图号
			长（残）	幅（最大幅）	厚（最厚）			
井五5－2	条形骨器	第五天井	（9.0）	1.6	（0.15）			四三，4
5－3	签形骨器	墓室棺床上	（2.7）	0.08	0.08	两端残		
5－4	签形骨器	墓室棺床上	（1.8）	0.08	0.08	两端残		
6－4	签形骨器	墓室棺床上	（6.3）	0.1	0.1	两端残		
7－3	签形骨器	墓室棺床上	（6.4）	0.1	0.1	两端残		
7－4	签形骨器	墓室棺床上	（1.9）	0.1	0.1	两端残		
8－3	签形骨器	墓室棺床上	（3.6）	0.1	0.1	两端残		
9－2	签形骨器	墓室棺床上	（10.1）	0.08	0.08	两端残		
10－2	签形骨器	墓室棺床上	（6.4）	0.11	0.1	一端存		
11－2	签形骨器	墓室棺床上	（6.4）	0.1	0.08	两端存		
12－2	签形骨器	墓室棺床上	（7.5）	0.1	0.05	两端残		
13－2	签形骨器	墓室棺床上	（7.0）	0.1	0.08	两端残		
14－2	签形骨器	墓室棺床上	（15.0）	0.08	0.08	两端残		
井五15－2	条形骨器	第五天井	（17.5）	1.75	（0.15）	一端有刻痕，孔2个	三六，6	四三，3
井五15－3	条形骨器	第五天井	（10.6）	（1.25）	（0.15）	泡钉（径0.95～1厘米）一端切断		四三，9
15－4	条形骨器	墓室棺床上	6.0	1.1	0.1	铜钉1，粘连木质，一端粘连木片		四四，26

续表一三

器　号	器　名	出土位置	尺寸（厘米）			备　注	彩版号	插图号
			长（残）	幅（最大幅）	厚（最厚）			
15 - 5	签形骨器	墓室棺床上	(2.5)	0.2	0.1	两端残		
16 - 2	条形骨器	墓室东侧	7.5	1.3	0.15	铜钉 1 枚，粘连木质		四四，25
16 - 3	签形骨器	墓室棺床上	(15.0)	0.1	0.08	两端残		
17 - 4	签形骨器	墓室棺床上	(5.5)	0.1	0.05	两端残		
井五 18 - 2	条形骨器	第五天井	(9.0)	1.7	(0.15)	一端存，孔 2		四三，2
18 - 3	签形骨器	墓室棺床上	(13.9)	0.8	0.08	两端残		
19 - 2	签形骨器	墓室棺床上	(5.9)	0.1	0.08	两端残		
20	签形骨器	墓室棺床上	(8.2)	0.1	0.1	两端残		
21	签形骨器	墓室棺床上	(2.4)	0.08	0.08	两端残		
22 - 2	签形骨器	墓室棺床上	(5.3)	0.2	0.18	一端存		
22 - 3	签形骨器	墓室棺床上	(5.7)	0.18	0.18	一端存		
23 - 1	签形骨器	墓室棺床上	(2.8)	0.1	0.05	两端残		
23 - 2	签形骨器	墓室棺床上	(1.7)	0.1	0.08	两端残		
24	签形骨器	墓室棺床上	(8.4)	0.1	0.1	两端残		
25	签形骨器	墓室棺床上	(6.3)	0.1	0.1	两端残		
26 - 2	签形骨器	墓室棺床上	(2.3)	0.1	0.1	两端残		
26 - 3	签形骨器	墓室棺床上	(1.3)	0.1	0.08	两端残		

续表一三

器 号	器 名	出土位置	尺寸（厘米）			备 注	彩版号	插图号
			长（残）	幅（最大幅）	厚（最厚）			
27	签形骨器	墓室棺床上	26.2	0.2	0.15	完整	三六，10	四五，1
28	签形骨器	墓室棺床上	(3.6)	0.1	0.1	两端残		
29	签形骨器	墓室棺床上	(2.9)	0.1	0.1	两端残		
30	签形骨器	墓室棺床上	(10.5)	0.1	0.1	一端存		
31	签形骨器	墓室棺床上						
32－1	签形骨器	墓室棺床上	(15.0)	0.1	0.1	两端残		
32－2	签形骨器	墓室棺床上	(15.0)	0.1	0.1	两端残		
33－1	签形骨器	墓室棺床上	(15.0)	0.1	0.1	两端残		
33－2	签形骨器	墓室棺床上	(2.1)	0.1	0.1	两端残		
33－3	签形骨器	墓室棺床上	(8.3)	0.12	0.08	两端存		
33－4	签形骨器	墓室棺床上	(12.1)	0.1	0.1	两端残		
34－1	签形骨器	墓室棺床上	(5.1)	0.1	0.08	两端残		
34－2	签形骨器	墓室棺床上	(2.2)	0.1	0.08	两端残		
34－3	签形骨器	墓室棺床上	(1.7)	0.1	0.08	两端残		
35－2	签形骨器	墓室棺床上	(7.9)	0.1	0.08	两端残		
35－3	签形骨器	墓室棺床上	(2.4)	0.1	0.09	一端存		
36	签形骨器	墓室棺床上	16.3	0.21	0.2	完整	三六，14	四五，8

续表一三

器　号	器　名	出土位置	尺寸（厘米）			备　注	彩版号	插图号
			长（残）	幅（最大幅）	厚（最厚）			
37	签形骨器	墓室棺床上	(6.8)	0.1	0.05	两端残		
38－1	签形骨器	墓室棺床上	11.5	0.1	0.08	完整		
38－2	签形骨器	墓室棺床上	8.5	0.1	0.08	一端存		
39	签形骨器	墓室棺床上	(7.4)	0.1	0.1	两端残		
40	签形骨器	墓室棺床上	(3.6)	0.1	0.1	两端残		
41	签形骨器	墓室棺床上	(2.2)	0.12	0.1	两端残		
42	签形骨器	墓室棺床上	(15.0)	0.12	0.1	两端残		
108	贴金箔长方形骨器	墓室棺床上						
116	圆形骨器	墓室棺床上	1.15（直径）		0.15	扁圆形	三七，22	四六，4
120	圆形骨器	墓室棺床上	1.2（直径）	1.15	0.1	基本完整（一端局部残）	三七，20	四六，2
124－2	圆形骨器	墓室棺床上	1.0（直径）		0.21	局部剥离	三七，21	四六，3
125	圆形骨器	墓室棺床上				两端残		
160	签形骨器	墓室棺床上	(0.4)	0.35	0.2			
164－10	刀形骨器	墓室棺床上	(1.5)	(0.7)	0.2	基本完整（一端局部残）		四六，8
173－2	条形骨器	墓室西壁	17.7	1.45	0.1－0.15	铜钉1枚，一端有刻痕	三六，3	四四，12
515－1	签形骨器	墓室	(6.7)	0.1	0.1	两端残		
515－2	签形骨器	墓室	(5.0)	0.1	0.1	两端残		

续表一三

器　号	器　名	出土位置	尺寸（厘米）			备　注	彩版号	插图号
			长（残）	幅（最大幅）	厚（最厚）			
515－3	签形骨器	墓室	(2.9)	0.1	0.05	两端残		
522	T字型骨器（横棒）	墓室	5.3	直径 0.75		完整，凹	三七，24	四八，1
523－1	签形骨器	墓室	12.6	0.2	0.1	完整		四五，6
523－2	签形骨器	墓室	12.5	0.2	0.1	完整		
523－3	签形骨器	墓室	(4.9)	0.2	0.1	两端残		
523－4	签形骨器	墓室	(13.4)	0.1	0.1	一端残		
523－5	签形骨器	墓室	(13.3)	0.08	0.08	两端残		
523－6	签形骨器	墓室	(7.0)	0.1	0.1	两端残		
523－7	签形骨器	墓室	(5.4)	0.1	0.1	一端存		
523－8	签形骨器	墓室	(4.4)	0.8	0.08	两端残		
523－9	签形骨器	墓室	(2.6)	0.08	0.1	两端残		
524	圆形骨器	墓室	1.3（直径）	1.1	0.1	完整	三七，19	四六，1
530	贴金箔条形骨器	墓室	0.4			金片		
536－2	贴金箔骨器	墓室						
540	签形骨器	墓室	(23.6)	0.15	0.1	两端残	三六，9	四五，4
541－1	签形骨器	墓室	(4.7)	0.1	0.05	两端残		
541－2	签形骨器	墓室	(6.4)	0.08	0.05	两端残		

续表一三

器　号	器　名	出土位置	尺寸（厘米）			备　注	彩版号	插图号
			长（残）	幅（最大幅）	厚（最厚）			
542	签形骨器	墓室	（9.0）	0.08	0.08	两端残		
543	签形骨器	墓室	14.5	0.15	0.1	一端残	三六，15	四五，10
544－1	签形骨器	墓室	（9.1）	0.1	0.08	一端存		
544－2	签形骨器	墓室	（3.7）	0.1	0.1	两端残		
544－3	签形骨器	墓室	（2.9）	0.1	0.2	两端残		
544－4	签形骨器	墓室	（2.2）	0.1	0.1	两端残		
544－5	签形骨器	墓室	（2.8）	0.1	0.08	两端残		
546	签形骨器	墓室	（1.81）	0.1	0.1	两端残		
547	签形骨器	墓室						
550	刀形骨器	墓室	1.7	0.5	0.25	局部剥离	三七，23	四六，7
551－1	签形骨器	墓室	28.0	0.2	0.15	完整	三六，1	四五，3
551－2	签形骨器	墓室	13.7	0.1	0.18	两端存		
554－1	签形骨器	墓室	28.9	0.2	0.19	完整	三六，8	四五，2
554－2	签形骨器	墓室	（26.6）	0.1	0.1	完整	三六，12	四五，5
554－3	签形骨器	墓室	（26.0）	0.12	0.18	完整		
554－4	签形骨器	墓室	（19.0）	0.08	0.1	两端残		
554－5	签形骨器	墓室	（15.0）	0.1	0.1	两端残		

续表一三

器 号	器 名	出土位置	尺寸（厘米）			备 注	彩版号	插图号
			长（残）	幅（最大幅）	厚（最厚）			
554－6	签形骨器	墓室	(13.0)	0.1	0.1	两端残		
554－7	签形骨器	墓室	(15.3)	0.08	0.1	两端残		
554－8	签形骨器	墓室	(12.8)	0.08	0.1	两端残		
554－9	签形骨器	墓室	(8.8)	0.1	0.1	两端残		
554－10	签形骨器	墓室	(8.8)	0.08	0.1	两端残		
554－11	签形骨器	墓室	(5.6)	0.08	0.1	两端残		
560	签形骨器	墓室	(6.4)	0.1	0.05	两端残		
575	条形骨器	墓室	5.7	1.45	0.1	一端有刻痕		四四，15
582	长方形骨器	墓室	1.7	0.65	0.3	局部剥离	三七，17	四六，9
593	条形骨器	墓室	(6.8)	1.45	0.15	两端残		四四，24
593	条形骨器	墓室						
595－3	条形骨器	墓室	14.6	1.1	0.1	铜钉1枚，粘连木质，一端有刻痕		四四，16
595－4	条形骨器	墓室	2.6	1.21	0.1	铜钉2枚（1枚钉在木质上）		
600	签形骨器	墓室						
603	签形骨器	墓室	(5.9)	0.2	0.12	两端存		
605－2	条形骨器	墓室	31.6	1.35	0.1	孔2个，有磨痕	三六，1	四四，1
606	条形骨器	墓室	13.6	1.3	0.5	一端有刻痕，孔1		四四，18

续表一三

器　号	器　名	出土位置	尺寸（厘米）			备　注	彩版号	插图号
			长（残）	幅（最大幅）	厚（最厚）			
608－1	条形骨器	墓室	20.0	1.2	(0.2)	铜钉（上1.6、直角1厘米）一端有刻痕，孔1个		四四，8
608－2	条形骨器	墓室	10.9	0.12	0.12	铜钉2枚（钉在木质上）		
608－3	条形骨器	墓室	9.4	1.2	0.1			
609－4	条形骨器	墓室	14.8	0.13	0.1	铜钉1枚，粘连木质，一端有刻痕		四四，10
614－2	条形骨器	墓室	11.5	1.3	0.1	铜钉1枚，粘连木质，泡钉痕，一端有刻痕		四四，11
614－3	条形骨器	墓室	15.0	1.3	0.1	铜钉1枚，粘连木质，一端有刻痕		四四，14
614－4	条形骨器	墓室	4.95	(1.1)	0.11			
614－5	条形骨器	墓室	8.2	1.3	0.08	铜钉2枚（1枚钉在木质上）		
614－6	条形骨器	墓室	8.1	1.3	0.09			
618	签形骨器	墓室	(10.8)	0.2	0.1	两端残		
619－2	条形骨器	墓室	13.4	1.3	0.15	铜钉2个，粘连木质		四四，20
620－2	条形骨器	墓室	25.9	1.2	0.15	铜钉3枚，粘连木质，一端有刻痕	三六，7	四四，2
621－1	签形骨器	墓室	12.5	2.12	1.85	完整	三六，13	四五，7
621－2	签形骨器	墓室	12.4	0.12	0.2	两端存		
621－3	签形骨器	墓室	(7.0)	0.12	0.18	两端残		
621－4	签形骨器	墓室	(10.8)	0.12	0.15	两端残		
621－5	签形骨器	墓室	(9.6)	0.1	0.15	一端存		

续表一三

器　号	器　名	出土位置	尺寸（厘米）			备　注	彩版号	插图号
			长（残）	幅（最大幅）	厚（最厚）			
621－6	签形骨器	墓室	（5.2）	0.12	0.12	两端残		
621－7	签形骨器	墓室	（11.8）	0.05	0.05	两端残		
621－8	签形骨器	墓室	（11.0）	0.1	0.1	一端存		
621－9	签形骨器	墓室	（8.7）	0.08	0.08	两端残		
621－10	签形骨器	墓室	（3.1）	0.05	0.1	两端残		
658	条形骨器	墓室	5.7	1.5	0.15	铜钉1枚		四四，23
663－2	条形骨器	墓室	5.9	1.25	0.1～0.15	一端有刻痕		四四，13
664	条形骨器	墓室	12.0	1.2	0.1	一端有刻痕，有孔		四四，17
665	条形骨器	墓室	9.0	1.3	0.1	两端残，有孔		四四，21
670－4	条形骨器	墓室	5.25	0.13	0.1	一端有刻痕，粘附铜锈		四四，9
686	条形骨器	墓室	12.1	1.4	0.1	铜钉1枚，一端有刻痕		四四，7
698－4	条形骨器	墓室	17.6	1.35	0.15	铜钉2枚，其中一枚粘连鎏金饰件，粘连木质	三六，4	四四，3
698－5	条形骨器	墓室	9.0	1.4	0.15	铜钉痕，有刻痕		四四，4
698－6	条形骨器	墓室	13.4	1.3	0.1	一端有刻痕，泡钉痕，刀痕，孔1个		四四，19
704	条形骨器	墓室	7.7	1.3	0.1	铜钉1枚，粘连木质		四四，22
713	签形骨器	墓室	12.8	0.2	0.1	完整		四五，9
714	签形骨器	墓室	（5.6）	0.1	0.1	两端残		

续表一三

器　号	器　名	出土位置	尺寸（厘米）			备　　注	彩版号	插图号
			长（残）	幅（最大幅）	厚（最厚）			
716	条形骨器	墓室	15.4	1.45	0.1～0.15	两端有刻痕，孔1		四四，6
723	条形骨器	墓室	(6.6)	0.1	0.1	两端残		
724	签形骨器	墓室	4.65	0.1	0.1			四五，14
726	条形骨器	墓室	29.2	1.3	0.1	完整，两端有刻痕，孔2	三六，2	四四，5
727	签形骨器	墓室	5.8	0.15	1.75	完整		四五，13
728	签形骨器	墓室	5.2	0.2	0.15	基本完整（一端微残）		四五，11
731－1	贴金箔长方形骨器	墓室	2.75	0.9		完整	三七，5	四七，8
731－2	贴金箔骨器	墓室	(2.62)					
732	签形骨器	墓室	(1.5)	0.11	0.09	两端残		
735－1	签形骨器	墓室	(5.6)	0.1	0.08	两端残		
735－2	签形骨器	墓室	(4.6)	0.1	0.08	一端存		
735－3	签形骨器	墓室	(2.7)	0.1	0.08	一端存		
736	签形骨器	墓室	6.0	0.2	0.15	完整		四五，12
737	签形骨器	墓室	(4.7)	0.11	0.08	两端残		
738	T字型骨器（竖棒）	墓室	4.15	直径0.65		完整，凸字型	三七，24	四八，2
740－1	签形骨器	墓室	(5.3)	0.11	0.09	两端残		
740－2	签形骨器	墓室	(11.9)	0.09	0.07	两端残		

续表一三

器　号	器　名	出土位置	尺寸（厘米）			备　注	彩版号	插图号
			长（残）	幅（最大幅）	厚（最厚）			
740－3	签形骨器	墓室	(5.65)	0.11	0.06	两端残		
740－4	签形骨器	墓室	(4.9)	0.11	0.08	两端残		
740－5	签形骨器	墓室	(1.5)	0.07	0.08	两端残		
740－6	签形骨器	墓室	(3.23)	0.11	0.06	两端残		
740－7	签形骨器	墓室	(6.68)	0.11	0.07	两端残		
740－8	签形骨器	墓室	(6.1)	0.08	0.06	两端残		
740－9	签形骨器	墓室	(4.6)	0.1	0.08	两端残		
740－10	签形骨器	墓室	(1.89)	0.08	0.08	两端残		
740－11	签形骨器	墓室	(2.95)	0.1	0.07	两端残		
740－12	签形骨器	墓室	(2.99)	0.09	0.07	两端残		
740－13	签形骨器	墓室	(1.94)	0.09	0.07	两端残		
741	圆形骨器	墓室	0.7（直径）	0.8	0.1	完整，通体饰一层薄薄的绿色颜料	三七，18	四六，6
742－1	贴金箔长方形骨器	墓室	2.8	0.75		金箔部分剥离，基本完整	三七，6	四七，11
742－2	贴金箔骨器	墓室	(2.75)	0.72				
743	贴金箔长方形骨器	墓室	2.9	0.9		金箔部分剥离，完整	三七，7	四七，5
744－1	方形骨器	墓室	0.75	0.8	0.1	完整，通体饰一层薄薄的绿色颜料	三七，15	四六，14
744－2	方形骨器	墓室	0.75	0.75	0.1		三七，16	四六，16

续表一三

器 号	器 名	出土位置	尺寸（厘米）			备 注	彩版号	插图号
			长（残）	幅（最大幅）	厚（最厚）			
745-1	长方形骨器	墓室	1.9	0.9	0.1		三七，14	四六，12
745-2	长方形骨器	墓室	2.0	1.0	0.1		三七，13	四六，13
745-3	长方形骨器	墓室	1.8	0.75	0.1	完整，通体饰一层薄薄的绿色颜料	三七，12	四六，11
745-4	签形骨器	墓室	0.79	0.1	0.09	两端残		
745-5	签形骨器	墓室	0.89	0.1	0.09	两端残		
745-6	签形骨器	墓室	(3.4)	0.09	0.11	一端存		
745-7	签形骨器	墓室	(3.3)	0.08	0.1	一端存		
745-8	签形骨器	墓室	(3.01)	0.09	0.11	两端残		
745-9	签形骨器	墓室	(6.4)	0.08	0.11	两端残		
745-10	签形骨器	墓室	(0.8)	0.08	0.08	两端残		
745-11	签形骨器	墓室	(1.7)	0.06	0.1	两端残		
745-12	签形骨器	墓室	(3.2)	0.09	0.1	两端残		
745-13	签形骨器	墓室	(3.3)	0.09	0.1	两端残		
745-14	签形骨器	墓室	(2.5)	0.07	0.8	两端残		
745-15	签形骨器	墓室	(0.7)	0.09	0.08	两端残		
745-16	贴金箔长方形骨器	墓室	2.75	0.8		金箔部分剥离，完整	三七，8	四七，6
745-17	贴金箔长方形骨器	墓室	2.6	0.8		金箔部分剥离，基本完整	三七，9	四七，7

续表一三

器　号	器　名	出土位置	尺寸（厘米）			备　注	彩版号	插图号
			长（残）	幅（最大幅）	厚（最厚）			
745－18	方形骨器	墓室	3.1	0.3	0.1	完整，通体饰一层薄薄的绿色颜料		四六，15
745－19	长方形骨器	墓室	2.1	0.9	0.1		三七，11	四六，10
745－20	方形骨器	墓室	0.35	0.35	0.05			四六，17
745－21	圆形骨器	墓室	1.2（直径）	0.2	0.1	完整，通体饰一层薄薄的绿色颜料		四六，5
746－1	贴金箔长方形骨器	墓室	2.8	0.85		基本完整		四七，9
746－2	贴金箔骨器	墓室	(2.7)	0.73				
746－3	贴金箔长方形骨器	墓室	2.8	0.8		金箔部分剥离，完整	三七，10	四七，10
746－4	贴金箔长方形骨器	墓室	2.7	1.2		金箔部分剥离，一端存		四七，13
井五墓志下	条形骨器	井五墓志下	17.3	1.7	(0.15)	两端存，孔4	三六，5	四三，5
井五墓志南	条形骨器	第五天井	(8.6)	1.1	0.8	残存一端，有孔		四三，8
棺床南侧中央部－1	贴金箔长方形骨器	墓室	2.8	0.65		完整		四七，12
棺床南侧中央部－2	贴金箔长方形骨器	墓室	2.7	0.5		金箔部分剥离		
棺床南侧中央部－3	签形骨器	墓室	(8.15)	0.1	0.08	两端残		
棺床南侧中央部－4	签形骨器	墓室	(1.1)	0.09	0.1	两端残		
东壁下－1	贴金箔骨制品	墓室	0.8	0.25		金片		
东壁下－2	贴金箔骨制品	墓室	(0.4)	0.2				
棺床上散－1	签形骨器	墓室	(5.1)	0.1	0.08	两端残		

续表一三

器　号	器　名	出土位置	尺寸（厘米）			备　注	彩版号	插图号
			长（残）	幅（最大幅）	厚（最厚）			
棺床上散－2	签形骨器	墓室	(0.7)	0.1	0.08	两端残		
棺床上散－3	签形骨器	墓室	(1.0)	0.1	0.08	两端残		
棺床上散－4	签形骨器	墓室	(3.9)	0.1	0.1	一端存		
棺床上散－5	签形骨器	墓室	(3.9)	0.1	0.08	两端残		
棺床上散－6	签形骨器	墓室	(4.5)	0.1	0.1	两端残		
棺床上散－7	签形骨器	墓室	(3.2)	0.1	0.08	两端残		
棺床上散－8	签形骨器	墓室	(2.0)	0.12	0.08	两端残		
棺床上散－9	签形骨器	墓室	(1.2)	0.1	0.08	两端残		
棺床上散－10	签形骨器	墓室	(1.0)	0.1	0.05	两端残		
棺床上散－11	签形骨器	墓室	(1.1)	0.08	0.1	两端残		
棺床上散－12	签形骨器	墓室	(1.1)	0.1	0.05	两端残		
棺床上散－13	签形骨器	墓室	(5.6)	0.1	0.1	一端存		
棺床上散－14	签形骨器	墓室	(2.0)	0.1	0.1	两端残		
棺床上散－15	签形骨器	墓室	(1.0)	0.1	0.08	两端残		
棺床上散－16	签形骨器	墓室	(1.0)	0.1	0.1	两端残		
棺床上散－17	签形骨器	墓室	(1.0)	0.08	0.1	两端残		
墓室西南角俑下部－1	贴金箔长条形骨器	墓室西南角俑下部	8.1	0.2		金箔部分剥离，完整	三七，1	四七，1

续表一三

器　号	器　名	出土位置	尺寸（厘米）			备　注	彩版号	插图号
			长（残）	幅（最大幅）	厚（最厚）			
墓室西南角俑下部－2	贴金箔长条形骨器	墓室西南角俑下部	4.7	0.3		金箔部分剥离，完整	三七，4	四七，2
墓室西南角俑下部－3	贴金箔长条形骨器	墓室西南角俑下部	4.2	0.3		金箔部分剥离，一端存	三七，3	四七，4
墓室西南角俑下部－4	贴金箔长条形骨器	墓室西南角俑下部	3.0	0.25		金箔部分剥离，完整	三七，2	四七，3

一、条形骨器

44件。第五天井9件，井五墓志下1件，墓室34件。为长2.6～31.6、宽1.1～1.75、厚0.1～0.2厘米左右的薄骨板（图四三，1～10；图四四，1～26；彩版三六，1～7）。

第五天井所出条形骨器分布于墓志周围。标本井五15-3，表面圆孔内残存着鎏金铜泡钉（图四三，9），由此可以判断，条形骨片上的圆孔内原来钉有铜泡钉。由于在鎏金铜泡钉钉体部分的0.6厘米处被折曲（图四○，33），因此可知这些条形骨片是钉于0.6厘米厚的木板边缘的装饰。基于以上特点，推测在第五天井置放墓志的时候，墓志上面

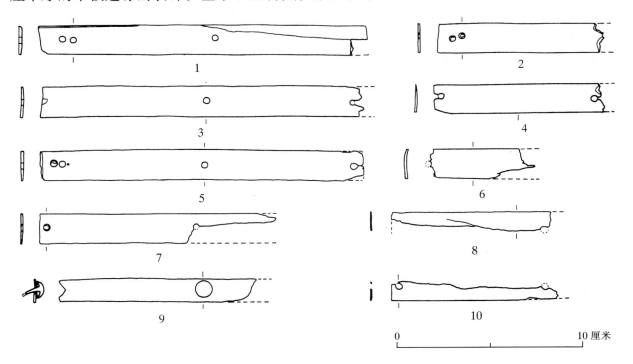

图四三　条形骨器

1. 条形骨器（井五4-4）　2. 条形骨器（井五18-2）　3. 条形骨器（井五15-2）4. 条形骨器（井五5-2）
5. 条形骨器（井五墓志下）　6. 条形骨器（井五1-2）　7. 条形骨器（井五3-3）　8. 条形骨器（井五墓志南）
9. 条形骨器（井五15-3）　10. 条形骨器（井五2-2）

罩着木制的盖子。标本井五墓志下，形状基本完整，长 17.3、宽 1.7、厚 0.15 厘米，素面无纹，在其两端和中央存四处圆孔（图四三，5；彩版三六，5）。

从较完整的标本 605-2、620-2、726、716 来看，墓室出土条形骨器宽度大体相同，而长度各不相同（图四四，1、2、5、6）。骨片的表面和侧面进行了良好的磨制，而其内侧仅进行了刮削。鎏金铜泡钉的金层厚实华美。器物两端的加工情况如下：

标本 605-2，两端均切割为直线。长 31.6、宽 1.35、厚 0.1 厘米（图四四，1；彩版三六，1）。

标本 620-2，一端切割为直线，另一端刻成"M"形。长 25.9、宽 1.2、厚 0.15 厘米（图四四，2；彩版三六，7）。

标本 726、716，两端均为"M"形。标本 726 表面还残存了骨骼的表层，是使用了较长骨骼表面来制作的骨制品。长 29.2、宽 1.3、厚 0.1 厘米（图四四，5；彩版三六，2）。标本 716，长 15.4、宽 1.45、厚 0.1~0.15 厘米（图四四，6）。

一端仅存的条形骨器以"M"形的最多，均素面无纹饰，从其上面的钉孔可知，鎏金铜泡钉的位置不尽一致（图四四，2、3、7~19）。通过其中一些铜泡钉的钉体没有折曲的现象，可以了解到木质的附着情况。

标本 619-2、704、16-2、15-4 的情况表明，它们是钉在超过 0.12 厘米厚的木材上的（图四四，20、22、25、26）。

二、签形骨器

164 件。出土于棺床之上和墓室西侧棺床附近的区域。多用长 30 厘米左右的兽骨角棒制作，大部分一端或两端残缺。这些细骨签的用途尚难判明，它们的长度相当于唐制一尺左右，表面亦无色彩，推测可能是经帙内侧竹签的代用品（图四五，1~14；彩版三六，8~15）。

标本 554-1 最长，长 28.9、径 0.2、厚 0.19 厘米（图四五，2；彩版三六，8）。标本 554-2 略短，长 26.6、径 0.1、厚 0.1 厘米（图四五，5；彩版三六，12）。

三、圆形、方形、长方形、刀形骨器（图四六，1~17；彩版三七，11~23）。

18 件。其中圆形 7 件（图四六，1~6；彩版三七，18~22）、方形 4 件（图四六，14~17；彩版三七，15、16）、长方形 5 件（四六，9~13；彩版三七，11~14、17）、刀形 2 件（图四六，7、8；彩版三七，23），出土于棺床上。大小不同，其表面与侧面均进行了良好的磨制，厚度约 0.2 厘米。其上没有穿缀用孔或粘接用漆的痕迹，从出土状况看，这些骨器可能是冠饰或头饰。

标本 524，圆形，直径 1.3、厚 0.1 厘米（图四六，1；彩版三七，19）。

标本 744-1，方形，幅宽 0.8、厚 0.1 厘米（图四六，14；彩版三七，15）。

标本 745-3，长方形，通体饰一层很薄的绿色颜料。长 1.8、宽 0.75、厚 0.1 厘米（图四六，11；彩版三七，12）。

标本 550，刀形，长 1.7、宽 0.5、厚 0.25 厘米（图四六，7；彩版三七，23）；标本

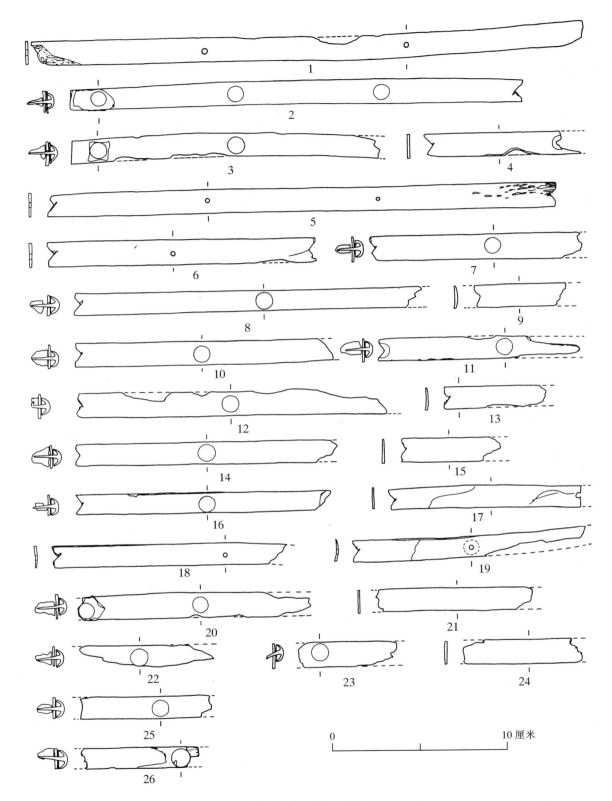

图四四　条形骨器

1.605－2　2.620－2　3.698－4　4.698－5　5.726　6.716　7.686　8.608－1　9.670－4　10.609－4　11.614－2　12.173－1　13.663－2　14.614－3　15.575　16.595－3　17.664　18.606　19.698－6　20.619－2　21.665　22.704　23.658　24.593　25.16－2　26.15－4

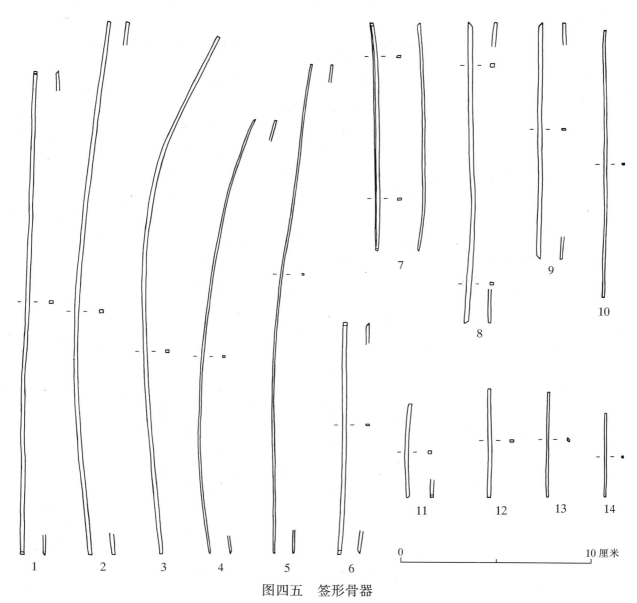

图四五　签形骨器

1.27　2.554－1　3.551－1　4.540　5.554－2　6.523－1　7.621－1　8.36　9.713　10.543　11.728　12.736
13.727　14.724

164－10，刀形，长1.5、宽0.7、厚0.2厘米（图四六，8）。

四、贴金箔骨器

22件。其中16件保存状况较好，可以看出形状有长条形和长方形两种，表面贴有一层极薄的金箔。

贴金箔长条形骨器　5件。集中分布在墓室西南角陶俑下部，长3.0~8.1、宽0.2~0.3厘米（图四七，1~4；彩版三七，1~4）。标本墓室西南角俑下部－1，金箔部分剥离。长8.1、宽0.2厘米（图四七，1；彩版三七，1）。

贴金箔长方形骨器　11件。9件保存较好，分布于墓室中部偏西北的地面上。长2.6~2.9、宽0.5~1.2厘米（图四七，5~13；彩版三七，5~10）。标本745－16，完整，

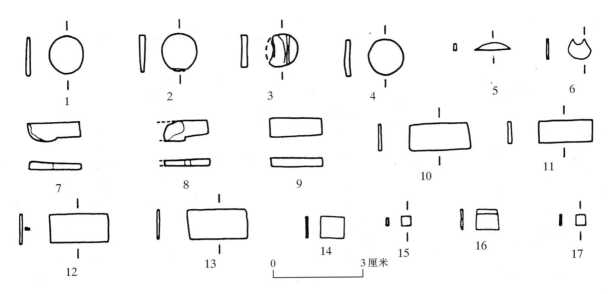

图四六　圆形骨器、刀形骨器、长方形与方形骨器

1.圆形骨器（524）　2.圆形骨器（120）　3.圆形骨器（124－2）　4.圆形骨器（116）　5.圆形骨器（745－21）　6.圆形骨器（741）　7.刀形骨器（550）　8.刀形骨器（164－10）　9.长方形骨器（582）　10.长方形骨器（745－19）　11.长方形骨器（745－3）　12.长方形骨器（745－1）　13.长方形骨器（745－2）　14.方形骨器（744－1）　15.方形骨器（745－18）　16.方形骨器（744－2）　17.方形骨器（745－20）

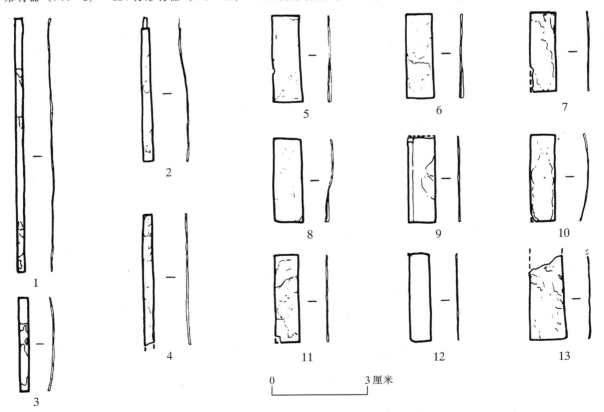

图四七　贴金箔长条形及长方形骨器

1～4.贴金箔长条形骨器（1.墓室西南角俑下部－1　2.墓室西南角俑下部－2　3.墓室西南角俑下部－4　4.墓室西南角俑下部－3）　5～13.贴金箔长方形骨器（5.743　6.745－16　7.745－17　8.731－1　9.746－1　10.746－3　11.742－1　12.棺床南侧中央部－1　13.746－4）

金箔部分剥离。长 2.75、宽 0.8 厘米
（图四七，6；彩版三七，8）。在发掘过
程中没有发现该遗物使用情况的线索。

五、T 字型骨器

1 件。标本 522，为横棒，由直径
0.7 厘米左右的兽骨制作，骨棒为实心。
为了与竖棒相组合，在其中部刻有凹槽
（图四八，1；彩版三七，24）。标本
738，为竖棒，上端与下端直径不同，
表面进行了良好的磨制，在竖棒的端头
刻有榫头以便和横棒组合（图四八，2；
彩版三七，24）。出土时两者分离，但
其组合榫口的接合甚为合适。故在图四
八中除表现其局部以外，还表现了该骨
器组合后的状况。

以上所描述的骨器中除了作为第五
天井出土的木板边缘的装饰以外，其余
用途尚不清楚。一端呈"M"形的条形
骨器推测可能为木箱的边缘装饰，在新罗古都庆州的雁鸭池遗址出土有同类骨器，该遗
物被认为是木制屏风的边缘装饰，或许同时随葬了屏风。不过也有人认为根据尚不充分，
所以上述骨器的用途有待于今后进一步的考古发现。

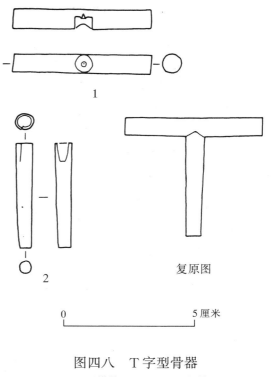

图四八　T 字型骨器
1.522（横棒）　2.738（竖棒）

第七节　木　器

墓室出土木器主要有葫芦形木器与彩绘圆筒形木制容器、装饰有鎏金铜饰的木箱残
片以及残木片。

一、木制容器

葫芦形木器　1 件。是将大的木材内侧挖空所制作的容器。长轴约 22、短轴约 12 厘
米，在长轴的中部略有收缩，制成葫芦形作为盛装液体用容器（图四九）。出土时其木质
部分已完全腐朽，通过其外面涂刷的灰色漆皮而了解到它的形状（图五〇）。木胎厚度不
明，其木纹的方向与长轴的方向是一致的。在漆皮上似以深灰色的漆绘云纹。由于保存
状况非常差，故未能对该遗物进行实测。

彩绘圆筒形木制容器　1 件。是直径 10.8、胎厚约 0.4~0.5 厘米的圆筒形容器（图
五一）。其口沿部和底部无存，腹部的一部分尚可确认。在器物的表面涂有白色的底色，

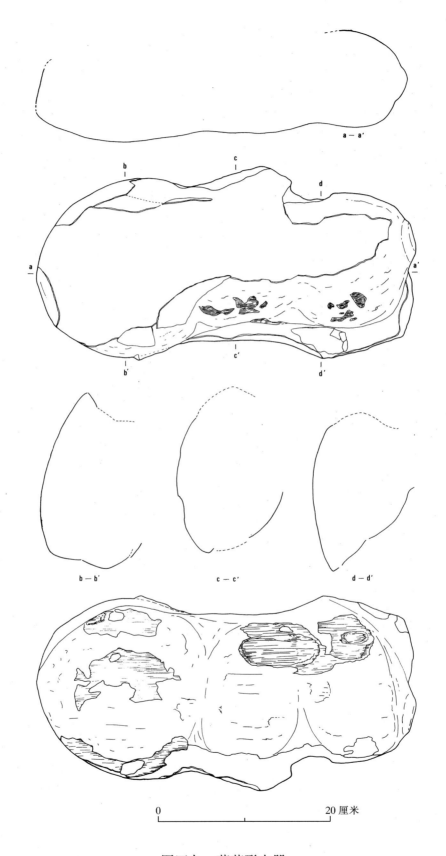

图四九　葫芦形木器

图五〇　葫芦形木器出土时形状

其上以红、绿色颜料绘草叶纹，由于剥落严重，已无法全面复原。出土时在其底部还承托有木片。

彩绘木器残片 2 件。木器残片施以绿、红、黑等色，均具有曲线形态，推测为容器的残片（图五二），其中图五二，1 所示残片可能属于腐朽的葫芦形木器的一部分。

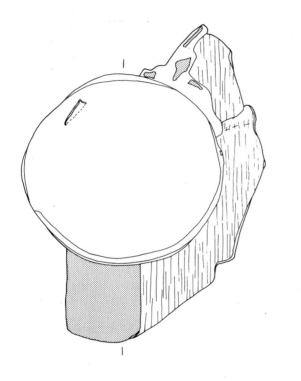

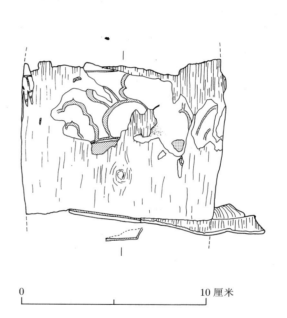

0　　　　　　　　　　　　　　　10 厘米

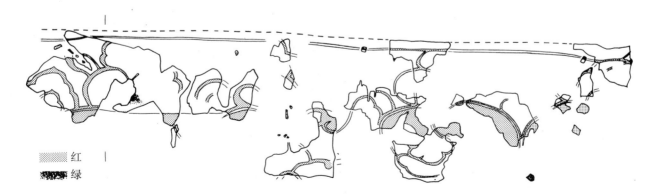

▨ 红
▨ 绿

图五一　彩绘圆筒形木制容器

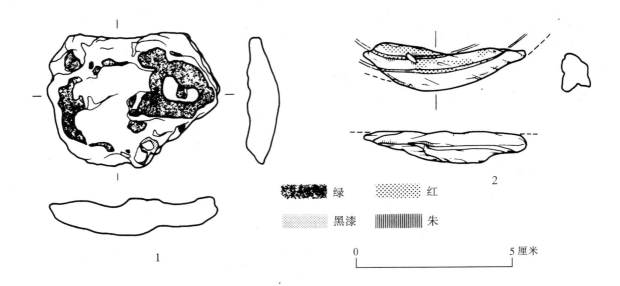

绿　　　红

黑漆　　　朱

0　　　　　　　　　　5 厘米

图五二　彩绘木器残片
1. 葫芦形木器残片　2. 不明木器残片

二、装饰有鎏金铜饰的木箱残片

墓室内发现超过二百件的残木片，约 165 件木片上装饰有鎏金铜饰或残留鎏金铜饰的痕迹。从保存较好的 66 件木片的长度及两端的加工方法来看，大体可以分为四类，是一种表面、侧面涂黑漆，宽约 2、厚约 1 厘米的长木片（参看表一四）。

表一四　　　　　　　　　　装饰有鎏金铜饰的木箱残片登记表

器　号	出土地点	尺寸（厘米）			涂　料	备　注	彩版号	插图号
		残长	最大幅	最大厚				
514－1	墓室	8.5	1.9	1	漆	第一类。铜钉 4 枚，蒂状穴痕		五三，1
526－1	墓室	8.5	1.9	1	漆	第一类。两端切断整齐。鎏金铜饰上钉铜钉 3 枚，木片两端各钉铜钉 1 枚	三八，1	五三，2
572	墓室	8.7	1.7	0.7	漆、赤色颜料	第一类。鎏金铜饰痕迹，铜钉 4 枚，其中 2 枚的尖部露出内壁	三八，2	五三，3
573	墓室	8.6	1.8	0.9	漆、赤色颜料	第一类。铜钉 4 枚，其中 1 枚弯曲露出于表面		五三，4
684	墓室	8.8	2.1	1	漆、红（侧面）	第一类。两端切断整齐。鎏金铜饰，铜钉 3 枚	三八，3	五三，5
693－1	墓室	8.8	1.6	1	漆	第一类。鎏金铜饰痕迹，小铜钉 4 枚		五三，6

续表一四

器　号	出土地点	尺寸（厘米）			涂　料	备　注	彩版号	插图号
		残长	最大幅	最大厚				
木2	墓室	8.6	1.9	0.9	漆	第一类。鎏金铜饰完整，铜钉4枚，两端粘连茶色物（可能是粘接剂）	三八，4	五三，7
木1	墓室	10.3	1.9	1.1	漆	第二类。鎏金铜饰完整，铜钉4枚，有使用痕和其它构件的接合构造，内壁存粘连物	三八，5	五四，1
604-1	墓室	9.8	1.9	0.9	漆	第二类。鎏金铜饰完整，铜钉4枚，有锯痕和与其它构件的接合构造，内壁粘连茶色物		五四，2
613-2	墓室	9.8	2	1.1	漆	第二类。鎏金铜饰完整，铜钉3枚，表面粘连其它木片和布样的物质，有和其它构件的接合构造。		五四，3
629-3	墓室西南角陶俑下	10	1.8	1.2	漆	第二类。鎏金铜饰，小铜钉4枚，两端有与其它构件的接合构造（方形）	三八，6	五四，4
629-4	墓室西南角陶俑下	10.5	2	1	漆	第二类。带鎏金铜饰，小铜钉4枚，两端有与其它构件的接合构造		五四，5
653-1	墓室	10.2	2	0.7	漆、赤颜料（侧面）	第二类。鎏金铜饰，铜钉2枚，内壁粘连不明物；有与其他构件的接合构造	三八，7	五四，6
666	墓室	10	2.1	0.9	漆、表面红	第二类。鎏金铜饰基本完整，铜钉3枚，有和其它构件的接合构造，一端有锯痕	三八，8	五四，7
679-3	墓室	8.9	1.6	1.1	漆	第二类。鎏金铜饰痕迹，铜钉4枚		五四，8
692-2	墓室	10.5	1.8	1	漆	第二类。鎏金铜饰痕迹，铜钉2枚，有使用锯痕和与其他构件的接合构造	三八，9	五四，9
699-1	墓室	9.7	1.8	1.2	漆	第二类。鎏金铜饰完整，铜钉3枚，有与其他构件的接合构造	三八，10	五　四，10
695-1	墓室	10.3	1.9	1	漆	第二类。鎏金铜饰痕迹，小铜钉2枚，一端有与其它构件的接合构造		五五，1
695-5	墓室西南角陶俑下	10.4	2	1.2	漆	第二类。小铜钉1枚，小铜钉孔3个，两端有与其它构件的接合构造，内壁粘连其它方向的木片		五五，2
709-2	墓室	6.9	1.9	0.8	漆、侧面红白颜料	第二类。鎏金铜饰，铜钉2枚，粘连其它木片		五五，3
木3	墓室	9.7	1.9	0.8	漆	第二类。鎏金铜饰完整，铜钉4枚，内壁露出钉尖。有和其它构件的接合构造	三八，11	五五，4

续表一四

器　号	出土地点	尺寸（厘米）			涂　料	备　注	彩版号	插图号
		残长	最大幅	最大厚				
木 4	墓室	9.9	1.9	1	漆	第二类。鎏金铜饰，铜钉 4 枚，有锯痕	三八，12	五五，5
	墓室棺床下	10.3	1.8	0.8	漆	第二类。鎏金铜饰，小铜钉，有与其它构件的接合构造（方形）	三八，13	五五，6
	墓室西南角	9.7	1.8	0.9	漆	第二类。鎏金铜饰，铜钉 4 枚，内壁粘连其它木片，有和其它构件的接合构造	三八，14	五五，7
	墓室	8.6	1.8	0.8	漆	第二类。鎏金铜饰完整，铜钉 4 枚		五五，8
505－1	墓室	10.7	1.8	0.8	漆	第三类。鎏金铜饰痕迹，铜钉 3 枚，粘连皮革或纤维。一端是与其他构件的接合构造。二个构件接合		五六，1
535－1	墓室镇墓兽后方	5.7	1.7	0.8	漆	第三类。鎏金铜饰，铜钉 2 枚。		五六，2
535－2	墓室镇墓兽后方	13.8	1.7	1	漆、红颜料	第三类。鎏金铜饰，小铜钉 2 个，孔 2 个，有锯痕和与其他构件的接合构造（倾斜）		五六，3
607－1	墓室	12	1.7	1.1	漆	第三类。鎏金铜饰，铜钉 5 枚，一端是与其他构件的接合构造（倾斜）	三九，1	五六，4
611－1	墓室	8.6	1.8	1	漆	第三类。铜钉 3 枚，木钉孔 2 个		五六，5
625－1	墓室西南角陶俑下	14.1	1.9	1	漆	第三类。鎏金铜饰痕迹，大铜钉孔 2 个，小铜钉孔 1 个，两端有与其它构件的接合构造（斜向），有锯痕		五六，6
669－1	墓室	5.4	1.8	0.7	漆	第三类。铜钉 1 枚，有钉体、锯痕和木钉痕迹。一端是与其他构件的接合构造（倾斜）	三九，2	五六，7
678－1	墓室	9.4	1.7	0.9	漆	第三类。鎏金铜饰，铜钉 3 枚，圆形孔 1 个，孔的残迹 1 个，一端是与其他构件的接合构造		五六，8
木 5－1	墓室	11.3	1.9	1	漆	第三类。铜钉 3 枚	三九，3	五七，1
木 6－3	墓室	12.5	1.7	1	漆	第三类。铜钉 5 枚，其中 1 枚的尖部暴露于内壁。有使用的锯痕	三九，4	五七，2
木 18－1	墓室西壁下	9	1.3	0.9	漆	第三类。鎏金铜饰痕迹，小铜钉 3 枚，木钉孔 1 个，一端是与其他构件的接合构造		五七，3

续表一四

器 号	出土地点	尺寸（厘米）			涂料	备 注	彩版号	插图号
		残长	最大幅	最大厚				
木18-3	墓室西部	9	1.4	0.9	漆	第三类。鎏金铜饰痕迹，小铜钉1，铜钉孔1，2~3毫米金属件形成的穴1个，一端是与其他构件的接合构造		五七，4
574	墓室	11.9	2	0.8	漆、赤色颜料	第四类。鎏金铜饰痕迹，铜钉3枚，孔2个，其中1个内存钉体	三九，6	五八，1
602-1	墓室	9.8	1.8	0.9	漆	第四类。鎏金铜饰痕迹，铜钉2枚，孔1个，其内存木钉	三九，7	五八，2
612-1	墓室	11.9	1.8	1	漆	第四类。鎏金铜饰，铜钉2枚，方孔1个，一端有蒂状穴残迹	三九，8	五八，3
613-1	墓室	7.2	1.8	0.8	漆	第四类。蒂状穴残迹，铜钉体2枚		五八，4
628-1	墓室西南角陶俑下	14.9	2	1.1	漆	第四类。鎏金铜饰痕迹，小铜钉2枚，大铜钉3枚，木钉孔2个		五七，5
653-2	墓室西南角陶俑下	22.1	2	1	漆	第四类。鎏金铜饰痕迹，侧面有木钉。小铜钉3枚，大钉孔6个、小钉孔2个	三九，5	五七，6
654-1	墓室	9.6	1.8	0.7	漆	第四类。鎏金铜饰痕迹，铜钉4枚，孔1个，蒂状穴残迹、木钉		五八，5
668-1	墓室	15.6	1.9	0.6	漆	第四类。鎏金铜饰，铜钉5枚，孔3个，其中1个内存木钉		五八，6
668-2	墓室	9.5	1.4	0.8	漆	第四类。鎏金铜饰，铜钉2枚，孔1个，其内含木钉		五八，7
668-3	墓室	12.2	1.9	0.8	漆	第四类。鎏金铜饰，铜钉、孔1个		五八，8
670-1	墓室	14.2	1.9	0.8	漆	第四类。鎏金铜饰，小铜钉，圆形孔3个		五八，9
679-1	墓室	13.9	2.1	0.9	漆	第四类。鎏金铜饰痕迹，小铜钉3、木钉1个，有榫槽	三九，9	五八，10
679-2	墓室	8.2	1.8	0.6	漆	第四类。小铜钉1，孔1个，存木钉，有方形粘贴痕		五九，1
681-1	墓室	12.2	2	1	漆	第四类。鎏金铜饰，铜钉5枚，有方形粘贴痕		五九，2
685-1	墓室	24.1	2	1	漆、红颜料	第四类。鎏金铜饰，长侧面有四个木钉孔，还切削出榫槽	三九，13	五九，3
690-1	墓室	7	1.9	0.6	漆	第四类。鎏金铜饰痕迹，铜钉1个，木钉孔1个，切削出榫槽		五九，4
692-1	墓室	13.8	2	1	漆	第四类。鎏金铜饰痕迹，铜钉4枚，木钉孔1个，切削出榫槽	三九，10	五九，5

续表一四

器 号	出土地点	尺寸（厘米）			涂 料	备 注	彩版号	插图号
		残长	最大幅	最大厚				
694－1	墓室	8	1.9	0.9	漆、红颜料	第四类。鎏金铜饰	三九，11	五九，6
696－1	墓室	6.9	1.3	0.9	漆	第四类。朝内的鎏金铜饰，铜钉2枚，切削出榫槽		五九，7
696－2	墓室	7.7	1.8	0.9	漆	第四类。鎏金铜饰，铜钉2枚		五九，8
709－1	墓室	11.15	2	1	漆、侧面红	第四类。切削出榫槽。次第饰黑漆、朱红色颜料		五九，9
710	墓室	8.8	1.2	0.6	漆	第四类。鎏金铜饰为四叶纹，铜钉2枚，钉孔1个，其内残存钉体。切削出榫槽	三九，12	六〇，1
755－1	墓室	9.8	1.8	0.9	漆	第四类。鎏金铜饰痕迹，铜钉3枚。切削出榫槽		六〇，2
木6－1	墓室	5.8	0.8	0.9	漆	第四类。鎏金铜饰痕迹，铜钉3枚，切削出榫槽		六〇，3
	墓室	8.3	1.8	0.9	漆	第四类。鎏金铜饰痕迹。侧面粘连纤维样的物质。切削出榫槽		六〇，4
	墓室西南角	16.1	1.9	0.9	漆	第四类。鎏金铜饰痕迹。切削出榫槽		六〇，5
	墓室西角	16.6	2	1.1	漆	第四类。鎏金铜饰。切削出榫槽	三九，14	六〇，6
	墓室西南角	10	1.9	0.8	漆	第四类。鎏金铜饰	三九，15	六〇，7
	墓室西南角	13.6	1.6	1	漆	第四类。鎏金铜饰		六〇，8
505－2	墓室	2.8	0.8	0.8	漆	铜钉1枚		
514－2	墓室				漆	粘贴鎏金铜饰痕迹		
525	墓室	6.7	1.5	0.9	漆	鎏金铜饰痕迹，铜钉3枚		
526－2	墓室				漆	粘贴鎏金铜饰		
533－1	墓室西南角陶俑下	9.8	1.9	0.9	漆	鎏金铜饰2件（方形、花瓣形），一端有与其它构件的接合构造（斜向）		
535－3	墓室镇墓兽后方	5.8	1.5	0.4	漆	铜钉1枚，针孔1个。内壁有穿孔并剥离		

续表一四

器　号	出土地点	尺寸（厘米）			涂　料	备　注	彩版号	插图号
		残长	最大幅	最大厚				
535－4	墓室镇墓兽后方	2.8	0.8	1.2		大铜钉1枚		
535－5	墓室镇墓兽后方	4.1	1	0.7	漆	鎏金铜饰痕迹，铜钉1枚，穿孔1个，其上粘连漆和其它颜色		
571－1	墓室	11	1.9	1.1	漆	鎏金铜饰痕迹，小铜钉1枚，大铜钉孔2个，一端有与其它构件的接合构造（斜向）		
571－2	墓室				橙色颜料	鎏金铜饰。2件		
592－1	墓室	5.8	1.9	1	漆	鎏金铜饰痕迹，小铜钉1枚，侧面有大铜钉孔2个、小铜钉孔2个，一端是与其它构件的接合构造		
602－2	墓室	6.9	1.9	0.75	漆	铜钉2枚，孔2个，木钉钉着。内壁粘连斜向薄木片		
604－2	墓室				漆、赤色颜料	粘贴鎏金铜饰		
607－2	墓室				漆	粘贴鎏金铜饰		
611－2	墓室西南角陶俑下	7.6	1.9	0.9	漆	小铜钉2枚，蒂状穴		
612－2	墓室				漆	粘贴鎏金铜饰。		
613－3	墓室	5.8	1.9	0.9	漆	带鎏金铜饰，钉着木钉，尖部打平		
625－3	墓室				赤、黑颜料	薄木片，中部有圆孔；金箔。2件		
629－5	墓室	6.3	0.9	0.4	漆、朱			
634－1	墓室西南角陶俑下	12.1	1.9	0.9	漆	鎏金铜饰痕迹，小铜钉4枚		
638－1	墓室西南角陶俑下	6.8	1.9	1	漆、赤颜料	鎏金铜饰痕迹，小铜钉1枚	四〇，5	
639－1	墓室西南角陶俑下	5.5	1.5	0.8	漆、赤颜料	鎏金铜饰痕迹，小铜钉1枚，小铜钉孔1个。		
643－1	墓室西南角陶俑下	15.5	2.1	1	漆	带鎏金铜饰，小铜钉6枚		
647－1	墓室	7	1.9	0.9	漆	铜钉1枚，钉孔1个，内壁粘连其它木片		

续表一四

器　号	出土地点	尺寸（厘米）			涂料	备　注	彩版号	插图号
		残长	最大幅	最大厚				
653－4	墓室				漆	鎏金铜饰痕迹。红色颜料。铜丝		
653－5	墓室				漆	鎏金铜饰痕迹。红色颜料。铜丝		
653－6	墓室				漆	鎏金铜饰痕迹。红色颜料。铜丝		
654－2	墓室	5.5	1.9	0.8	漆、侧面红色颜料	鎏金铜饰痕迹		
654－3	墓室	5.7	1.7	0.8	漆	鎏金铜饰痕迹，侧面有2孔		
654－4	墓室	4.1	1.6	0.6	漆	鎏金铜饰痕迹。表面贴饰木片，侧面有孔		
655－1	墓室	4.7	1.9	0.9	漆侧面红色颜料	鎏金铜饰痕迹		
655－2	墓室	6.5	1.3	0.8	漆	鎏金铜饰痕迹，大铜钉1枚，小铜钉1枚，漆的下部饰白色颜料		
655－3	墓室	9.5	1.3	0.9	漆	鎏金铜饰，铜钉1枚，粘连皮革样物质		
655－5	墓室	4.75	8.5	7.5	上面漆	铜钉1枚		
657－1	墓室	5.6	4.25	1.2	绿青（里面）、漆	鎏金铜饰痕迹，有1孔		
668－4	墓室				漆	鎏金铜饰痕迹，贴饰金箔		
670－2	墓室	5.9	1.8	0.8	漆	鎏金铜饰痕迹，铜钉2枚，侧面有孔		
670－3	墓室				漆、绿颜料	鎏金铜饰痕迹。贴饰金箔		
672	墓室东部				漆、绿颜料	金箔		
673	墓室							
674－1	墓室	3.8	0.9	0.6		钉着錾去钉帽的铜钉体		
678－2	墓室	6	1.5	0.8	漆	鎏金铜饰痕迹。铜钉3枚，其中1枚的尖部在内壁露出		
679－4	墓室	5	1.7	0.9	漆	鎏金铜饰痕迹		

续表一四

器　号	出土地点	尺寸（厘米）			涂　料	备　注	彩版号	插图号
		残长	最大幅	最大厚				
681－2	墓室	5.4	1.9	0.8	漆、红	鎏金铜饰痕迹，铜钉2枚，贯穿内壁		
682－1	墓室	6.6	1.8	1.1	漆	带鎏金铜饰，铜钉3枚		
682－2	墓室	9.5	1.8	0.9	漆	铜钉1枚，钉孔2个		
683－1	墓室	4.7		0.9	漆	鎏金铜饰痕迹，铜钉2枚		
683－2	墓室	8.8	1.7	0.8	漆	鎏金铜饰痕迹，铜钉4枚		
683－3	墓室	2.4	1.6	0.9	漆	铜钉1枚	四〇，1	
683－4	墓室	2.7	1.4	0.8	漆	铜钉1枚	四〇，2	
685－2	墓室				漆	鎏金铜饰痕迹		
685－3	墓室				漆	鎏金铜饰痕迹		
685－4	墓室				漆	鎏金铜饰痕迹		
689－1	墓室	5.9	1.8	1	漆	鎏金铜饰痕迹，铜钉2枚，侧面有孔和蒂状穴		
689－2	墓室	4.1	1.2	0.6	漆	鎏金铜饰，铜钉2枚，钉痕1个，内壁有孔痕		
689－3	墓室	3.6	1.2	0.9	漆	鎏金铜饰痕迹，铜钉1枚，侧面有钉痕		
689－4	墓室	5.9	1.6	0.8	漆	鎏金铜饰痕迹，铜钉2枚，孔2个		
690－2	墓室	7.1	2	0.7	漆	鎏金铜饰痕迹，其上有弯曲的钉体。侧面有1孔		
690－3	墓室	6.5	1.8	0.9	漆	钉孔1个		
690－4	墓室	3.5	1.8	0.7	漆	钉孔1个		
690－5	墓室				漆	鎏金铜饰痕迹。红、白颜料		
690－6	墓室				漆、红、白颜料	鎏金铜饰痕迹		

续表一四

器　号	出土地点	尺寸（厘米）			涂　料	备　注	彩版号	插图号
		残长	最大幅	最大厚				
691－1	墓室				漆	鎏金铜饰痕迹		
691－2	墓室				漆	鎏金铜饰痕迹。2件		
693－2	墓室	5	1.4	0.95	漆	鎏金铜饰痕迹，铜钉2枚，粘连兽皮或布		
693－3	墓室	3.7	0.9	0.9	漆	鎏金铜饰痕迹，铜钉1枚，钉体贯通		
693－4	墓室				漆	鎏金铜饰痕迹		
694－2	墓室	6.1	2	1	漆	铜钉2枚		
694－3	墓室	6.6	2	0.9	漆	鎏金铜饰痕迹，铜钉3枚，其中1枚贯通		
694－4	墓室	7	1.8	1.1	漆	鎏金铜饰痕迹，铜钉2枚，表面粘连皮革样的物质		
695－2	墓室				漆、赤色颜料	鎏金铜饰痕迹		
697－1	墓室	5.7	1.7	1.1	漆	带鎏金铜饰，小铜钉3枚		
697－2	墓室				漆	鎏金铜饰		
699－2	墓室	10.8	1.5	0.9	漆	鎏金铜饰痕迹，铜钉3枚		
709－3	墓室	5.9	1.9	0.9	漆	鎏金铜饰，侧面钉着木钉		
709－4	墓室	8.3	1.9	0.9	漆、里面红色颜料	铜钉2枚，侧面的孔内		
709－5	墓室	4.3	1.7	0.75	漆	铜钉1枚，一端有蒂状穴，一端有孔	四〇，3	
709－6	墓室	3.9	1.6	0.8	漆	铜钉1枚，侧面有蒂状穴		
709－7	墓室	3.4	1.7	0.6	漆	铜钉1枚	四〇，4	
720－1	墓室				漆	鎏金铜饰痕迹		
725－1	墓室西部				漆、红颜料	鎏金铜饰痕迹		

续表一四

器　号	出土地点	尺寸（厘米）			涂　料	备　注	彩版号	插图号
		残长	最大幅	最大厚				
725－2	墓室				漆、红颜料	鎏金铜饰痕迹。数量多		
729－1	墓室	7.7	1.7	0.6	漆	铜钉2枚		
755－2	墓室				漆	鎏金铜饰痕迹		
木5－2	墓室	5.1	1.7	0.9	漆	铜钉1枚		
木5－3	墓室	3.9	1.3	0.55	漆	鎏金铜饰痕迹，铜钉2枚，非常干燥漆皮几乎全部剥落		
木6－2	墓室	9	1.6	0.9	漆	鎏金铜饰痕迹，铜钉3枚，其中1枚的尖部嵌入木内		
木8－1	墓室西部				漆	粘贴鎏金铜饰		
木8－2	墓室西部				漆	粘贴鎏金铜饰		
木12－1	墓室西南	5.7	1.9	1	漆	鎏金铜饰痕迹，铜钉2枚		
木12－2	墓室西部				漆	粘贴鎏金铜饰		
木制品12－1	第五天井	6.9	1.9	0.9	漆	鎏金铜饰，铜钉2枚，内壁有锯痕，一端斜向断裂		
木制品12－2	第五天井	5.4	1.85	0.9	漆	鎏金铜饰痕迹，铜钉2枚，一端有与其它构件的接合构造		
	墓室	8.2	1.8	0.75	漆	鎏金铜饰痕迹，铜钉2枚		
	墓室	3.5	1.4	0.8	漆	鎏金铜饰痕迹		
	墓室	6.2	1.6	0.8	漆	鎏金铜饰痕迹，铜钉2枚		
	墓室	7.4	1.1	1	漆	鎏金铜饰痕迹，铜钉钉体2枚		
	墓室	6	2.1	0.6	漆	鎏金铜饰痕迹（根据粘连物难以判断）。铜钉1枚		
	墓室	8.8	1.7	0.6	漆	铜钉2枚		

　　第一类　7件。长8.5～8.8厘米不等，两端切断整齐（图五三，1～7；彩版三八，1～4）。此类长木片的表面和两个长的侧面均涂有黑漆，背面和两个端面不涂漆。标本526-1在叶形鎏金铜饰的正中及左右各钉入一枚铜钉，并在距离木片两端约1厘米处亦各钉有一枚铜钉。长8.5、宽1.9、厚1厘米（图五三，2；彩版三八，1）。

　　第二类　18件。长6.9～10.5厘米，在其宽面的正、背面均进行切削，制出侧面呈"L"形的榫口（图五四，1～10；图五五，1～8；彩版三八，5～14）。大多在榫口部不涂黑漆，但是在标本666与标本699-1的长侧面残存黑漆（图五四，7；彩版三八，8、10），这类长木片似是在涂漆之后才制作榫口，其表面的鎏金铜饰、左右两端铜钉的形式与第一类相同。

　　标本木1，在涂有黑漆的木片表面上钉有鎏金铜饰，鎏金铜饰长约3.2厘米，在其中

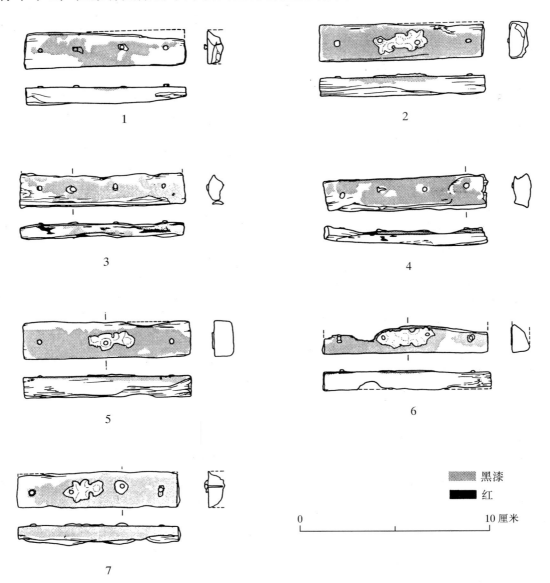

　　　　　　　　　　　　黑漆
　　　　　　　　　　　　红

0　　　　　　　　　　　　10 厘米

图五三　第一类装饰有鎏金铜饰的木箱残片
1.514-1　2.526-1　3.572　4.573　5.684　6.693-1　7. 木2

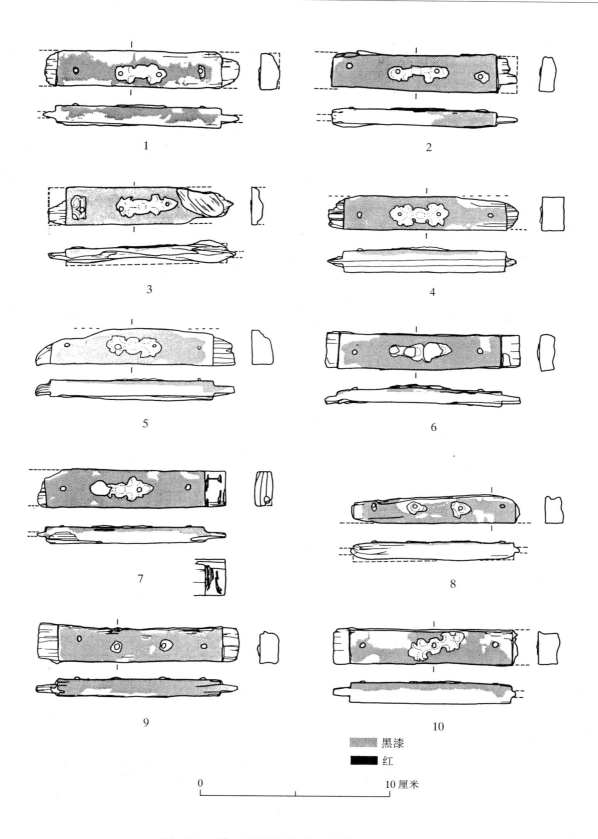

图五四　第二类装饰有鎏金铜饰的木箱残片
1. 木 1　2.604－1　3.613－2　4.629－3　5.629－4　6.653－1　7.666　8.679－3　9.692－2　10.699－1

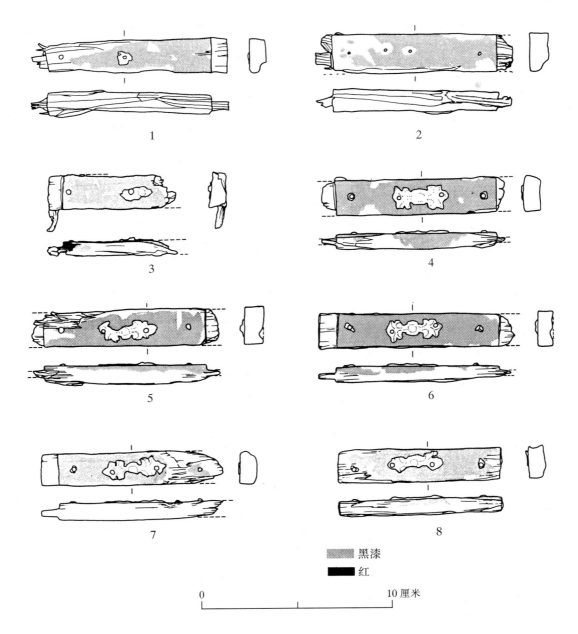

图五五　第二类装饰有鎏金铜饰的木箱残片

1.695-1　2.695-5　3.709-2　4.木3　5.木4　6.墓室棺床下　7.墓室西南角　8.墓室

部有圆形隆起，两侧呈五叶形。长10.3、宽1.9、厚1.1厘米（图五四，1；彩版三八，5）。

　　第三类　12件。左右两端切削出榫头，榫头的切削线与长边有60度夹角，一端榫头多已残（图五六，1~8；图五七，1~4；彩版三九，1~4）。这类切削出60度夹角榫头的长木片还可以细分为两种：

　　第一种　8件。以标本505-1、535-1、607-1、611-1、669-1、535-2、木5-1、木6-3为代表，在木片表面切削榫头（图五六，1~4、5、7；图五七，1、2；彩版三九，1~4）。

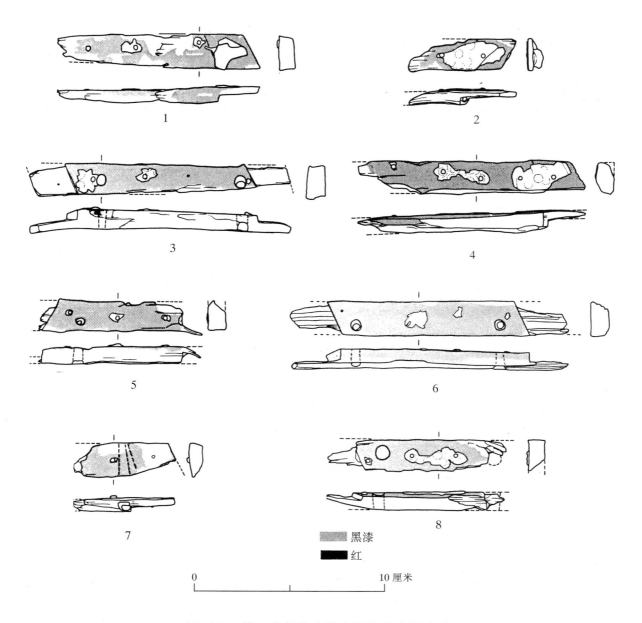

图五六 第三类装饰有鎏金铜饰的木箱残片

1.505-1 2.535-1 3.535-2 4.607-1 5.611-1 6.625-1 7.669-1 8.678-1

第二种 4件。以标本625-1、678-1、木18-1、木18-3为代表，在木片背面切削榫头（图五六，6、8；图五七，3、4）。

标本625-1上为钉入木钉打有0.5厘米的孔（图五六，6）。标本678-1、木18-1、木18-3表面亦打有孔（图五六，8，图五七，3、4）。第三类残木片上的鎏金铜饰与前两类残木片上的鎏金铜饰相同。

第四类 29件。此类长木片有较复杂的结构（图五七，5、6；图五八~六〇；彩版三九，5~15），其特征是有着木钉的孔，有些木片上还残留有木钉（图五七，6；图五八，1~3、6、7、10；彩版三九，5~9）。这类遗物的长侧面宽2厘米，在长侧面上还有可插入其他木制品的榫槽（图五八，3、4、9、10；图五九，3~5、7、9；图六〇，2~5）。

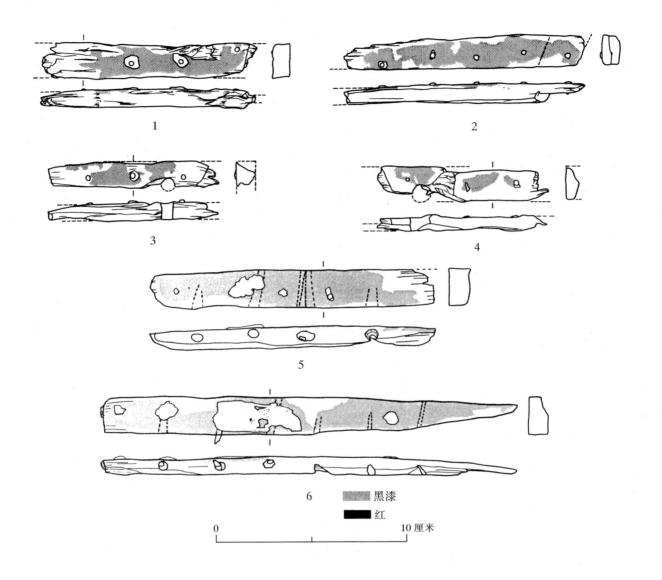

图五七　第三类、第四类装饰有鎏金铜饰的木箱残片
1. 第三类（木 5－1）　　2. 第三类（木 6－3）　　3. 第三类（木 18－1）　　4. 第三类（木 18－3）
5. 第四类（628－1）　　6. 第四类（653－2）

　　标本 685－1，其两端虽然缺失，但长度仍达 24 厘米，在它的长侧面有四个木钉的孔，还切削出榫槽（图五九，3；彩版三九，13）。这类有榫槽长木片似是与第二类长木片相组合，如具有榫头的标本 692－2（图五四，9；彩版三八，9）。这一推论是根据标本 710 上有凸字形的鎏金铜饰，而鎏金铜饰所处位置恰有榫槽（图六〇，1；彩版三九，12）。标本 685－1 也有着同样的结构，所以不难想象，这一凸字形的金属部件似乎正是用于固定横材和竖材的。在标本 602－1，668－1 上残存有木钉，这些木钉较长，并且从涂漆的长木片上露出（图五八，2、6）。

　　标本 710 与标本墓室西角，其上所钉的鎏金铜饰相同，与其他残木片上的鎏金铜饰不同，是一种透雕出方格的四叶纹（图六〇，1、6；彩版三九，12、14）。

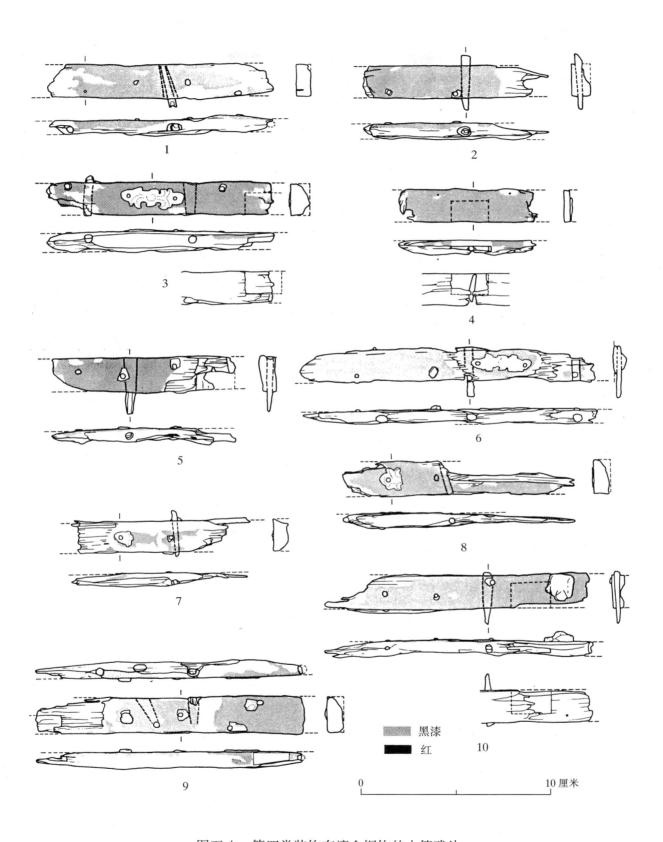

图五八 第四类装饰有鎏金铜饰的木箱残片

1.574 2.602-1 3.612-1 4.613-1 5.654-1 6.668-1 7.668-2 8.668-3 9.670-1 10.679-1

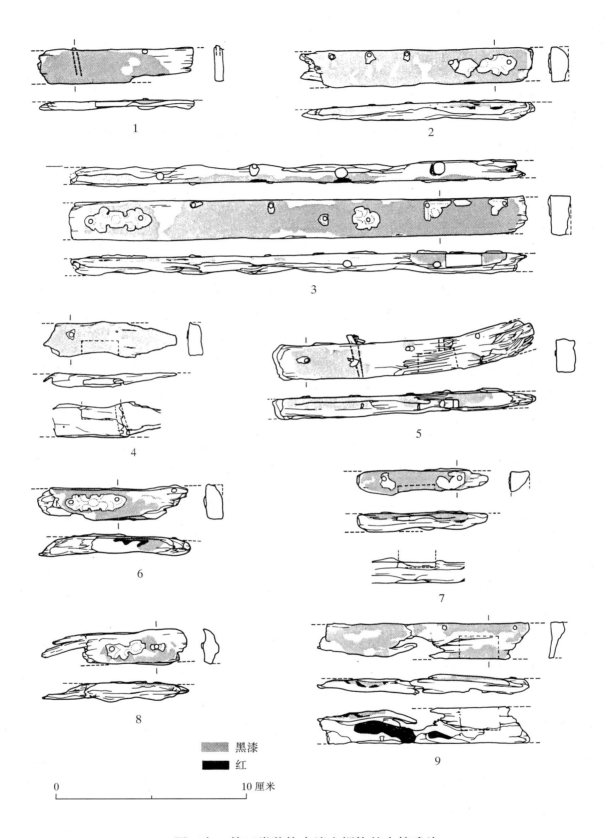

图五九　第四类装饰有鎏金铜饰的木箱残片

1.679－2　2.681－1　3.685－1　4.690－1　5.692－1　6.694－1　7.696－1　8.696－2　9.709－1

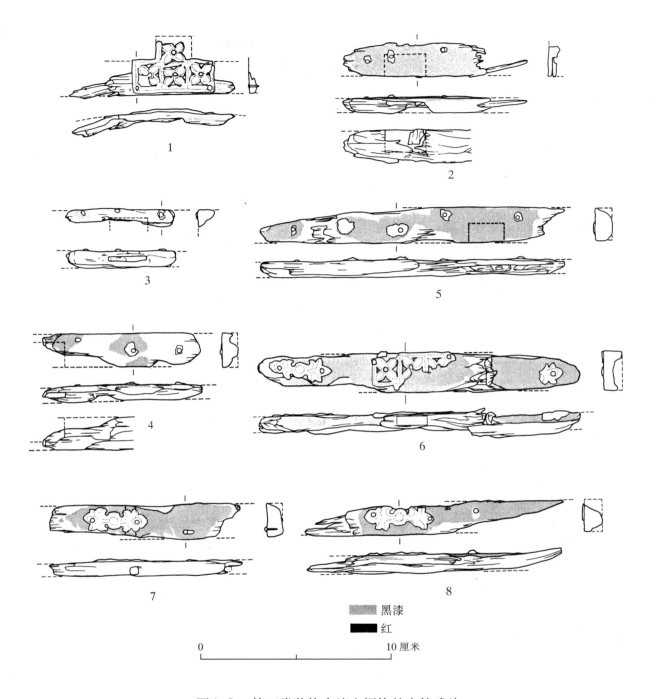

黑漆
红

0　　　　　　　　　　　　　　　10 厘米

图六〇　第四类装饰有鎏金铜饰的木箱残片

1.710　2.755－1　3.木6－1　4.墓室　5.墓室西南角　6.墓室西角　7.墓室西南角　8.墓室西南角

三、其　他

除了上述装饰有鎏金铜饰的木箱残片，墓室中还有 52 件残木片，用途不清。其中 17 件比较规整，根据形状大致分为两类（参看表一五）：

表一五　　　　　　　　　　　　　残木片登记表

器　号	出土地点	尺寸（厘米）			涂　料	备　　注	彩版号	插图号
		残长	最大幅	最大厚				
533－2	墓室	横 3.5	纵 3.6	1.2	漆	第一类。铜钉 1 枚		六一，11
571－3	墓室	横 2.2	纵 5	0.3	红色颜料	第一类。孔 1 个，有沟状物		六二，1
592－2	墓室	5.9	4.2	0.5	漆、赤色颜料	第一类。孔 2 个，钉着小铜钉。粘连木片和块状物	四〇，13	六二，2
625－2	墓室	横 3.1	纵 5.9	0.3	漆	第一类。孔 1 个（木片下部）。表面横向分布沟状物	四〇，10	六二，3
628－2	墓室	4.7	4.9	0.7	漆、赤色颜料	第一类。孔 2 个，钉着小钉。粘连木片样的物质。鎏金铜饰被覆盖	四〇，12	六二，5
629－1	墓室	横 2	纵 6.3	0.3	漆、赤色颜料	第一类。孔 1		六一，8
629－2	墓室	横 1	纵 6.6	0.3	漆、赤色颜料	第一类		六一，9
643－2	墓室	横 1.75	纵 1.7	0.8	赤色颜料	第一类		六一，6
653－3	墓室	横 6	纵 5.5	1	赤色颜料	第一类。四边形板嵌入铜片。		六二，4
695－3	墓室	横 4.65	纵 3	1.2	漆、侧面红	第一类。鎏金铜饰痕迹	四〇，11	六一，10
	墓室西南隅陶俑下	横 5.8	纵 4.7	0.2	漆、赤色颜料	第一类。孔 2 个	四〇，9	六二，6
611－3	墓室	9.4	0.5			第二类		六一，1
634－2	墓室	6.55	0.75	0.5	漆、绿颜料	第二类		六一，2
636	墓室	10.5	0.7	0.75	漆、绿颜料	第二类	四〇，6	六一，3
638－2	墓室	16	0.8	0.6	漆、绿颜料	第二类	四〇，8	六一，4
639－2	墓室	12.8	0.6	0.7	绿色颜料	第二类	四〇，7	六一，5
木 18－2	墓室西壁下	7.2	0.6	0.7		第二类		六一，7

续表一五

器　号	出土地点	尺寸（厘米）			涂　料	备　注	彩版号	插图号
		残长	最大幅	最大厚				
17－1	墓室东壁下				漆			
18－1	墓室东壁下				漆			
22－1	墓室东壁下				漆			
519	墓室							
578－1	墓室	4.2	0.9	0.45		方形孔1个（其内粘连绿青色）		
583	墓室棺床南				漆	3件		
589－1	墓室							
626－1	墓室				漆、绿颜料			
635	墓室西部				漆、绿颜料			
637	墓室西部				漆、白颜料	鎏金铜饰		
641	墓室					仅存木质局部		
642	墓室西部				绿色颜料			
645	墓室西部							
647－2	墓室				漆			
653－7	墓室							
655－4	墓室	8.9	0.8	1	漆			
657－2	墓室					木质		

续表一五

器　号	出土地点	尺寸（厘米）			涂　料	备　　注	彩版号	插图号
		残长	最大幅	最大厚				
661	墓室东部				漆	仅存木痕		
663－1	墓室东部							
669－2	墓室东部							
674－2	墓室							
680	墓室					仅存木痕		
695－4	墓室							
695－6	墓室							
697－3	墓室							
697－4	墓室							
755－3	墓室							
木7－1	墓室西南				漆	仅存木痕		
木7－2	墓室西南				漆	仅存木痕		
木10	墓室中部				绿色颜料			
木11	墓室中部					残存木质		
木15	墓室东壁下							
木16	墓室							
木17	墓室东壁下	5.3	1.35	1	漆　朱、赤、金色	有三处线刻，粘连细密的白色颗粒状物		
	第三天井	5.6	3.1	0.4		倒三角形板状木器		

第一类　11件。以标本 629－2、592－2、653－3、墓室西南隅陶俑下 24 为代表，是大约6×4厘米的薄木片。表面涂有黑漆，其上用红色、白色等颜料绘有装饰，图案无法复原（图六一，6、8~11；图六二，1~6；彩版四〇，9~13）。

标本 629－1~2，已经破损，但器物中部保留有直径约 0.3 厘米的孔（图六一，8、9）。标本 643－2、695－3、533－2 略厚，似乎是为了表现立体效果（图六一，6、10、11；彩版四〇，11）。由于已经成为碎片，其用途难以判定。

第二类　6件。以标本 611－3、634－2、636、638－2、639－2、木 18－2 为代表，系棒状，表面均涂有色彩（图六一，1~5、7；彩版四〇，6~8）。用途不清。

标本 638－2，棒状，表面有黑漆与绿色颜料。长 16、幅宽 0.8、厚 0.6 厘米（图六一，4；彩版四〇，8）。

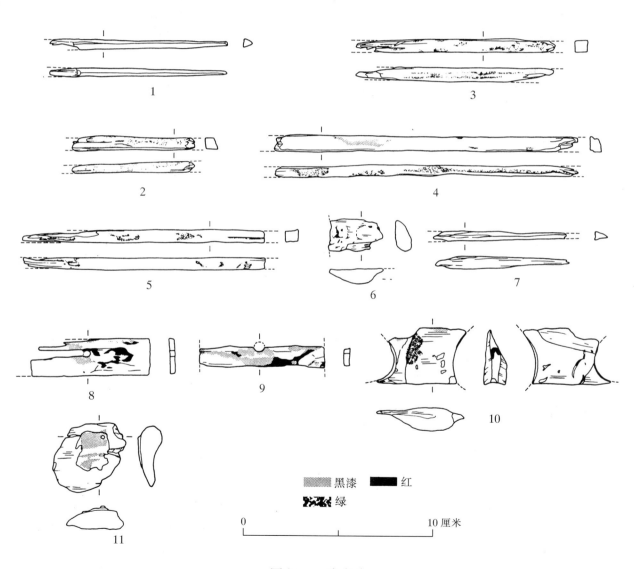

图六一　残木片

1.611－3　2.634－2　3.636　4.638－2　5.639－2　6.643－2

7.木 18－2　8.629－1　9.629－2　10.695－3　11.533－2

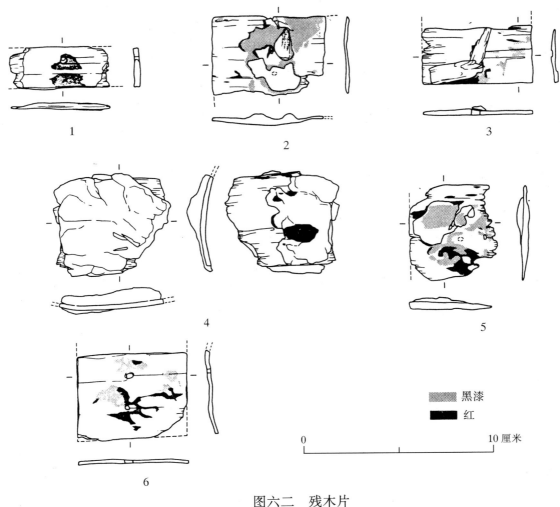

图六二　残木片

1.571-3　2.592-2　3.625-2　4.653-3　5.628-2　6.墓室西南隅陶俑下

第八节　钱　币

墓室出土东罗马金币 1 枚、开元通宝 16 枚。

一、金　币

在墓室东北部棺床前的地面堆积上出土金币 1 枚。

标本 534-4，正面为东罗马帝国皇帝查士丁二世（Justin Ⅱ，公元 565～578 年在位）的正面肖像，肖像的上部用拉丁文刻印该皇帝的名字。背面刻印有阿波罗神的立像（图六三；彩版四一，1、2）。在肖像的上下两端各打有一孔，孔径 0.2 厘米，圆孔周边没有磨损，两孔是从钱币正面向背面用錾子冲打的。金币的表面略显凸凹，可能是錾孔时造成的，上面无明显制造的戳记。直径 2 厘米，重 4.6 克。从金币的制造末年（公元 578 年）到该墓葬的建造时期（公元 658 年），这枚金币经历了 80 年的传世。

正面铭文为：　［DN］　　［I/VSTI］/NVSPPAVG
（［　］内文字现已磨灭）

［DN］（Dominus Noster，我等之主）［I/VSTI］/
NVS（Justin，查士丁）PPAVG（Perpetuus Augustus，
永远的尊者、皇帝）。

背面铭文为：　［VICTORI/A］AVGGGH/［CON］
OB

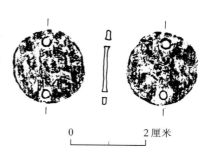

0　　　　　　2厘米

图六三　东罗马金币（534-4）

［VICTORI/A］（Victoria，胜利）AVGGG（Auggg，
皇帝们）H（第 8 发行所符号）/［CON］（Constantino-
ple，君士坦丁堡）OB（Obrysum，印记）。（［　］内文字现已磨灭）。

与史道洛墓出土金币相同的东罗马（拜占庭）帝国的查士丁二世索里德金币（Justin
II，公元 565-578 年在位）在中国还见于 1953 年陕西省文物局发掘的咸阳市底张湾独孤
罗墓（隋 600 年葬，贺若厥之夫、北周柱国大将军独孤信之子）。金币无孔，径 2.1 厘
米，重 4.4 克[①]。正面铭文：DN（Dominus Noster，我等之主）I/VSTI/NVS（Justin，查
士丁）PPAVG（Perpetuus Augustus，永远的尊者、皇帝）。背面：VICTORI/A（Victori-
a，胜利）AVGGG（Auggg，皇帝们）ε（第 5 发行所符号）/CON（Constantinople，君斯
坦丁堡）OB（Obrysum，印记）。

虽然同为查士丁二世金币，史道洛墓出土金币有孔，独孤罗墓出土金币无孔。或许
东罗马（拜占庭）帝国金币的制作年代与中国埋葬年代之时间差对此有影响。即独孤罗
墓金币的制作与埋藏年代相差 22～35 年，相对较短，史道洛墓金币的年代差为 90～103
年，为前者三倍以上，流入中国后时间越长，被改造的可能性就越大。

这一推测也被 1975～1976 年石家庄市文物局在河北省赞皇县发掘的李希宗（东魏司
空，公元 501～540 年）夫妻合葬墓出土金币证实。卒于北齐武平六年（公元 576 年）的
李希宗之妻崔氏的尸骨附近出土三枚拜占庭金币。其中一枚为狄奥多西斯二世（Theodo-
sius II，公元 408～450 年在位）金币，有二孔[②]。其余两枚为查士丁尼一世摄政期（Jus-
tinian I，coregent，公元 527 年）发行的金币，两枚均无孔[③]。即年代差为 126～168 年
者均有孔，相差 49 年的后两枚无孔。

同样，1978～1979 年磁县文化馆发掘的河北省磁县茹茹公主墓（东魏，公元 550 年
葬）出土二枚金币，分别为阿纳西塔斯一世（Anastasius I，公元 491～518 年在位）金
币[④]与查士丁一世（Justin I，公元 518～527 年在位）金币[⑤]。前者年代差为 32～59 年，
后者为 23～32 年，两者均无孔。

① 夏鼐：《咸阳底张湾隋墓出土东罗马金币》，《考古学报》1959 年第 3 期 67～68 页，图版 I、1-4；陈志强：
《咸阳底张湾隋墓出土拜占庭金币的两个问题》，《考古》1996 年第 6 期 78～81 页，图 1：1-2。

② 石家庄文物发掘组：《河北赞皇东魏李希宗墓》，《考古》1977 年第 6 期 382 页；夏鼐：《赞皇李希宗墓出土的
拜占庭金币》，《考古》1977 年第 6 期 403～404 页，图版 6，1。

③ 夏鼐：《赞皇李希宗墓出土的拜占庭金币》，《考古》1977 年第 6 期 404～405 页，图版 6，2、3。

④ 磁县文化馆：《河北磁县东魏茹茹公主墓发掘简报》，《文物》1984 年第 4 期 6～7 页，图 9、11，1、3。

⑤ 磁县文化馆：《河北磁县东魏茹茹公主墓发掘简报》，《文物》1984 年第 4 期 6～7 页，图 10、11，2、4。

同样，年代差长达 94～103 年之久的陕西咸阳贺若厥墓（唐武德四年，即公元 621 年葬，独孤罗之妻）出土的查士丁一世（Justin I，公元 518～527 年在位）金币有 2 孔[①]。

唯一的例外是 1981 年 4 月洛阳市文物工作队发掘的河南省洛阳市龙门安菩墓（公元 709 年葬）出土的福卡斯（Phocas，公元 602～610 年在位）金币[②]，尽管年代差为 99～107 年，还是无孔。这也许是入唐以后至 8 世纪，输入金币的穿孔使用法发生了变化。

虽然流入中国的外国金币最初是作为高额货币使用的。但是作为随葬品埋入墓葬时还有其它用途。史道洛墓、李希宗墓（有孔和无孔金币并存）、贺若厥墓出土的有孔金币在作为随葬品时可能缝在死者的衣服上，用途如同勋章、金牌。不仅埋葬之际，在日常生活中将金币如同勋章或镶嵌一样缝缀在衣服上的可能性也不能排除。东罗马（拜占庭）疆域内出土的金币通常是不凿孔的，为了可以用线来贯穿，输入之后特地为其凿了孔。但是，贺若厥墓的查士丁一世金币尽管有孔，却是从口中出土的。李希宗墓有孔和无孔金币并存。贵重的拜占庭金币用途随需要而变化，反复再利用的可能性是很大的。

安菩墓的福卡斯金币出土时握在右手中，贺若厥墓的查士丁一世金币是从口中出土的。拜占庭金币的仿制品亦不少见。仿制金币的出土例证已见于报道[③]，其中包括宁夏固原唐史诃耽墓（总章二年，即公元 669 年葬）、史道德墓（仪凤三年，即公元 678 年葬）从死者口中出土的拜占庭金币[④]。一般认为口含的金币是作为付给冥界司蒂克斯河的摆渡人卡戎（Charon）的摆渡钱而置于死者口中的。这种例证见于在欧亚北方草原的希腊系殖民者的子孙和帝政罗马时期的墓葬[⑤]，或许是移民到中国的西方系民族的子孙继承了祖先的这种传统。在古代中国，也有将玉制品握在手中（握豚）或含在嘴里（含蝉）的习俗。不可否认中国古代的传统可能与西方传来的风俗相交融后形成带有西方风格的独特习俗。

（谷一尚）

二、开元通宝

16 枚。保存良好，现在依然具有青铜固有的青灰色。外郭规整，钱文清晰。"開"字方正。"元"字首划短小，次划较长且左上挑。"通"字走之偏旁不相连。"寶"字"貝"中二划居中，不与竖笔相接（图六四，1～16；彩版四二、四三）。铜钱横向与纵向的平均直径极其近似，分别为 2.501 和 2.504 厘米。其中四枚钱币的重量为 3.5～3.7 克，其余均为 4.0～4.40 克，平均每枚重量为 3.99 克（参见表一六）。

---

①　负安志：《陕西长安县南里王村与咸阳飞机场出土大量珍贵文物》，《考古与文物》1993 年第 6 期 51～52 页，图 5，1、2。

②　洛阳市文物工作队：《洛阳龙门安菩夫妇墓》，《中原文物》1982 年第 3 期 25 页，图版 7，2、3。

③　Stein. A. 1928, *Innermost Asia: Detailed Report of Explorations in Central Asia, Kansu and Eastern Iran* (*Vol.*2), *Oxford*, pp.646 - 648, Pl.CXX, 15 - 19。

④　罗丰：《固原南郊隋唐墓地》146～168 页，文物出版社，1996 年。

⑤　小谷仲男：《死者の口に貨幣含ませる習俗－漢唐墓葬における西方の要素》，《富山大学人文学部紀要》13，1～19 页。

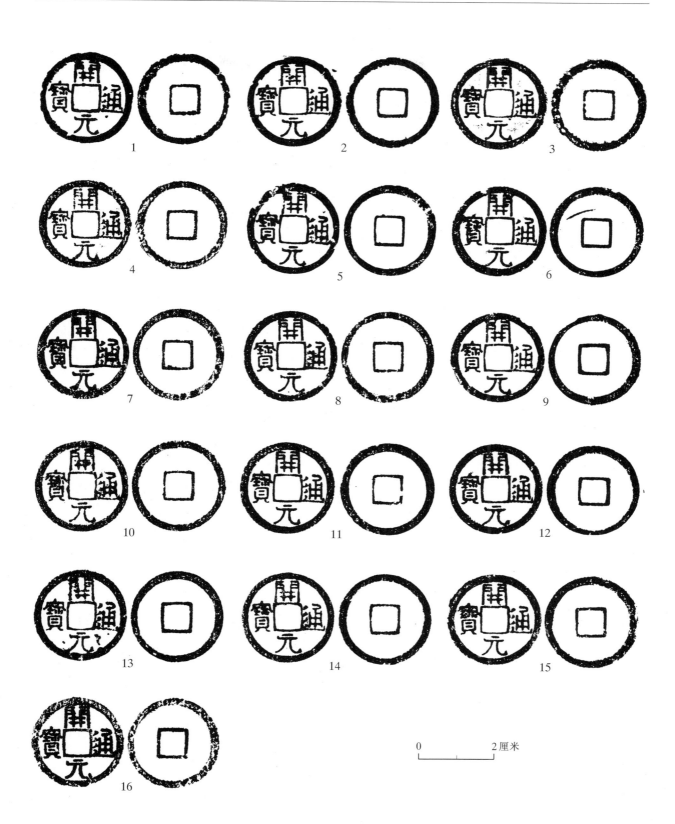

图六四　开元通宝（拓本）

1.502　2.508－1　3.508－2　4.508－3　5.687－1　6.687－2　7.687－3　8.687－4　9.687－5　10.705
11.676－1　12.676－2　13.676－3　14.577－1　15.577－2　16.T4

表一六　　　　　　　　　　　　　　　开元通宝登记表

器　号	器　名	出土位置	尺寸（厘米）						重量（克）	背面特征	备　注	彩版号	插图号
			直径		厚度		孔径						
			上	下	左	右	上	下					
502	开元通宝	墓室	2.51	2.53	0.18	0.16	0.65	0.64	4.15	光背	元字起利上	四二，1；四三，1	六四，1
508－1	开元通宝	墓室	2.50	2.51	0.17	0.17	0.65	0.66	4.05	光背		四二，2；四三，2	六四，2
508－2	开元通宝	墓室	2.49	2.50	0.16	0.16	0.69	0.69	4.00	光背		四二，3；四三，3	六四，3
508－3	开元通宝	墓室	2.45	2.49	0.17	0.19	0.63	0.65	4.40	光背		四二，4；四三，4	六四，4
577－1	开元通宝	墓室	2.53	2.53	0.17	0.17	0.65	0.65	3.60	光背		四二，14；四三，14	六四，14
577－2	开元通宝	墓室	2.48	2.47	0.17	0.17	0.65	0.66	3.70	光背		四二，15；四三，15	六四，15
676－1	开元通宝	墓室	2.53	2.54	0.16	0.16	0.65	0.67	4.15	光背		四二，11；四三，11	六四，11
676－2	开元通宝	墓室	2.50	2.50	0.17	0.17	0.57	0.61	4.10	光背		四二，12；四三，12	六四，12
676－3	开元通宝	墓室	2.50	2.50	0.18	0.18	0.65	0.65	4.35	光背		四二，13；四三，13	六四，13
687－1	开元通宝	墓室	2.51	2.49	0.15	0.16	0.65	0.67	4.10	光背		四二，5；四三，5	六四，5
687－2	开元通宝	墓室	2.52	2.50	0.17	0.16	0.61	0.63	4.00	月痕。长0.82		四二，6；四三，6	六四，6
687－3	开元通宝	墓室	2.51	2.48	0.19	0.19	0.61	0.65	4.10	光背		四二，7；四三，7	六四，7
687－4	开元通宝	墓室	2.50	2.50	0.17	0.18	0.61	0.64	4.10	光背		四二，8；四三，8	六四，8
687－5	开元通宝	墓室	2.49	2.53	0.16	0.18	0.65	0.66	3.50	光背		四二，9；四三，9	六四，9
705	开元通宝	墓室	2.50	2.50	0.17	0.16	0.63	0.64	3.60	光背		四二，10；四三，10	六四，10
T4	开元通宝	墓室								光背		四二，16；四三，16	六四，16

　　标本 687－2，钱径 2.52、肉厚 0.17、郭宽 0.2 厘米。重 4 克。正方形穿，穿径 0.61 ×0.63 厘米。光背，在左上方铸有半月形纹（图六四，6；彩版四三，6）。

（菅谷文则）

第九节　石制品

石制品主要包括从盗洞落入墓室的石碑残片和石碑残基座以及出土于天井的墓志，现分别叙述于下。

一、墓室出土的石制品

（一）石碑残片　从盗洞带入墓室，多为小碎片，上面无文字，但表面残存有若干忍冬纹。由于这些碎片发现于墓室内堆积的黄土之上，故确知是从盗洞带入的遗物，推测可能是地面碑亭内石碑的一部分。

（二）础石　发现于墓室西北部棺床前地面上，作为石碑基座的础石的一部分，仅存大约三分之一，残长36.8、高30.2、厚33.1厘米（图六五）。如果复原其形状，则它为每边长51.0、高23.5厘米的立方体，其上再刻出高6.5厘米的覆盆形圆台座，从台座上

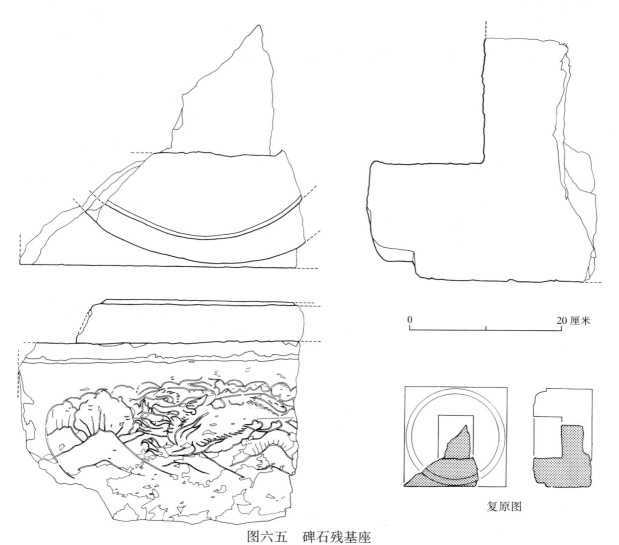

0　　　　　　　　　　　　20厘米

复原图

图六五　碑石残基座

凿 24×18.4、深 15 厘米的方槽。该础石方形的立面制作考究，上面刻有兽纹图案。覆盆形圆台座与方形立面制作略粗，中央的方槽制作更加粗放，尚残留凿痕。

二、墓　志

墓志出土于第五天井中央偏北的地面上，由墓志盖和墓志石合在一起组成，基本保持着原有位置（彩版七）。鉴于墓志的纹样、志文等内容将在第六章详细描述，在此仅就墓志的型制进行简单的介绍。

墓志盖四周配有四神，文字与图案的相对关系是：朱雀居上（南）[①]，玄武居下来铭刻志文（图六六、六七）。下面的描述是依照朱雀为上（南），玄武为下（北），白虎为右

0　　　　　　　　　　　　　　　20 厘米

图六六　史道洛墓志盖石花纹

---

① "南"表示墓志出土时此面向南，下同。

图六七　史道洛墓志盖石拓本

（东），青龙为左（西）的位置关系进行的。

　　墓志盖（图六八，上），为方形，盝顶。顶面削出了斜侧面。顶面的上端边长为48.0、下端边长47.2、右侧边长47.4、左侧边长47.1厘米。底面的上端边长59.7、下端边长59.4、右侧边长59.6、左侧边长59.2厘米，各边均稍向内侧弯曲1～3厘米。墓志盖直立侧面的高度如下：上端中部6.6、下端中部6.4、右侧中部5.9、左侧中部6.0厘米。墓志盖斜侧面的高度如下：上端中部5.4、下端中部5.4、右侧中部5.4、左侧中部5.6厘米。墓志盖的表面经过了细致的打磨与修整，其上刻有铭文和图案。而底面修整粗糙，残留有凿痕。

　　表面铭文和图案的排布，以事先刻好规划线来确定（图六九）。规划线均为直线，从

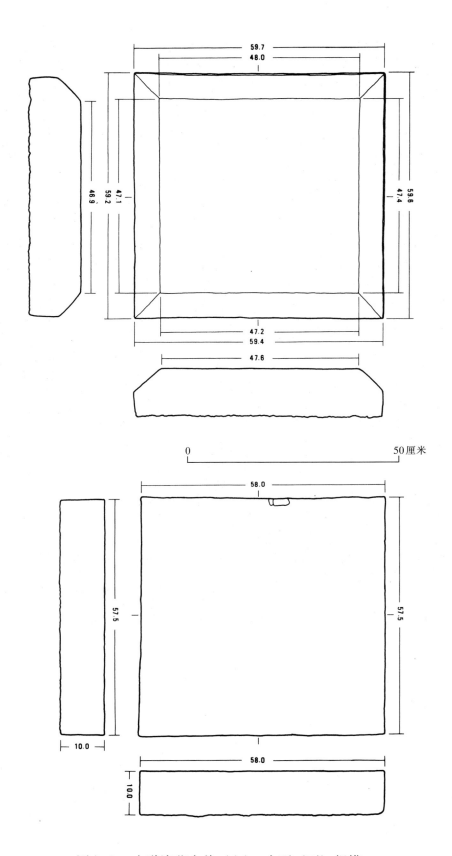

图六八　史道洛墓志盖（上）、志石（下）规模

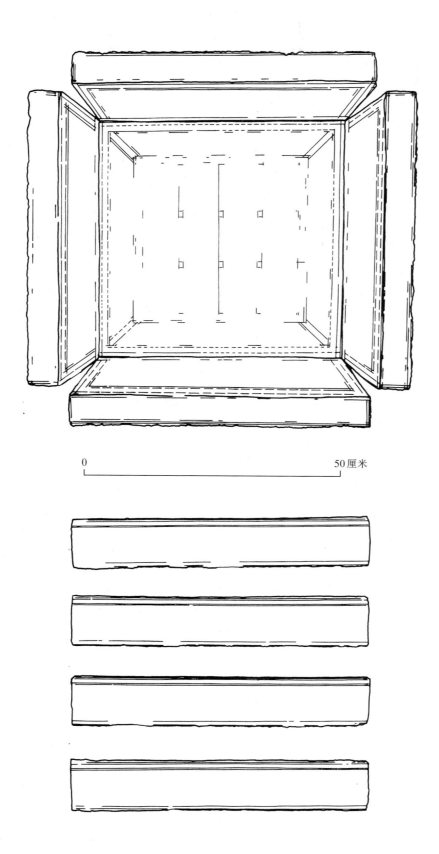

0　　　　　　　　　　　　　　　　50厘米

图六九　史道洛墓志石花纹配置规划线

图七〇　史道洛墓志石（拓本）

其互相打破的关系观察，其刻划顺序可作如下的复原：墓志盖上铭文的规划线大多为先刻划横向的，再刻划纵向的，其四周忍冬纹的规划线也是先横向、后纵向，最后刻划四角的斜向规划线。在最外侧的外框，规划线是先刻划右侧的竖线，再刻划下端的横线，左侧的竖线次之，上端横线再次之。刻有四神的斜侧面也刻划横向和斜向的规划线，从总体上看，似先刻划横向再刻划斜向。最下面刻划有喷吐云纹神兽图案的立侧面上，似均为先刻划横向规划线，后刻划纵向规划线。

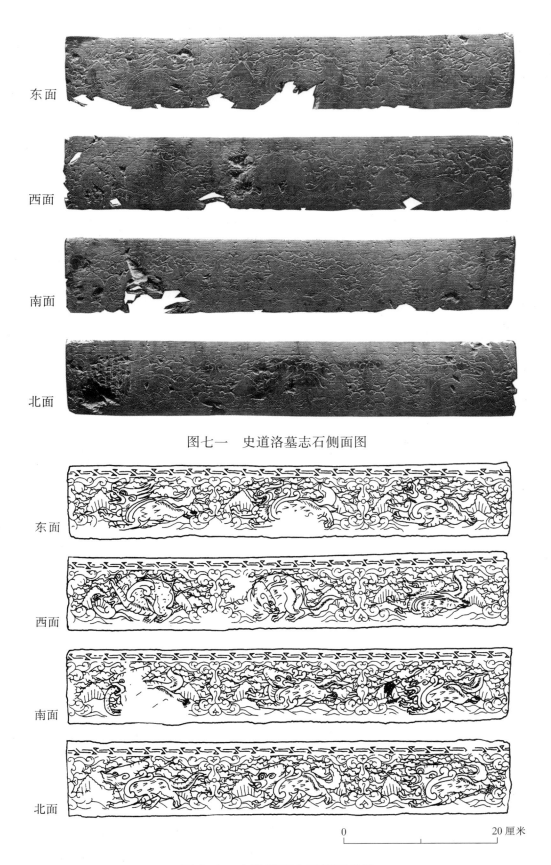

东面

西面

南面

北面

图七一 史道洛墓志石侧面图

东面

西面

南面

北面

0　　　　　　　　　20厘米

图七二 史道洛墓志石侧面花纹

志石，基本呈正方形，上下宽，左右略窄。其大小为：上下边长均为57.5、左右边长均为58.0、厚10.0厘米（图六八，下）。刻有铭文的上表面和四周的侧面均磨制精细，在四个侧面还刻有怪兽图案（图七〇～七二）。底面尚残留有凿痕。

（菅谷文则、苏哲、三宅俊彦、陈晓桦）

第一〇节　其　他

一、贴金箔纸片

3件。出自第四天井，是在厚度为0.2毫米的纸片表面上贴附金箔的遗物。

图七三，1、2所示遗物为长条形，纸片表面残留金箔。残长5.7～7.2、宽0.4厘米。图七三，3所示遗物则剪成几何形。

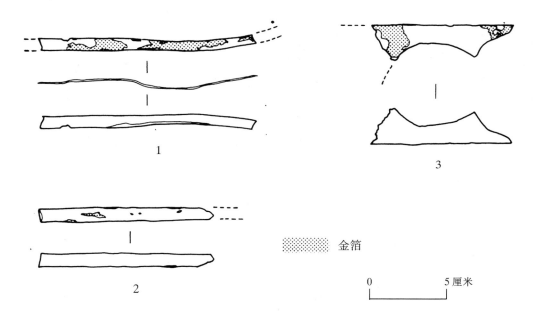

图七三　第四天井出土贴金箔纸片

1、2.长条形贴金箔纸片　3.几何形贴金箔纸片

因均属残片，完整的形态无法复原。虽不能判定用途，但其形态与新疆阿斯塔那唐墓出土的剪纸以及日本正仓院收藏的人胜相类似，特别是与后者更接近。

二、海　贝

8枚。均为环纹海贝，色泽洁白，坚硬光滑，壳口狭长，两侧有密集的齿状突起。无加工的痕迹，可能是衣服扣子或系结于假发上的饰物（参看表一七；彩版四一，3～10）。

表一七　　　　　　　　　　　　　　　　　**海贝登记表**

器　号	器　名	出土位置	备　注	彩版号	插图号
501	海贝	墓室	长2.4、宽1.6厘米	四一，3	
622	海贝	墓室		四一，4	
623	海贝	墓室		四一，5	
624	海贝	墓室		四一，6	
652	海贝	墓室		四一，7	
722－1	海贝	墓室		四一，8	
722－2	海贝	墓室		四一，9	
722－3	海贝	墓室		四一，10	

以上所介绍的各类遗物中，需要强调一下骨、木制品的情况。由于盗掘，它们均没有保存下来原有的状态，但是我们认为将条形或片状的骨、木制品，视为某种木箱或木盒边缘的装饰部件是比较适当的。在以往各地的考古发掘中，曾耳闻出土过类似遗物的漆皮，但均未能良好地保存下来。这次能够确知随葬品中有箱子，意义极大。这与六朝墓葬随葬品的陈设分布不同，而与后代的明定陵出土遗物的状况类似，是先把随葬品放入箱子中，然后置于墓室之内。出土遗物中被推测为人胜的剪纸片也有很大意义。此外，在遗物出土状况一节中介绍过墓室还发现了三件大小不同的黑漆箱，推测为配套使用的随葬品收纳用箱，即在大的木箱中还放入小木箱。原状虽难复原，但似为多角形木箱。这一形式和日本正仓院宝物收藏箱一致，即正仓院宝物的杉木柜内置放各类木箱，在木箱中再收藏各类物品。今后在清理发掘唐墓时需要多加注意观察这方面的情况。

（菅谷文则、卫忠）

第六章　墓　志

墓志，一合。青石制成，质地十分细腻。出土时志与盖稍有错动，志盖之间有一层灰烬，可能是志石上原覆盖有丝帛之类物品碳化后所致。

第一节　志　盖

志盖，覆斗式，呈正方形（彩版四四）。四边长在 59.2～59.7 厘米之间，有 0.5 厘米的误差，厚 10 厘米。底部不太平整，经初步凿錾，錾痕呈斜向一侧。四边厚 6 厘米。

志盖四个侧面上有长方形线刻边框，边框中填充线刻图案，四边图案基本相同。两侧为一怪兽头像相对，怪兽额顶上长两只锯齿状的长角，向后弯曲，大眼圆睁，圆鼻孔，张口吐长舌，有尖状利齿，作吼状。八只怪兽头构图基本相似，细部略有些区别，有的是短鼻，有的是长尖鼻，有的只有一上齿，有的则有两只尖下齿。两兽头之间是宝相花纹带，似从兽头口中吐出，浑然一体。纹样大体是上下转折，连续不断，左右对称，每边有三叶，叶呈卷云状，中间凸有一花蕾物，共有七方。四面斜杀，刻有四神（彩版四六、四七）。斜杀左右下三面由几何纹组成边框，几何纹呈斜长方形，左上右下为三角对称。四杀背景完全相同，左右两侧对称缠枝宝相花，每边四叶，中有花蕾。中间下为起伏山峦，上饰云纹。

墓志盖是根据朱雀居上，玄武居下来铭刻志文（图六六、六七）。下面依照朱雀为上，玄武为下，白虎为右，青龙为左的位置关系进行描述。

上：朱雀，张两翼，昂胸，圆眼，鹰嘴，口衔一珠，其右趾前伸，左趾后勾，呈飞翔状；下：玄武，中有龟，抬头，睁目，闭口，做行进状。背饰龟甲，上有一长蛇绕身而过，蛇尾在前，头回盘于后，口大张，露利齿；左：青龙，作腾空状。龙须卷曲，角后伸，张大口，吐长舌，双翼张开，胸凸，两前肢直伸呈一字状，后肢一前一后，尾稍后卷，身刻细阴线；右：白虎，虎的造型与青龙较为相似，张口吐舌，鬣毛直竖，前肢直伸，有三趾，后趾着地有力，双股之间夹有长尾，与龙不同的是长尾甩地，做行进状。

盖顶，边有桃形结组成的边框，四角各有一圆环，每边中央亦有一圆环，桃形结以圆环为中心，背向结接。两侧桃形结十七枚至十九枚不等，四边用六枚桃形结框斜隔，中嵌有二方连续卷草纹，四边相同。中间绳纹构成一正方形框，框间有宽线棋格，棋格横四竖三，竖长方形，横线宽竖线窄，减地阳刻篆文"大唐故左亲卫史君之墓志铭"十二个大字。出土时志盖上涂有一层墨迹。

第二节 志 石

一、志石四边怪兽图案

呈正方形，边长 58×57.5、厚 10 厘米（图六八，下；图七○；彩版四五）。

四边刻有怪兽图案（图七一、七二），每边最上方刻几何斜方纹带，几何纹呈斜长方形，左上右下为三角对称。志石四边背景图案十分相似，上为卷云纹，其下有四个三角状的山形高耸，远景为起伏山峦。每边有三只怪兽，怪兽之间以卷云纹花结相间隔，现分上下左右依次叙述。

上边（南）：

左，头呈不规则形状，后脑呈长尖状凸起。卷耳，圆眼大睁，厚唇大口，上唇向外卷曲，上下各有一三角状尖齿。身部有残缺，尾宽向上竖卷，头面向左，呈奔走状。

中，兔头，昂首朝天，脑顶有二曲角。圆眼，卷耳，吻部短兀，似无鼻口之类。前肩长有双翼，前肢直伸，后肢跃起，通体布三角状纹饰，宽尾飘起，呈飞奔状。

右，怪兽前跃起一鲤鱼，鲤体腾空呈 S 状，圆目，吻部向右，身布鳞甲，尾旋转散布。怪兽，头顶高耸凸起，圆眼怒睁，长唇上卷，上下三角短齿露出，口吐一剑状利齿，肩有长翼，翼端卷曲，前肢亦前伸，后肢腾空，双股间宽尾飘起。

下边（北）：

左，怪兽后脑长尖凸起，桃形耳，圆眼，短吻。肩长双翼，尾稍上曲，通体布有三角纹饰，面向左呈奔跑状。

中，头形同前，大眼圆睁，桃形耳，长鼻朝天，张口，尖利齿露出。四肢着地有力，尾锯齿状，上竖。

右，头部造型同前，头背相接，圆目，长鼻上卷，口大张，露出利齿。长翼，前肢着地，后肢腾空，尾上卷。

左边（西）：

左，顶亦高耸凸起，桃形耳，圆眼，长鼻，口微张开。肩有长翼，左前肢高举过头，三趾下曲，后肢着地，宽尾夹于两股之间，露穴。

中，头形同前，只是通体蜷缩一团，呈回首状。长鼻露孔，四肢着地，长尾甩地。

右，昂首朝天，圆眼朝天鼻，双唇紧闭，不同他兽的是长有两只剑状长翼，宽尾上竖，呈飞奔状。

右边（东）：

左，怪兽顶竖三只尖角，圆凸眼，上唇外曲，上下尖齿吐露。长二只尖长翼，前肢直伸，宽尾上竖，头向左呈奔跑状。

中，头似龙首，顶有曲角，圆眼，张口露齿。长双翼，身部略残，宽短尾上竖，呈奔跑状。

右，头部造型与其它怪兽相类似，只是大口朝天，尖齿外露，身体似腾空而起。

志石上阴刻方形棋格，志文填于格中，表面涂墨，文体楷书，共 26 行，满行 25 字，全文共 605 字，第一行空一格书写死者墓志铭（图七○；彩版四五）。现用繁体字将全文标点抄录于下（图七四）。

二、墓志录文

1. ［大］唐故左親衞史君之墓誌銘
2. 公諱道洛，原州平高人也。昔軒轅創業，佐命肇其元封；周室建旗，
3. 協贊旌其茅土。斯並刊諸簡策，著彼縑緗，可得而詳矣。況復察色
4. 表明，辭清稱敏，英規素范，穆彼人倫者哉。祖多悉多，周鄯州刺史、
5. 摩訶薩寶。父射勿盤（槃）陀，隨（隋）左十二府驃騎將軍、開府儀同三司。德
6. ［允］群望，聲重二京。公籍慶挺生，承芬載誕，珪璋博達，儀表絕倫。三
7. 端百行之源，寔符於外獎；依仁據道之業，諒葉于蕭成。起家任左
8. 親衞，出入青墀，趨佇紫闥。公通變在慮，不矜寵辱之名，攖抱兼懷，
9. 深明止足之分。遂退静閑居，棲真樂道。桂醇蘭藉，無忘十日之游；
10. 趙瑟秦箏，有諧三樂之趣。誰謂居諸易往，與善無徵。逝水難留，壽
11. 仁遽爽。永徽六年正月廿八日，遘疾薨於勸善里，春秋六十有五。
12. 攸攸行路，莫匪傷悼。百里奚言卒，國人興不相之哀；王脩之雲亡，
13. 鄰家申罷祖之戀。均哀比感，今古一焉。夫人康氏，婉淑居順，蘋藻
14. 經心。粵自中庸，言歸盛德，庶輔佐君子，言敦瑟琴。而蘭迫秋年，悲
15. 纏永夜，以貞觀廿年二月十二日卒於私第，春秋五十有五。粵以
16. 顯慶三年歲次戊午十二月己酉朔廿四日壬申合葬于原州百
17. 達原，禮也。南眺崗巒，亘九成之紛糺；北望都邑，暎百雉以紆餘。東
18. 隣長平，煙霞之所氛泊；西臨脩陌，冠蓋之所往來。既同青鳥之卜，
19. 還符白鶴之相。長子德，情切蓼莪，慟深陟岵。嗟日月之遄邁，懼陵
20. 谷之貿遷。敬追往志，勒銘旌業。其詞曰：
21. 芝田結馥，桂畹傳芳。猶茲漸慶，同夫克昌。發祥降祉，載誕禎良。千
22. 仞落落，萬頃汪汪。唯道是遊，唯仁是弼，學崇子史，披經散帙。然諾
23. 罔二，襟期有一。重義輕財，諒歸茲日。庶矯英逸，方遵脩路。如何貞
24. 筠，溘先朝露。恨結人代，哀纏孺慕。歲月徒新，人神永故。沉沉幽壟，
25. 寂寂玄坰。夏疏陽日，冬茂松青。崎嶇陵阜，蕪没儀形。俾傳芳列，廼
26. 勒豐（豐）銘。

三、志文异体字

志文中有数量较多的异体字，现将志文中的异体字全部检出列表于下。其出检原则为与通行繁体字笔画不一致者，均按异体字处理，参看表一八。

谷之貨遷故迂往志勒銘雄業其詞曰

芝田結馥桂畹傳芳猶兹漸慶同夫克昌發祥祉載誕禎良千

伊落落萬頃汪汪唯道是遊唯仁是敬學崇子史披經散帙然諮

岡二襟期有一重義軒財諒歸兹曰庶矯英逸方遵備路如何旦

筠溢先朝露恨結人代哀繼鳩慕歲月徒新人神永故沈沈幽壟

舛寢立坰夏竦陽曰冬茂松青崎峒陵鼻蕪沒儀形俜傳芳列迴

幼豐銘

表一八　墓志志文异体字表

行数	字数	异体	繁体	行数	字数	异体	繁体	行数	字数	异体	繁体
2	18	肁	肇	7	13	據	據	13	15	焉	焉
2	24	建	建	7	14	道	道	13	18	康	康
3	2	贊	贊	7	17	諒	諒	13	19	氏	氏
3	3	旌	旌	7	20	肅	肅	13	21	淑	淑
3	6	土	土	7	22	起	起	13	24	蘋	蘋
3	12	策	策	8	6	塀	塀	14	1	經	經
3	23	復	復	8	7	趨	趨	14	3	粤	粤
4	2	明	明	8	8	佯	佯	14	6	庸	庸
4	3	辭	辭	8	15	慮	慮	14	8	歸	歸
4	8	規	規	8	18	寵	寵	14	10	德	德
4	11	穆	穆	8	19	辱	辱	14	20	而	而
4	19	悉	悉	9	2	明	明	14	24	年	年
4	24	刺	刺	9	4	足	足	15	17	第	第
5	3	薩	薩	9	15	道	道	15	24	粤	粤
5	8	盤	盤	9	17	酉	酉	16	5	歲	歲
5	10	隋	隋	10	3	秦	秦	16	14	朔	朔
5	16	騎	騎	10	15	易	易	16	21	葬	葬
5	21	儀	儀	10	16	往	往	17	6	眺	眺
5	25	德	德	10	24	留	留	17	7	崗	崗
6	4	聲	聲	11	3	爽	爽	17	14	糾	糾
6	7	京	京	11	7	年	年	17	19	映	映
6	11	挺	挺	11	14	疾	疾	18	1	鄰	鄰
6	13	承	承	11	17	勸	勸	18	7	所	所
6	19	博	博	12	7	傷	傷	18	17	所	所
6	21	儀	儀	12	16	興	興	18	18	往	往
7	6	實	實	13	4	罷	罷	18	23	烏	烏
7	10	獎	獎	13	11	戚	戚	18	25	卜	卜

續表一八

行數	字數	异體	繁體	行數	字數	异體	繁體	行數	字數	异體	繁體
19	9	德	德	22	15	弥	弭	24	25	壟	壟
19	11	切	切	22	21	經	經	25	1	寂	寂
19	12	慕	慕	23	1	囧	罔	25	2	寂	寂
19	16	陝	陝	23	9	輕	輕	25	6	踈	疏
20	3	貿	貿	23	11	諒	諒	25	13	崎	崎
20	4	遷	遷	23	12	歸	歸	25	14	岖	嶇
20	6	追	追	23	16	矯	矯	25	16	鼻	阜
20	7	往	往	24	12	獳	儒	25	18	没	没
20	11	旌	旌	24	14	歲	歲	25	19	儀	儀
21	15	克	克	24	22	沈	沉	26	2	豊	豐
21	22	誕	誕	24	23	沈	沉				

四、刻　工

石料毛坯經鏨揭研磨后基本成形，但由于本地不出産与之完全相同的石料，志石需要外運，運輸過程中對石料本身有一些損坏。這块志石上明顯有一些屬于鏨刻前損伤的，如志盖頂、斜杀上二处伤痕即是，因其線刻在凹下缺处。志石上的多数痕迹是在刻石完成之后至下葬過程的損伤，如志石正面第五行將"摩"字上半部分和第六行第一字上半部分铲去。但也有一处可能是刻字前便有，第一行依唐志書写的一般原則是頂行書写，史志的"大唐故左親衛史君之墓誌銘"諸字則是縮一格書写，而第一格恰有損坏，当是刻前損坏。

志石的方形棋格，基本上每線一次刻成，但横線的底線有二条，倒数第三行曾經刻划過三次。

志文經墨書之后，每笔分两次刻成，先用輕刀鏨出輪廓，再用重鑿从两侧向内將墨迹剔除而成，如第6行18字"璋"字撇画"丿"，第7行第10字"獎"字"丿"画，尚有一些未剔除的痕迹（图七五）。

笔画的外輪廓光滑，其内侧显示出刻錘震抖的痕迹，有个别刻字，在石质軟硬不一样时产生飞刀，第14行第16字"言"字，在鏨刻"口"上横画时飞刀，刀痕滑過三横笔（图七五），亦說明這位刻工所习惯的是左手执刻刀，右手握錘。

所有竖弯"冂"笔均分解为"一"、"丨"二步刻成，从内角方正，外角頓折处可以看出。第3行第4字，第20行第13字"其"，通行笔順

一 十 卄 卅 甘 其 其 其　　　　一 十 卝 𠁣 𠀕 其 其 其
一 丨 丨 一 一 一 丿 丶　志文笔顺　一 丨 丨 一 一 丨 丿 丶
1　2　2　1　1　1　3　4　　　　　1　2　1　1　1　2　3　4

　　与"其"字情况相同者有第 3 行第 23 字"复"，第 9 行第 13 字"真"，第 10 行第 17 字"兴"。第 12 行第 16 字"興"也有竖画打破横画的现象。另外在撇捺相交时，捺画先

图七五　史道洛墓志文刻工

刻撇画后刻。第 13 行第 12 字 "今" 通行笔顺

ノ 人 今 今　　　　　　丶 人 今 今 今

ノ 丶 丶 フ　志文笔顺　丶 ノ 丶 一 丨

3　4　4　5　　　　　　4　3　4　1　2

第 21 行第 9 字 "猶" 的 "犭" 字旁通行笔顺

ノ 犭 犭　　　　　　ノ 犭 犭

ノ フ ノ　志文笔顺　ノ フ ノ

3　5　3　　　　　　3　5　3

以上未按笔画数刊刻的情况，仅在全部文字中占有很小比例，似在复刻墨线时所致，与刻工乱序的现象有区别。

以上比较所用的规范大体参照国家语言文字工作委员会标准化工作委员会编《现代汉语通用字笔顺规范》（语文出版社，1998 年）书中汉字笔顺表示的三种形式而进行：一，跟随式，一笔一笔写出整字；二，笔画式，用横撇竖捺折五个基本笔画表示，归类方法亦同；三，序号式，用横撇竖捺折五个基本笔画的序号 1，2，3，4，5 表示。

（罗丰）

第三节　　关于史道洛墓志的考古学考察

在史道洛墓发掘之前，通过地下勘探，了解到墓室曾遭盗掘，同时了解到因为受到来自水沟的渗水影响，墓顶已塌陷的严峻情况。在此基础上，我们制定了尽可能详尽地进行调查发掘的计划。本次调查的主要成果之一是搞清了盗掘的时间是在唐末宋初以前，从而限定了从墓室出土的大量兽骨搬入的时间。出土的一件铁甲片也说明了同样的问题。以下将就该遗迹的若干问题进行概要说明。

第一，墓道、甬道、墓室中发现的烧土痕迹。烧土痕迹呈不规则形状，燃烧很彻底，几乎没有碳化物残留下来。如果是为了取暖而燃起的火，应选择墓室及天井下部，那里更利于排烟、热效利用率高。因此，这应是一处祭奠烧纸的遗迹①。

第二，封门铺首安装在靠近墓室的扉板内侧。因门框腐朽已甚，又长期遭受墓道渗水的浸泡，遗迹现象已不甚清楚，难以确认门扉是向内侧开，还是向外侧开。不过一般说来，门是向铺首一侧拉开的。仅此一例虽不足以说明唐墓的一般制度，但不能不说这对今后的唐代墓葬形态研究具有重要意义。如果墓门是向内侧拉开的话，那么被推测为钥匙的曲尺形（L 形）棒状铁制品也应引起充分重视。唐代墓葬中有出土锁的例证，出土钥匙尚无先例。但是，日本飞鸟奈良时代生产的唐锁仿制品多流传于世，出土遗例也

---

① 隋大业四年（608 年）李静训墓墓志底部和周围曾发现烧纸痕迹。参见中国社会科学院考古研究所：《唐长安城郊隋唐墓》，文物出版社，1980 年。

不少见（日本称之为海老锭）。无论锁的体积大小，钥匙均为曲尺形，并饰有漂亮的缨穗。如果封门是向内开的话，这个钥匙就是为墓主准备的。这种结构是基于墓主本人来开闭墓门的想法而设计的，从科学角度看不到可取之处，关键在于史道洛一族究竟是不是这样想的？但是墓志的出土状况似乎支持了这种推测。

第三，墓志的出土状况。墓志放置在第五天井下，这说明在埋葬墓主夫妇之后回填墓道的过程中，墓志也被泥土直接掩埋。史道洛夫人先其而亡，该墓为一次性合葬墓，不存在再开埏道追葬的问题。

史道洛墓志由志盖与志石组成。墓志盖出土时，文字头向墓道一侧，过去曾认为墓志应是从墓道一侧来读的，但从这个志盖的方向来看，实际上该墓志是要从墓室一侧来读的。揭去墓志盖，志石上覆盖一薄层碳化物[①]，根据厚度判断，炭化之前盖与志之间大约夹了12厘米厚的纺织品之类有机物。志石文字方向与志盖正相反，是为了从墓道一侧读而放置的。为什么上下二石要以相反方向来放置呢？似乎可以作出如下解释：

是否系墓志的搬运和安放者不能辨读文字的倒正，或因光线不足以及安放时忽略等因素所致？我们不赞同将原因归于偶然性，理由如下：

墓志盖四斜杀上线刻四神像，如果以文字的方向为基准，玄武刻在下方，朱雀在上方。玄武的龟首向左，蛇尾与龟首朝向相同，从龟的右前肢内侧缠向龟背上方，然后从左右肢中央部向后方伸出长长的颈部，头部回转张口显露长舌利齿。朱雀面向右侧，张开羽翼。左侧斜面上刻出的青龙以及右侧的白虎头均朝墓志上方。一般的情况下，四神上下方向配置时，玄武在上，朱雀在下[②]，而此墓志盖四神上下位置颠倒。史道洛的父亲史射勿墓志四神配置也与之相同，反历史传统而行之。史射勿墓志玄武的下方刻一‘前’字，系墓志完成后另刻的。此外，志石本体上方侧面十二生肖图中饰牛的壶门上部刻有‘前’字。特意在志盖的下方，志石的上方刻出‘前’字有何意义呢？如果将两个‘前’字作为合符，与史道洛墓志一样，盖志文字上下相反。极有可能当时就是这样安放的，遗憾的是史射勿墓发掘报告对墓志出土时文字的方向未作报告，只能停留于推测。

大概是因为墓志的搬运者为了能够在墓室内正确安放墓志，防止出错，而刻写了‘前’字。‘前’所表示的方向应是墓志被安置的方向。

笔者寡闻，关于以往出土墓志的墓葬发掘报告，未听说有记录墓志盖与志石方向者。如果说既往的墓志的研究是以志文为中心，忽视了出土状态，大概不为言过。

关于史道洛墓墓志安置方法的仪式性，简述如下。志石渊源于墓志起源时期，隋唐时代已相当普及。中原地区除少数例外，原则上由志石与志盖组合而成。墓志本来只有志石，志盖的产生应有某种原因。志盖与志石即便在隋唐时代也应视为是不同的东西。志盖的底面加工研磨平滑，志石底面保留有凿子的痕迹。不用说这是因为前者的底面与志石表面接触，加工平滑可防止划伤志石；后者与土壤接触，有意加工粗糙，便于搬运。

---

① 独孤思贞等墓也发现类似现象。参照中国社会科学院考古研究所：《唐长安城郊隋唐墓》，文物出版社，1980年。

② 四神上下颠倒位置的例证，据管见北魏普泰元年（531年）八月十一日元天穆墓志以来，约有超过百件以上实例。

据笔者管见，志石底面的粗糙加工是普遍做法。因此，出现较志石为晚的志盖与志石相比，意义不尽相同。

也许史道洛墓并不具有普遍性，但是，这是一个确实的出土例证。其墓志放置的程序为：首先安放志石，在其上面加垫纺织品（可能是中间放了棉的褥垫或绸巾之类），再加志盖。志石是按照便于生者读看的方向放置，仪式过程中如同诔文一样，先朗读志文，然后盖上纺织品，再加盖志盖。此时木质的封门应已闭锁。志盖上铭刻着以墓主官职为中心的志文要约，这是墓主复活时从墓室至墓道时所能读取的最为便利的刻铭。在此，陈述己见的目的是，将来发掘古墓时，应该对发掘调查中墓志的出土状况进行记录。

总而言之，不难设想墓主棺柩向墓室下葬之后，至墓道闭塞，曾举行过多种仪式。古代文献也曾作过一些记载，但是，应用考古资料进行复原是十分困难的一项工作。尽管如此，我们的考古调查还是要锲而不舍，朝此方向不断努力。

（菅谷文则、苏哲）

第七章　人骨鉴定

　　1996 年 1 月，应宁夏固原博物馆罗丰、宁夏文物考古研究所卫忠和日本滋贺县立大学菅谷文则、共立女子大学谷一尚之托，前往固原协助鉴定从该县城南郊唐代史道洛墓的墓葬中收集的人骨。据介绍，这座唐墓已被严重盗扰，墓中人骨被盗墓者支离出原本的棺床之外，零乱散布于墓室各处（图七六）。此外，死者骨质已相当腐蚀，特别是对鉴定最具重要性的头骨腐蚀严重，对死者个体的认定增加了难度。

　　据出自该墓的一方完整墓志，墓主史道洛曾为大唐左亲卫，唐显庆三年（即公元 658 年）与其妻康氏合葬于此墓。1986 年在此附近发掘了隋代史射勿之墓，是史道洛之父亲，系平凉平高县人，曾司职隋骠骑将军，其祖先出自西域"昭武九姓"的史国①。这些记载对史氏家族历史的研究显然十分重要。同时，对人骨鉴定结果的讨论和核查也具有重要的参考价值。反之，本文对墓中人骨所做的客观鉴定，将对史氏个人的认定（如性别、年龄、病理、种族等）及其家族史的研究提供验核资料。

　　鉴于此，本文在整理人骨的基础上，对这些人骨在墓中散布，保存情况，性别年龄的鉴别及个体的认定，以及骨骼上种族形态特点的表现及某些生前的病理症状等都进行了调查和记录。这些资料无疑是对史道洛墓葬的考古研究有所助益和具有参考价值的。

第一节　骨骼保存状态

　　前言指出，史道洛之墓在发掘之前，已被严重盗扰，并导致尸骸在墓中的分布零乱不堪。因此，对骨骼的鉴定只能在骨块的大小、骨骼的性别和年龄标志、骨关节的衔接、骨骼的色泽等多方面一块块予以考察和核定。最终结果，我们在这些已经纷乱的骨块中，辨别出两个不同性别的个体，这和墓志中史道洛夫妇合葬的记载相符合。为叙述的方便，在下边以甲、乙两个体分别记述所保存的各部分骨块，在骨块名称之后的括号中的数字系发掘者在墓室平面图上对发现骨块的编号。

一、甲个体（图七七；彩版四八）

　　头骨（617）—骨质明显朽蚀，脑颅部分大致围绕眉上部—颞骨上部 - 顶孔曲断裂使颅穹部分受压下塌，并稍向颅底的左侧错位。除此以外，下塌之颅穹顶部分的弯曲度基本保持正常，因此可以推测顶面观时的颅形。底面观、上腭和其他颅底部分（包括蝶骨）

---

①　宁夏文物考古研究所等：《宁夏固原隋史射勿墓发掘简报》，《文物》1992 年第 10 期 15～22 页。

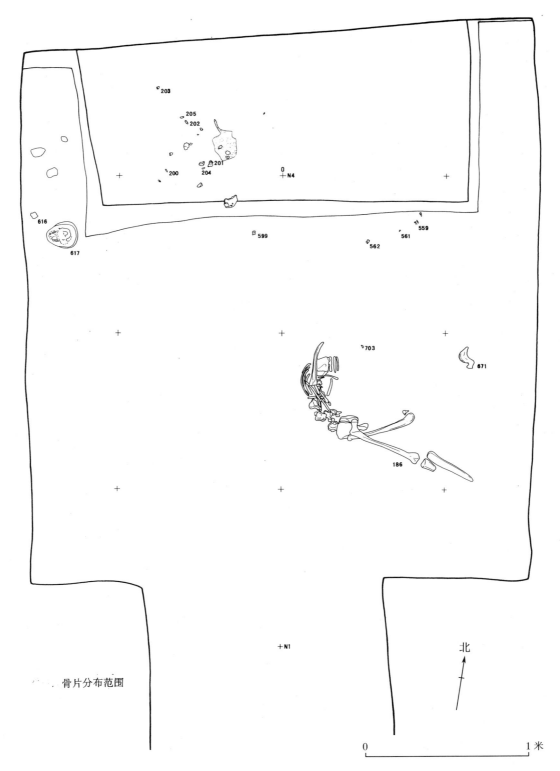

图七六　墓室内人骨出土平面图

甲个体：617．头骨　671．下颌骨　186．腰椎 5 节、骶骨、髋骨、胸骨、股骨、胫骨、肱骨、锁骨（碎片）、肋骨（碎片）等

乙个体：200、201．两侧上外侧门齿　204、205．两侧上中门齿　202，561．两侧上犬齿；

559．不明侧别的上第一、第二前臼齿残片　599，203．两侧上第一臼齿；562．左侧上第二臼齿大致保存完整，但项平面上部、乳突和茎突及蝶骨大翼残。上颌左侧犬齿至第一臼齿（C′－M1）、右侧第一前臼齿至第二臼齿（P1－M2）保存于原齿槽位，左上第二臼齿（M2）死后脱落，右上犬齿（C′）亦似死后缺失。值得注意的是位于最前列的四枚上门齿（2I1、2I2）生前即全部缺少，其相应的齿槽也早已闭合萎缩呈锐脊状。此外，两侧上第三臼齿（M3）皆未萌出，当系先天缺额。面颅部分虽保存，但残缺部分较多，包括两侧的眼眶外缘、部分眶下缘脊、两侧颧骨、鼻骨下段、犁状孔的左右缘脊、右侧犬齿窝的部分、上齿槽前部外骨面等都不同程度朽蚀致残。

下颌骨（671）—除两侧枝部残失外，其余部分大致保存。齿列保存完整，两侧第一门齿至第二臼齿（I1－M2）皆于原齿槽位保存。两侧第三臼齿（M3）亦如上颌，皆未萌出而缺额。

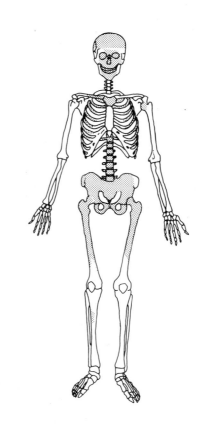

图七七 甲个体骨骼保存部位（网格部分）

脊椎骨—颈椎部分只保存了环椎（549）和残的枢椎（109），其下5节颈椎缺如。胸椎保存了第4～12节（656、186），第1～3节缺如。腰椎5节全保存（186）。

骶骨—保存基本完整（186）。

髋骨—左右一对（186），但耻骨联合和髂脊后上缘部分残失。

胸骨—仅保存残柄部。

肢骨—保存干部，段残的一对股骨（186）。

胫骨（186）—仅存一残断干部。肱骨（186）—仅保存左侧肱骨头残片。其他肢骨缺。

其他骨骼—锁骨和肋骨残碎片若干（186）。

二、乙个体（图七八）

头骨（166、167）—仅是两小块朽蚀的顶骨残片。

下颌骨—未见。

脊椎骨—显存的有环椎的左侧残片（110）。

两块颈椎体残块（109、566）、胸椎第6～9节（106－14、106－12、109、109）、腰椎保存第2～5节（100、99、缺号、110），棘室部分皆残。

骶骨（147）—保存较完整。

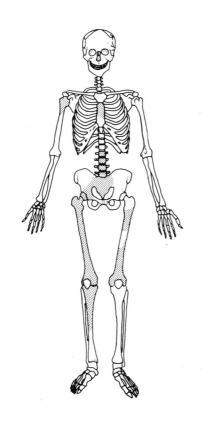

图七八　乙个体骨骼保存部位（网格部分）

髋骨（106－10）—仅保存左侧残片。

肢骨—保存左右股骨残段（106－8、150、151），即左侧股骨残下断和一块干部残片，断裂成两段的右侧股骨。胫骨仅保存右侧的上段和一小块下端残髁部分。肱骨仅存右侧上部残断。足骨保存右距骨一块（151）和两小块不明的足骨残碎片（109、151）。

胸骨（109）—仅存体部残片。

单个牙齿—现存两侧上中门齿（204、205）（2I1）、两侧上外侧门齿（200、201）（2I2）、两侧上犬齿（202、561）（2C′）、不明侧别的上第一、第二臼齿残片（559）（P1、P2）、两侧上第一臼齿（599、203）（2M1）、左侧上第二和第三臼齿（562、700）（M2、M3）。未显下牙。

第二节　骨骼的性别标志

此墓中埋葬的甲、乙两个体骨架虽朽蚀严重和十分零散，但由于保存了对性别鉴定十分关键的某些骨块，因而依然能仅借助通常简便的形态观察方法确定性别。现将甲、乙两个体骨骼的主要性别标志记述如下：

甲个体骨骼的性别标志：

前额宽阔，额、顶结节不明显；

眉间凸起和鼻根部凹陷比较显著；

眶上缘比较钝厚；

腭比较深；

残存乳突和茎突基部粗健；

项平面凹凸不平和枕脊侧窝明显；

下颌体比较粗厚，弯曲和隆突发达；

髋骨上的坐骨大切迹狭窄和无耳自前沟；

坐骨耻骨枝宽；

髋臼直径大而深，臼口平面明显朝外侧；

坐结节粗大；

髂骨直而不外展，髂骨上缘圆突；

耻骨上面翼宽相对其椎体的横径比较小；

股骨头、颈、大小转子及干后的股骨脊相对粗大等。

以上一系列性别标志明显表示甲个体系男性[①]。

乙个体骨骼的性别标志：

乙个体骨骼保存很差而不全，可能与性别相关的骨性标志是：

残存颅骨片细薄；

肢骨和脊椎骨各部分结构都相对细小；

残存胸骨片窄而薄小；

髋骨片上保存的坐骨大切迹明显宽阔而近直角；

髋骨耳状关节面前沿有深而明显的耳前沟；

髋臼较浅，臼口平面明显更朝向前方；

骶骨短宽，其椎体和横径与两侧翼宽的比例接近 1:1:1；

骶骨曲度比较小。

以上性别标志依然明显显示乙个体系女性[②]。

第三节　骨骼的年龄特征

对成年个体骨骼用观察方法判断死者年龄主要依靠头骨骨缝的显著或愈合程度和牙齿磨蚀等级的估计及其他骨骼的年龄特征等。但这些特征往往受各种因素的影响如性别、种族、营养或食性或其他文化因素，变异范围很宽，因此而作的年龄估计也是相对较宽的。本文对甲、乙两个体的年龄特征的记述是：

甲骨架的年龄特征：

保存的颅基底缝早已愈合隐没，表明该个体至少在 35 岁以上；

外骨面矢状缝缝迹很紧密，表明已经全部愈合，而且顶孔区上段缝迹已部分趋向模糊，矢状缝的前段也开始出现模糊现象。这种缝龄特征可以在 55 岁以上。

冠状缝也已很紧密而呈全部愈合状态，同时外骨面缝迹也开始出现隐没现象，与矢状缝所示年龄状态相一致。

牙齿磨蚀状态是两侧上第一臼齿齿冠部分磨去，齿质大面积暴露，磨蚀等级大致在 IV－V 级之间；右上第二臼齿磨蚀同第一臼齿（V 级弱）；两侧下第一臼齿磨蚀也大致同上第一臼齿；下第二臼齿磨蚀亦大致同相应的上臼齿（IV 级强）。按第一臼齿磨蚀度所示的平均年龄范围现代华北人的标准，大致在 41～53 岁之间，有效年龄范围则在 39～57 岁之间；按第二臼齿磨蚀度，其可能的平均年龄范围在 46～60 岁之间，实际有效年龄范围可以是 44～65 岁。下门齿的磨蚀已达齿冠的三分之一，切缘有宽的齿质条暴露，接近 IV 级磨蚀度，此种状态的年龄范围可能在 51～60 岁。

综合以上骨缝愈合和牙齿磨蚀程度的年龄特点，甲个体的年龄至少在 50 岁以上，也可能包括在大于 60 岁的有效年龄范围之内。

① 吴汝康等：《人体测量》，科学出版社，1984 年；邵家清：《人体测量手册》，上海辞书出版社，1985 年。
② 吴汝康等：《人体测量》，科学出版社，1984 年；邵家清：《人体测量手册》，上海辞书出版社，1985 年。

乙骨架的年龄特征：

由于缺乏头骨部分，无法进行颅骨缝愈合程度的观察。牙齿磨蚀程度的估计也只能从保存的零星齿冠残片上进行。

两侧上第一臼齿的磨蚀大致在 IV～V 级之间；残存的右上第二和第三臼齿的磨蚀分别为 II 级强和 II 级，但后者齿根部有骨质变粗厚的老龄化现象。这样的臼齿磨蚀等级暗示乙个体大于 40 岁。两侧第二门齿的磨蚀在 IV～V 级之间，估计年龄范围在 50～60 岁之间。

考虑乙个体门、臼齿磨蚀度所示年龄差异，即臼齿所示年龄较小于门齿，我们不妨将乙个体的年龄放宽至 40～60 岁之间[①]。

第四节　骨骼上的病理观察

在清理甲个体的脊椎骨时，发现一系列因脊椎炎引起的骨质异常增生。出现这些病理现象的具体部分及轻重程度记述如下：

一、环椎前弓齿凹两侧及上方增生出明显向上突出的不规则骨棘。

二、在第 4～5 节胸椎体右外侧形成了呈上下愈合状的骨棒联合。

三、第 6 胸椎体上下边缘有轻度骨刺增生。

四、第 7 胸椎体上下缘有发达的舌状骨质增生。

五、第 8 胸椎体左右侧下缘亦有明显的舌形增生。

六、第 9 胸椎体左下缘也有明显的舌状骨棘。

七、第 10～11 胸椎体左前侧形成了很宽而强烈突出的桥状愈合，在它们锥体的左下缘也存在明显的舌状增生。

八、第 12 胸椎体两侧上下缘显轻度增生。

九、第 1 腰椎体左前部下缘有明显棘突状骨刺。

一〇、第 2～3 腰椎体上下缘也现增生现象，特别在左侧部几成桥状将上下锥体愈合在一起。

一一、第 4 腰椎体左前部形成很厚大的舌状骨棘；特别是在下缘更为强突。

一二、第 5 腰椎体两侧上缘也形成了肥厚的舌形骨刺，其右侧的比左侧的强大得多；左侧下缘侧则只有轻度骨刺。

一三、骶骨上未见异常增生，但骶锥第一节比其下一节明显向后倾斜，在两锥体节之间明显向前呈角形突出。

综观以上增生现象，几乎涉及大半的脊柱，尤其是在一部分椎体之间形成骨桥状愈合，从病理发展过程来讲，已处在脊椎炎进程中的脊椎症状期，至少导致制约胸部扩张，部分脊柱僵硬，胸腰部屈伸受到限制[②]。

---

① 吴汝康等：《人体测量》，科学出版社，1984 年；邵家清：《人体测量手册》，上海辞书出版社，1985 年。
② 中国医学百科全书编辑委员会：《中国医学百科全书－骨科学》，上海科学技术出版社，1984 年。

第五节　牙齿观察

由于乙个体只保存零星牙齿碎片，无法对齿列作出整体观察。

对甲个体保存相对较完整齿列，指出以下几点对个体的鉴定是有意义的。

一、所有上下第三臼齿皆未萌出，故个体已进入老年，可能为先天缺额。

二、无论上、下臼齿都是第二臼齿小于第一臼齿，故颊齿有由前向后位齿变小的趋势。

三、在前位齿组中，除右侧上犬齿死后脱失外，全部四枚门齿（2I1·2I2）缺少。由于这些门齿齿槽早已全部萎缩闭合而呈脊缘状，因而系死前缺失所致，又由于其余齿及齿槽部位无任何病理现象（如龋齿、牙周病、根尖炎或齿槽脓肿等），因而门齿的缺少属病理脱落的可能性不大，可能属于其他人为因素造成。

四、下颌齿列除上指第三臼齿先天缺额外，其余正常保存。

五、下门齿切面磨蚀整齐平整，据此推测其颌上下咬合应系夹子型。而这种咬合多见于颜面和齿槽平颌型个体。

第六节　骨骼形态特征的种族观察

由于乙个体几乎未保存可供鉴别种族特征最重要的头骨部分，下边的考察是在甲个体保存的颅、面骨部分进行的。尽管如此，也如前文记述，甲头骨保存也相当残朽，不可能为我们提供正常情况下所能提供的许多具有种族鉴别价值的测量数据。因此，下边的记述主要凭借形态特征的视觉观察，同时依头骨保存状态许可进行的某些重要种族特征的测量估计，然后对甲头骨的这些特征的种族属性作综合的考虑。以下分别记述这些特征。

一、从甲头骨保存的头颅顶盖部分观察，其前额宽阔，整个颅盖形宽阔而较短。虽不能进行颅长、宽的测量，但仍能有把握判断为短宽的颅形。

二、颅顶矢状缝形态从前囟段的锯齿形变成顶段的复杂形。冠状缝为细齿形。

三、眉间较隆起和鼻骨根部凹陷较明显。

四、鼻根保存了上半部，其水平截面呈脊状突出（近似屋顶形），鼻骨的中等宽，测得鼻骨最小宽 SC＝6.8 毫米，最小宽高 SS＝3.05 毫米。据此计算的鼻根指数 SS∶SC＝44.8，属中等较强的鼻突度。

五、两眶间宽度比较窄，测得的两侧眶内缘点 d－d 之间宽度为 22.8 毫米，两侧上颌额点 mf－mf 之间宽度为 21.0 毫米。

六、残存的右侧犬齿窝较深。

七、右侧犁状孔的颌缘大致保存（左侧残朽），如以左右对称来估计，整个犁状孔两侧缘弧度较明显，估计属于矮宽的类型，测得近似的犁状孔宽（即鼻宽）为 26.6 毫米，鼻高 n－ns 为 42.6 毫米，其鼻指数 624 系很阔的鼻型。

八、保存右侧犁状孔下缘形态属锐薄的类型（即锐型）。

九、左侧颧骨的颊部大部保存（外侧部部分朽蚀），从其保存部分的走势来看，颧骨宽度小，测得该侧近似颧骨宽为 23 毫米。颧骨颊面不明显外展而近于垂直走向。

一〇、两侧眼眶的内侧一半大致保存，其眶上缘走势较近水平位。眶外缘和下缘虽残失，但仍能判断属于较低矮的眶型，测得左侧眶高为 306 毫米，右侧近似眶高更小，估计测值大约不足 30 毫米，即右侧眶高比左侧稍低矮。

一一、额面观眼眶的水平位置可用眼眶水平角或眼眶水平指数的计测来表示[1]。从绘制轮廓图七九上测得的水平角（LC）为 135°，水平指数为 19.5，这两个数值皆属于分类等级中的水平型（注：水平角的确定是将头骨的眼耳平面放置，使此平面与两侧眶下缘相切联成一水平线，然后由眉间中点向此水平线引垂直线。其次将经过额突和上颌骨相接的最边缘的点和颧骨眶下缘与上颌相接的最边缘的点连成一直线，其延长线即与前述垂直线相交，组成如图七九，1 的直角三角形 a b c，而此三角形 LC 的外角即为眼眶水平角。此角在 135 上为水平型。水平指数是用此直角三角形的三个边计算，即 ab×bc：ac，在此例中，ab＝14.0，bc＝19.5，ac＝14.0，带入计算得 19.5。此指数小于 34.0，即为水平型）。

一二、侧面观眼眶垂直突出位置可用眼耳平面与眼眶中轴的交角大小来表示[2]，我们称其为眼眶垂直突度角，如图七九，2、3 所示，测得左侧该角为 105°，右侧为 108°（右侧眶下缘有些残蚀，故此角比实际要大，此值仅供参考，但估计不会小于 90°），因明显大于 90°，故属前倾型。用描述语言，即此头骨在眼耳平面位置时从侧面观察，其眶上缘位明显比其下缘位置靠前，故为前倾型。

一三、从保存的鼻颧水平位置或眉间—眶上缘向外后方向延伸的趋势来看，此头骨的上面部扁平度小或面部水平方向突度较明显。但由于两眶外侧缘部分皆朽蚀，无法测量鼻颧角（fmo－n－fmo 角）。我们利用眶上缘保存的部分的走势和眉间中点为顶点的扁三角形角度大小代表面部突出程度的估计。具体操作是以与眶上缘大致同一水平的每间点（g）作为此三角形的顶点，并由此点向眶上缘的眶上切迹或眶上孔中心处连成两边（如图七九，4 所示），然后测得 g 角。本文头骨的这一角度为 149.8°，大概属于中等偏小者。

一四、面部矢状方向突变度由于头骨保存不好难以在定位器上直接测量。仅从头骨侧面观察，其侧面矢向角度不会很小，可能近于平颌型。

一五、下颌只保存体部的前部分，可以指出的是具有强烈发达的劲弯曲和明显的劲隆突，下颌体内侧面无下颌圆枕结构、上颌腭形短，可能和缺乏第三臼齿有关，但腭形在后部有些展开，也缺乏腭圆枕。臼齿列由前向后退化。

从以上形态特征的考察来看，对甲头骨的综合表现可以作如下一组特征的归纳，即

---

①　格拉西莫夫：《从头骨复原面貌的原理》，科学出版社，1958 年。
②　格拉西莫夫：《从头骨复原面貌的原理》，科学出版社，1958 年。

具有短宽的颅型，复杂的颅顶缝，眉间突度和鼻根陷较明显，中等的上鼻骨突度，窄的眶间宽，深的犬齿窝；具有低矮—前倾—水平型眼眶，颧骨狭，面部水平方向突度较强烈，矢向突出弱而近水平型；同时具有宽阔的鼻型及强烈发达的劲隆突和臼齿列退化的趋势等。这样一组综合特征与典型蒙古人种头骨上出现的一般综合特征之间存在相当的演变趋势。如一般大陆蒙古人种头骨颅形也有短化外，与甲头骨的其他相应特征的表现具有反向发育的现象，如颅顶缝简单，眉弓和眉间突度不特别强烈，鼻根凹陷浅平，鼻骨突度很弱，眶间宽度大，犬齿窝浅平，眶型高而圆钝，额面的眼眶位置常具高升型，与眼耳平面位置关系属后斜型，面部扁平度很大，颧

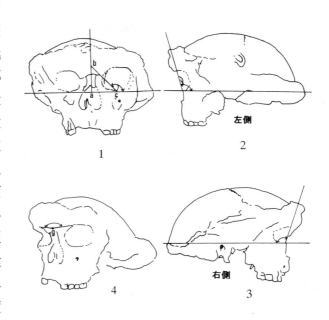

图七九　眼水平角（1）、垂直突度角（2～3）和眉间上水平角（4）计测图

骨宽大而外展，多显下颌圆枕等。因此对甲头骨形态的与一般蒙古人种头骨反向发育的现象合理的解释是该个体具有非蒙古人种的属性。对此，作如下一些讨论。

首先，本文限于甲头骨保存状态允许作出的某些面部局部测量特征的种族鉴别进行讨论。这些特征包括估计鼻骨突度的鼻根指数、额面眼眶水平角及水平位置指数和眼眶中轴与眼耳平面相交的眼眶垂直突度角和表示鼻颧水平的面部突度角（g角）。

前已指出，甲头骨的鼻骨最小宽不宽，但有脊状突出，其鼻根指数44.8属中等偏高的类型。据某些学者资料，亚洲蒙古人种这一指数的变异范围为31～41[1]。该个体这一指数超出这个范围上限值。而高的鼻根指数属于西方高加索人种特征之一。如据作者对新疆六个古代墓地高加索人种头骨的测量，其鼻根指数变异在41.6～64.4，显然，本文头骨的指数在这个种族变异范围之内。

对于额面眼眶水平角（C）及水平位指数，据前苏联学者的资料，以测得该角大小分类，小于119°者为高升型，在130°～120°之间的属中间型，大于135°者为水平型。甲头骨的水平角（135°）刚好归于水平型。眼眶位置的水平指数小于34.0为水平型，34～76为中间型，高于76者为高升型。甲头骨的水平指数只有20.0，更明显属水平型。这两项测量的种族鉴定价值在于高加索人种的眼眶位置经常是水平型与中间型，蒙古人种则是高升型和中间型。据此特征，甲头骨眼眶水平型应与高加索人种相一致。

与额面眼眶的水平位置的种族鉴别具有相近价值的是眼眶平面在矢状方向上与眼耳平面之间的关系。这是一个明显的种族特征，此种特征的眼眶垂直突度角估计，蒙古人种趋近于锐角，高加索人种则更普遍趋近于钝角。依此将此种眼眶结构分为后倾型（呈

① 罗金斯基等：《人类学基础》，莫斯科大学出版社，1955年（俄文）。

锐角的）和前倾型（呈钝角的）。本文头骨测得该角左侧为 105°，右侧参考值为 108°。虽作为近似测定，但足以证明，它们都归入高加索人种常见的前倾型眼眶。对于本文设计的代表鼻颧水平的面部突度角（g 角）没有可查询的资料。本文作者曾测量了少量头骨，如一具青海卡约文化头骨为 161.6°，新疆阿拉沟的一具蒙古人种头骨为 163.9°，两者都系蒙古种，此角都偏大。对一具现代欧洲人头骨的测定是 151.8°，新疆昭苏的一具头骨为 149.9°，阿拉沟的两具头骨为 142.2°和 150.8°，这后四具头骨皆属于不同类型的高加索人种，但看来都具有较小的角度。以此作为参考，本文头骨（149.8°）似更近于后者。

　　除了以上鼻、眶部测量的特征之外，本文头骨的其他大部分描述性特征也显示出接近高加索人种的倾向。如据本文作者对新疆哈密的高加索人种和蒙古人种头骨的调查，两者之间在眉弓和眉间突度及鼻根凹陷、颅顶缝的形成、眼眶的形状、犬齿窝的深度、犁状孔下缘形态、鼻棘的发达程度、腭的形状等方面存在统计学上的差异。即与蒙古人种头骨相比，高加索人种头骨的眉间突度和鼻根凹陷更强烈。颅顶缝形成更多是复杂型，高眶性更少，犬齿窝更深，鼻棘更发达，犁状孔下缘锐型出现率更高，腭形更多后部较展开的抛物线形等[①]。如以上述一系列形态特征的种族差异为参照，本文头骨的相应特征变差方向基本上趋向高加索人种。

　　剩下的其他特征，如眶间距较狭窄，测得颧骨宽参考值小，可能具有平颌型的面，强烈的劲隆起及臼齿列由前向后的退化等可以使本文头骨的属性趋向高加索人种。

　　应该强调，以一个个体头骨鉴别种族属性并非都是容易的，特别是以一具残蚀不全的头骨作这种形态学的考察更非易事，而且决定一个个体头骨的种属，更稳妥的不是根据个别特征的认定，而是依一系列综合特征的表现。尽管本文头骨保存相当朽蚀，幸运的是仍保存了不少可供观察的脑颅和面颅的个性特点。重要的是在上述一系列特征上不是个别而是综合地显示了本文头骨的高加索人种倾向。据此，将此头骨的种族归属判定为西源的高加索人种当不会有误。至于更小种族的规定的可能性，在后文中进行讨论。

第七节　鉴定结果和讨论

　　本鉴定报告是在墓葬被严重盗扰，收集的人骨在墓中十分散乱和保存状态不良条件下在室内进行鉴别分析的。经清理和核查，指出以下几点意见，供考古学者参考。

　　一、经过对每块骨骼的核查和个体认定之后，在史道洛墓葬中埋葬有甲、乙两个个体。从骨骼上性别判定证明，它们清楚地分属男性和女性。据出土墓志，墓主史道洛与其妻康氏合葬，与人骨鉴定为男女两个体相符合。

　　二、据骨骼年龄特征，男性个体在缝龄、牙龄及老年病理现象（脊椎炎晚期症状）等方面至少大于 50 岁以上而可能列入超过 60 岁的有效年龄范围内。女性个体据牙龄的估计，显示出较宽的年龄范围，即在 40～60 岁之间。应该指出，对考古遗址中的人骨年

---

① 韩康信：《新疆洛浦山普拉古墓人骨的种系问题》，《人类学学报》1988 年第 3 期 240～248 页；韩康信：《新疆哈密焉不拉克古墓人骨种系成分研究》，《考古学报》1990 年第 3 期 371～390 页。

龄鉴定一般仍然采用视觉观察方法。由于这种方法的经验性很强，技术上的粗疏性以及受人骨保存不良和破碎性等多种因素的限制，年龄的估计也只以相对宽松的方法（即系于年龄范围的方法）表示。因此，本文中对史道洛墓中人骨的年龄估计也是用这种方法处理的。尽管如此，甲、乙两个体的年龄阶段已进入老年没有大的疑问。据墓志记载，史道洛亡时年已 66 岁，其妻康氏终年也已 55 岁。正如前述，我们在此不可能从人骨鉴定上赋予死者如墓志中精确无误的具体年龄。但人骨上提供的老龄特征毕竟和墓志记述的年龄基本相符。

三、从骨骼保存情况来看，虽然相当朽蚀和残碎不全，但相对来说，男性各部位的骨骼保存较多较全，女性则更为残缺不全。从人骨因被盗扰后在墓室中分布的情况来看，男性头骨和颅后躯干骨被支离于墓室的不同部位，即头骨靠近棺床，躯干骨离棺床更远，而且后者比较集中在一个部位。女性骨骼却分布十分零散，而且更残缺，头骨仅有几块朽蚀严重的小块残片，没有发现上下颌片，而且只找到上牙冠片，全无下牙发现，其颅后骨块也十分零散。这种男女骨架保存状态的差异，使人感觉不像同时一次性埋葬。这种印象与墓志记载史道洛妻死后十年才迁与夫合葬相符合。妻的骨骼保存状况更为恶劣和不全很可能是因为在迁葬时，有些部位骨骼已朽蚀而难以全部起取。

四、骨骼的病理鉴定证明，墓主史道洛患有严重的脊椎炎，并且发展到此种疾病的晚期阶段（即脊柱病状期）。这种强直性脊椎炎由于在多个部位脊柱之间的增生性骨桥愈合，可导致脊柱活动灵活性的严重丧失。

五、史道洛上颌骨上四枚门齿生前缺失可能产自某种非齿病原因。因为其余牙齿和齿槽生长良好而无任何病理症状。这样的标本在新疆哈密焉不拉克古代墓地采集的两具高加索人种头骨上发现过，原因不明[①]。

六、史道洛头骨上具有种族意义的一组特征是：

短颅；

颅顶缝复杂；

眉间突度和鼻根凹陷较明显；

鼻骨突度较高；

眶间宽狭；

犬齿窝深；

眼眶低矮；

眶口中轴与眼耳平面关系前倾；

额面眼眶位置属水平型；

面部在水平方向上明显突出；

矢向面部突出弱（平颌型），梨状孔下缘锐型（人型）；

鼻棘茎部宽大（应具有较发达的鼻棘）；

颧骨宽小；

下颌颏隆突很发达；

---

① 韩康信：《新疆哈密焉不拉克古墓人骨种系成分研究》，《考古学报》1990 年第 3 期 371～390 页。

臼齿列由前向后明显退化等。

这样一组集合特征说明史道洛头骨背向蒙古人种而与西方高加索人种趋近，暗示其种族的西源关系。据墓志和史料记载，固原地区隋唐时期的史姓和康姓家族祖先很可能出自中亚的"昭武九姓"之地，其地望在今两河（阿姆河和锡尔河）流域[①]。从种族人类学资料来看，这个地区在铁器时代以后的主要居民为短颅化的高加索人种。前苏联学者将这种成分的人种以"中亚两河类型"命名[②]。这种类型在我国新疆境内的伊犁河流域的与汉代相当的墓葬中也有发现[③]。尽管这种类型的具体形成过程目前还无一致意见，但史道洛的近于短颅型高加索人种性质很可能与中亚两河类型的种族因素的东移相联系。墓志记载的史道洛和其父史射勿的妻皆出自康姓家族，这或许也反映了他们在东迁后的不同种族混居地区仍维系原出自种族成员之间的联姻关系，因而在体质上，西方种族特征被遗传下来。从考古发掘出土遗存可知，在这个地区已经发掘的七座史姓墓葬中，都具有浓烈的中亚甚至西亚文化色彩，普遍有罗马金币和波斯银币发现，在史道洛墓中也发现有东罗马金币和玻璃饰片等。其父史射勿墓中壁画人物均系多须高鼻的胡人形象。因此，从骨骼人类学的考察所看到的史姓家族墓的西方种族特点并不使人感到意外。

（中国社会科学院考古研究所　韩康信）

①　辞海编辑委员会:《辞海－民族分册》，上海辞书出版社，1982 年。
②　捷别茨:《苏联古人类学》，参见《苏联民族学研究所报告集》第 4 卷，莫斯科，1948 年（俄文）。
③　韩康信等:《新疆昭苏土墩墓人类学材料的研究》，《考古学报》1987 年第 4 期 503～523 页。

第八章　动物骨骼鉴定

中日联合原州考古队于 1995 年 8 月至 9 月发掘了宁夏固原唐史道洛墓，出土了一批动物骨骼，我们受托整理这批资料，现将结果报告如下。

第一节　材料与方法

这批动物骨骼是由发掘者在发掘现场（墓室与盗洞）采集的，共有 1072 块，其中，除狗骨架（No.106）出自墓室外，其它动物骨骼均自盗洞散落于墓室（图八〇）。全部骨骼的保存状态较好。

我们的整理研究首先是按出土单位分别鉴定每块动物骨骼所属的种类、部位，对动物牙齿、骨骼进行测量，观察动物骨骼表面有无切割及火烧过的痕迹，然后再对鉴定、测量，观察的结果进行统计、分析和研究。我们在整理时的对照标本有中国社会科学院考古研究所动物骨骼标本室的标本，也参考了中国科学院古脊椎动物与古人类研究所标本室的标本。我们的参考书主要是《中国脊椎动物化石手册》[①]、《动物骨骼图谱》[②]、《Mammal Bones and Teeth》[③] 等三本。

第二节　整理结果

一、种属鉴定

史道洛墓出土的动物骨骼分属于鸟纲和哺乳纲，这里叙述如下：

　　鸟纲　　Aves
　　哺乳纲　　Mammalia
　　　啮齿目　　Rodentia
　　　　鼠科　　Muridae
　　　兔形目　　Lagomorpha

---

① 中国古脊椎动物与古人类研究所《中国脊椎动物化石手册》编写组编：《中国脊椎动物化石手册》，科学出版社，1979 年；安家瑗、龙凤骧：《动物考古学在美国》，《文物天地》1993 年 1 期。
② 伊丽莎白·施密德著，李天元译：《动物骨骼图谱》，中国地质大学出版社，1992 年。
③ Simon Hillson1992, *Mammal Bones and Teeth* . Institute of Archaeology University College London.

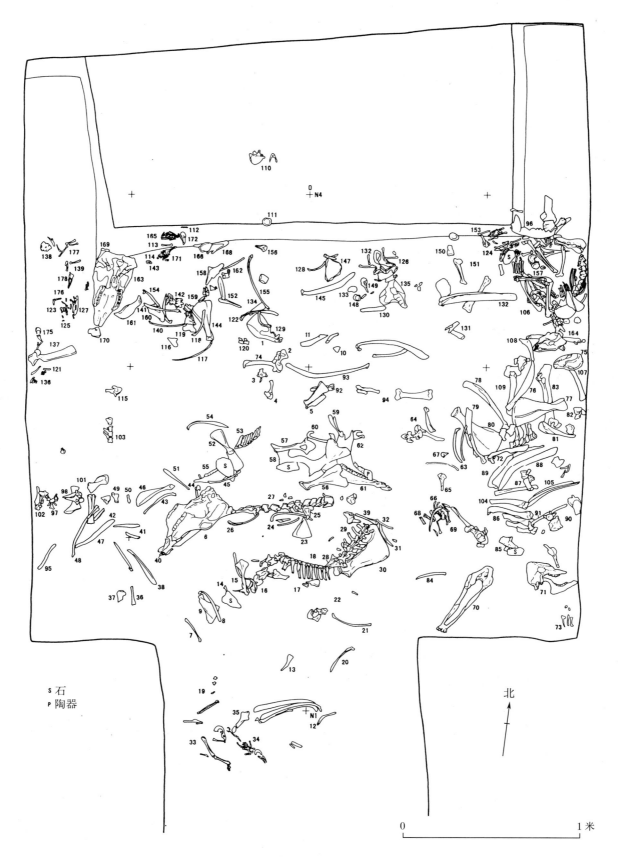

S 石
P 陶器

北

0　　　　　　　　　　1米

图八〇　墓室堆积土上兽骨出土状况

　　　　兔科　Leporidae
　　　　　兔　*Lepus*　sp.
　　　食肉目　Carnivora
　　　　犬科　Canradao
　　　　　狗　*Cannis　familiaris*
　　　奇蹄目　Perissodactyla
　　　　马科　Equidae
　　　　　马　*Equus*　sp.
　　　偶蹄目　Artiodactyla
　　　　鹿科　Cervidae
　　　　　马鹿　*Cervus　elaphus*
　　　　牛科　Boviae
　　　　　黄牛　*Bos*　sp.
　　　　　绵羊　*Ovis*　sp.

　　由于我们没有种类较为全面的鸟类标本和图录，现在还无法鉴定史道洛墓出土的鸟骨的种属，只能暂称之为鸟。另外，对鼠科的骨骼也不能进一步细分，只能暂称之为鼠。概括起来说，史道洛墓出土的动物种类有鸟、鼠、兔、狗、马鹿、黄牛、马、绵羊等 8 种，其中，除鼠可能是后来自行潜入的动物以外，其它各种动物大概都与当时人的生活有着一定的关系。

二、各类动物骨骼

　　这里介绍各类动物的出土情况及测量数据（参见附表一、二）。

　　（一）鸟

　　我们无法测定鸟类骨骼的种类，但依其体形可分为二类：一类较大，数量很少，暂称为 A 型；另一类较小，数量相当多，暂称之为 B 型。

　　发现 A 型鸟头骨 1，锁骨 1，左肩胛骨 1，右肩胛骨 1，左肱骨 2，右肱骨 1，左桡骨 3，右桡骨 1，左尺骨 3，右尺骨 1，左股骨 1，左胫骨 2，右胫骨 1，掌骨 2，左跗骨 1，右跗骨 1，跗骨 2，总计 25 块（图八一，1～4、7、8）。

　　发现 B 型鸟头骨 19，胸骨 17，锁骨 10，腰骶骨 8，左肩胛骨 16，右肩胛骨 9，左肱骨 24，右肱骨 19，左桡骨 16，右桡骨 13，左尺骨 21，右尺骨 16，左盆骨 4，右盆骨 4，左股骨 12，右股骨 11，左胫骨 20，右胫骨 18，掌骨 26，跗骨 41（其中仅一根骨干中间带距，为雄性），总计 324 块（图八二）。

　　（二）鼠

　　发现鼠头骨 4，左下颌骨 1，右下颌骨 1，右盆骨 1，碎骨 6，总计 13 块。

　　（三）兔

　　发现兔左肩胛骨 1，右肩胛骨 1，左肱骨 1，右肱骨 1，右股骨远端 1，肋骨 20，脊椎 10，总计 35 块（图八一，5、6、9）。

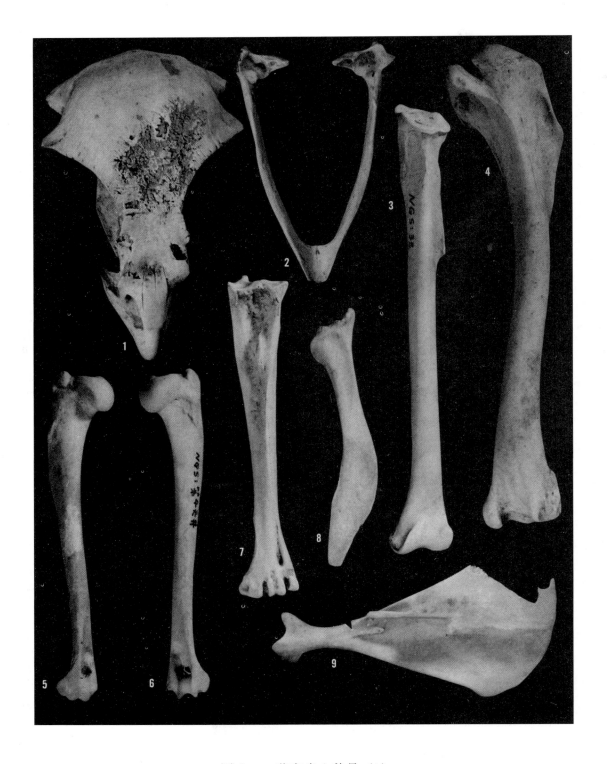

图八一　墓室出土兽骨（1）

1~2.A型鸟头骨（33）　3.A型鸟右尺骨（33）　4.A型鸟右肱骨（33）　5~6.兔左右肱骨（158）

7.A型鸟蹠骨（33）　8.A型鸟左肩胛骨（33）　9.兔左肩胛骨（158）（1/1）

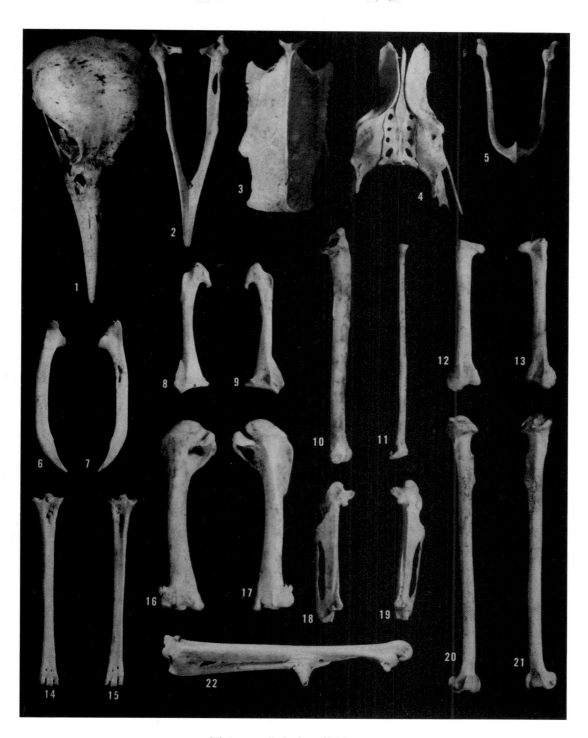

图八二 墓室出土兽骨（2）

1~2.B型鸟头骨（34） 3.B型鸟胸骨（34） 4.B型鸟腰骶骨（34） 5.B型鸟锁骨（34） 6~7.B型鸟左右肩胛骨（34） 8~9.B型鸟左右喙骨（34） 10.B型鸟左尺骨（34） 11.B型鸟左桡骨（34） 12~13.B型鸟左右股骨（34） 14~15.B型鸟蹠骨（34） 16~17.B型鸟左右肱骨（34） 18~19.B型鸟左右掌骨（126、129） 20~21.B型鸟左右胫骨（34） 22.雄性B型鸟跗骨（133）（1/1）

（四）狗

发现狗头骨 2，左下颌骨 2，右下颌骨 3，颈椎 1，左肩胛骨 2，右肩胛骨 5，左肱骨 3，右肱骨 4，左桡骨 3，右桡骨 3，右肱骨近端 1，左桡骨 3，右桡骨 3，左尺骨 2，右尺骨 1，左尺骨 1，右尺骨 1，左盆骨 2，右盆骨 2，左股骨 3，右股骨 3，左胫骨 3，右胫骨 2，腓骨 2，左距骨 2，右距骨 2，左距骨 2，右距骨 2，脊椎 20，尾椎 2，肋骨 16，趾骨 69，总计 163 块（图八三，2、图八四，4、5）。

狗骨的有关测量数据如下：

狗头（No.1）总长 20.7，头盖骨长 7.7，面部长 13.9，最大乳突宽 6.95，颅骨高 5，齿列长 7，上犬齿齿槽宽 4.4，上第 1 后臼齿齿槽宽 6.9 厘米。从牙齿的磨损状态看，此狗的年龄较大。

狗头（No.106）总长 18.3，头盖骨长 7.7，面部长，最大乳突宽 7.08，颅骨高 4.8，齿列长 7.8，上犬齿齿槽宽 3.83，上第 1 后臼齿齿槽宽 6.41 厘米。左下颌骨（No.106）总长 14.256，齿列长 6.9，下颌枝顶高 2.64，下颌枝前部顶高 5.3，P1 前高 1.85，M1 前高 2.4，M3 前高 2.75，M1 长 1.95，宽 0.75 厘米。左肱骨（No.106）长 17 厘米。左尺骨（No.106）长 17.5 厘米。从牙齿的磨损状态看，此狗的年龄较大

狗龛中出土的狗肩胛骨长 15，左桡骨长 19.5，盆骨长 16.3，左股骨长 21.5，左胫骨长 22 厘米。

（五）马

发现马头骨（仅剩上颌骨）1，左桡骨远、近端各 1，左、右股骨远端各 1，左胫骨近端 1，总计 6 块。

马的有关测量数据是马上颌骨（No.70）的臼齿齿列长 17，P4 齿槽宽 11.5 厘米。其牙齿为 P2 长 3.75，宽 2.55，P3 长 2.65，宽 2.85，P4 长 2.65，宽 2.85，M1 长 2.15，宽 2.65，M2 长 2.3，宽 2.6，M3 长 2.6，宽 2.3 厘米。这些牙齿磨损均严重，此马似为老马。

（六）马　鹿

发现马鹿左下颌骨 1，右下颌骨 1，寰椎 1，颈椎 1，左肱骨近端 1，左盆骨 1，右距骨 1，总计 7 块（图八四，6）。

马鹿骨骼的有关测量数据如下：

左下颌骨（No.55）总长 32，臼齿齿列长 12，下颌枝顶高 14.5，P2 前高 4.22，M1 前高 4.27，M3 后高 6.51，M3 长 3.1，宽 1.12 厘米。

右下颌骨（No.168）总长 32，臼齿齿列长 11.9，下颌枝顶高 15.5，下颌枝前部顶高 19.5，P2 前高 3.4，M1 前高 3.4，M3 后高 6.52，M3 长 3.1，宽 1.12 厘米。

（七）黄　牛

发现黄牛头骨 2，左下颌骨 1，右下颌骨 1，游离门齿 14，臼齿 2，颈椎 2，左肩胛骨 3，右肩胛骨 2，左桡骨 1，左盆骨 2，右盆骨 2，掌骨 4，掌骨远端 1，右距骨 1，趾骨 6，尾椎 1，总计 45 块（图八四，1、7）。

黄牛骨骼的有关测量数据如下：

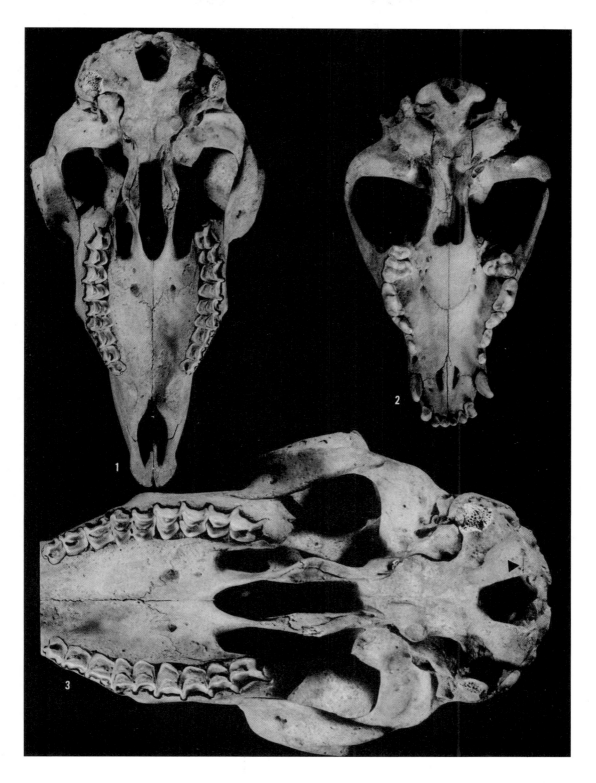

图八三　墓室出土兽骨（3）
1.绵羊上颌骨（71）（1/3）2.狗上颌骨（106）（1/3）3.带切割痕迹的绵羊上颌骨（71）（1/3）

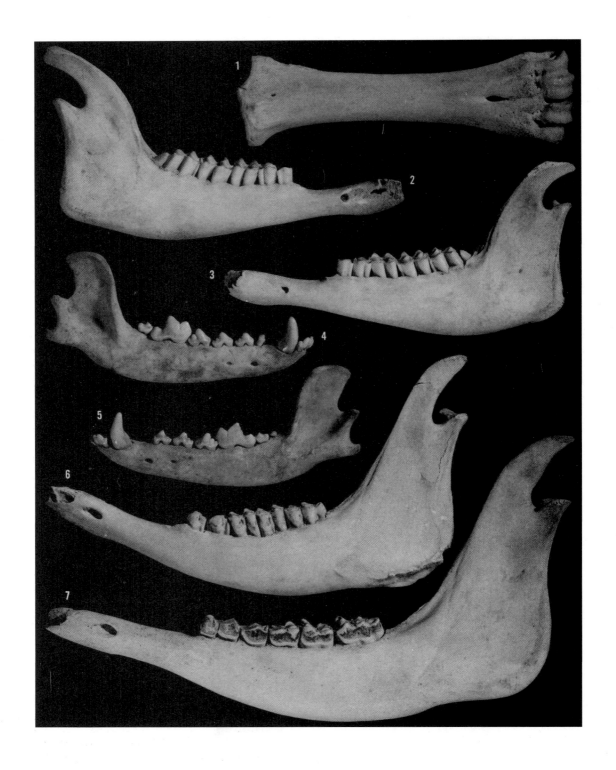

图八四　墓室出土兽骨（4）

1. 黄牛掌骨（30）　　2～3. 绵羊左右下颌骨（71）　　4～5. 狗左下颌骨（106）（1/2）

6. 马鹿左下颌骨（55）　　7. 黄牛左下颌骨（62）

头骨（No.163）总长 39，颅骨高 11 厘米。

左下颌骨（No.62）总长 39.5，臼齿齿列长 14.5，下颌枝顶高 16.5，下颌枝前部顶高 2.5，P2 前高 3.65，M1 前高 5.4，M3 后高 7.3，M3 长 3.61，宽 1.6 厘米。M1 严重磨损，M3 亦磨损，似为老牛。

左肩胛骨（No.30）长 37 厘米，右肩胛骨（No.80）长 30 厘米。掌骨（No.81）长 20 厘米。

（八）绵　羊

发现绵羊头骨（带左右上下颌骨）1，游离齿 1，颈椎 1，左肩胛骨 2，右肩胛骨 2，右肱骨远端 1，左尺骨近端 1，左盆骨 4，右盆骨 5，左股骨 1，左股骨近端 2，右股骨近端 1，右股骨远端 1，左胫骨 1，右胫骨近端 3，腰骶骨 1，尾椎 1，掌骨 4，左距骨 2，左距骨 3，趾骨 7。总计 45 块（图八三，1、3；图八四，2、3）。

绵羊头骨（No.71）总长 23.4，头盖骨长 7.5，面部长 19.8，颅骨高 4.8，齿列长 7.1，第 1 后臼齿齿槽宽 6.3 厘米。

绵羊左下颌骨（No.71）的有关总量数据是总长 18.9，臼齿齿列长 7.9，下颌枝顶高 6.7，下颌枝前部顶高 9.8，P2 前高 1.74，M1 前高 2.74，M3 后高 4.57 厘米。M3 萌出中，年龄为 2 岁以下。

（九）哺乳动物

发现大型哺乳动物关节骨 3，肋骨 36，脊椎 31，趾骨 4，总计 74 块。

发现中型哺乳动物关节骨 20，肋骨 105，脊椎 125，趾骨 21，肢骨碎片 5，碎骨片 67，总计 343 块。

第三节　讨　论

我们在整理该墓出土的动物骨骼时发现一些很有意思的问题，在此进行讨论。

一、当时的自然环境问题

由于出土的动物中没有发现对生态环境特别敏感的野生动物，故我们无法直接对当时这个地区的自然环境进行推测。但是被古代人类所利用的动物群的形成总是与当时人的生活习惯及当地的环境因素相关联。从史道洛墓中出土的动物以牛、羊为主这一点看，明显与古代中原地区的动物群有区别，具有西方或北方地区的动物群特征。迄今为止，在固原地区进行地学研究的资料较少，从大的方面观察，我国西北地区自距今 3000 年以来，内陆湖泊先后退缩，植被由森林草原变为疏林草原，冰川呈阶段性后退，表明气候向干冷方向发展[①]。固原地区唐代自然环境应该属于这样一种大的气候格局之中，自然科

---

① 周尚哲、陈发虎、潘保田、曹继秀、李吉均：《中国西部全新世千年尺度环境变化的初步研究》，周昆叔等主编：《环境考古学研究》第一辑 230～236 页，海洋出版社，1992 年；王富葆：《青藏高原全新世气候及环境基本特征》，施雅风主编：《中国全新世大暖期气候与环境》197～207 页，海洋出版社，1992 年。

学家在讨论历史时期农牧过渡带的迁徙时指出，自 9 世纪开始，陕甘宁黄土高原地区的风俗等在北宋初的文献中一般记载为宜畜牧，以骑射为先。宁夏固原至甘肃天水一线以西、以北均为畜牧区，这一带属于农牧过渡带[①]。这个认识与我们鉴定的动物群是基本一致的。这种动物群容易使人联想到高原、草原等自然地貌及寒冷干燥等气候条件的存在。

二、动物的最小个体数及其反映的问题

史道洛墓出土的动物骨骼绝大多数自盗洞散落墓室，仅 No.106 的狗骨架出自墓室。我们按照统计最小个体数的原则对史道洛墓盗洞内被鉴定的全部动物骨骼进行归纳，分别确定各类动物的最小个体数及在全部动物中所占的比例。即 A 型鸟 3，约占全部鸟类总数的 11%；B 型鸟 24，约占 89%。兔 2，约占全部哺乳动物总数的 10%。鼠 4，约占 19%，狗和绵羊各 5，分别约占占 24%，马和马鹿各 1，分别约占 5%；黄牛 3，占 14%（附表三）。

这个动物群中鸟类发现相当多，有些出土时还保持着相当完整的骨架，我们认为这不可能是当时人食余后废弃的，这些鸟类的出土状态证明当时肯定是完整地连肉带骨在一起的，但我们还很难解释当时这些鸟类连肉带骨一起存在于遗迹中的原因。另外，在发现的 22 根鸟跗骨中仅有 1 根骨干中部带距，可证明是雄性的，其他的均为雌性。这种悬殊的性别比例是巧合还是有别的原因，我们目前也很难解释。兔和马发现的很少，这些可能是当时人们偶然获取的猎物。而狗、黄牛、绵羊的数量相对来说较多，它们应该是人们当时的主要肉食。

在史道洛墓里没有发现猪的骨骼，这个特点引起我们的重视。因为在古代的中原地区，猪的骨骼始终在各个时期的遗址出土的动物骨骼中占据主要地位[②]。为此我们有意识地去收集这个地区自新石器时代以来的动物骨骼资料，以期对这个地区的古代人类与动物的关系有一个全面的认识。我们发现的资料仅宁夏海原菜园村新石器时代遗址一例。从地图上看，海原与固原相距不到 100 公里，海原的纬度比固原高半度以上，按东经计算的经度比固原低半度以上，客观地说，海原的自然环境要次于固原。宁夏海原菜园村新石器时代遗址距今 4000 年以上，对动物骨骼的鉴定证明，黄羊、猪、黄牛、梅花鹿和狗等动物是这个遗址出土的动物群中较常见的种类。其中，猪、牛、狗可能是家畜，鹿类和黄羊是野生狩猎种类。从出土的文化遗物看，这个遗址具有明显的农业定居性质，而动物骨骼鉴定结果说明，这个遗址的古代居民还从事某些畜养业和捕猎野生动物作为肉食来源。从海原菜园村新石器时代遗址出土的人类头骨的形态观察和测量特征的分析比较都证明，这些原始居民在体质上与现代亚洲蒙古人种东亚或华北型接近，而与北亚和东北亚代表型之间存在明显的差异[③]。

---

① 施雅风主编：《中国历史气候变化》，山东科学技术出版社，1996 年。
② 袁靖、安家瑗：《中国动物考古学研究的两个问题》，《中国文物报》，1997 年 6 月 18 日。
③ 宁夏文物考古研究所：《宁夏海原县菜园村遗址切刀把墓地》，《考古学报》1989 年第 4 期 415～448 页；韩康信：《宁夏海原菜园村新石器时代墓地人骨的性别年龄鉴定与体质类型》，中国社会科学院考古研究所编著：《中国考古学论丛》181 页，科学出版社，1993 年。

　　由于我们没有发现这个地区其它遗址出土的动物骨骼资料，因此，还不能推测莱园村遗址存在的家猪一直延续到何时才消失，由于史道洛墓可以断代，故我们推测，猪的消失最晚不可能延续到唐代，依据史道洛墓出土的墓志铭，史家来自西域，其人种肯定和新石器时代的莱园村遗址的人种有别，此为区别一；莱园村遗址和史道洛墓出土的动物群有别，此为区别二。区别二是来源自区别一，或是更多地源于自然环境的作用。如前文所述，3000 年以来，气候向干冷方向发展，影响到植被的变化和人类的活动，这些都不再适于家猪的生存，但是我们现在还不能作出判断。美国动物考古学家弗兰利（Flanery，K. V.）认为现在伊斯兰文化圈里对猪肉是忌讳的，但在这个地区的古代遗址里确实存在着野猪和家猪，随着时间的推移，家猪逐渐较少，最后完全从中亚地区消失。以往将这一现象解释为是由于文化的选择，这未必正确。开展游牧生活对家猪的生存不利，即游牧这种形式与家猪的习性不符[①]。这个立足于注重生活方式变化的认识对我们是一种有益的启示。

三、动物的年龄问题

　　史道洛墓中出土的动物除羊以外，狗、黄牛、马的牙齿均有一定程度的磨损，可以推测这些动物的年龄都不轻。我们在整理年代为西周至春秋时期的新疆察吾乎沟口一、三号墓地出土的动物骨骼时曾注意到那些与埋葬行为有关联的动物年龄都很轻，牛、马不超过 1 岁，羊不超过 2 岁[②]。相反，在史道洛墓的盗坑中出土的被当时人食余后遗弃的狗、黄牛、马的年龄都较为大。尽管新疆和宁夏相距很远，且西周至春秋时期与唐以后在时代上也区别明显。但从遗址中的动物骨骼这一点出发进行比较，可以大致看出分别与人的祭祀或日常生活相关动物的年龄是不同的。

四、各类骨骼的比例及其所反映的问题

　　在史道洛墓里发现的黄牛的肩胛骨 5 块、桡骨 1 块、盆骨 4 块、掌骨 5 块（包括 1 块碎块），共 15 块。马的桡骨碎块 2 块、股骨碎块 2 块、胫骨碎块 1 块，共 5 块。而大型哺乳动物的关节骨 3 块、脊椎 31 块、肋骨 36 块、趾骨 4 块，共 74 块。两相比较，带肉较多的骨骼发现较少，而带肉较少的骨骼发现较多。另外，发现绵羊的肩胛骨 4 块、肱骨碎块 1 块，尺骨 1 块、盆骨 9 块、股骨 5 块（包括 2 块碎块）、胫骨 4 块（包括 3 块碎块）、掌骨 4 块，共 28 块。而中型哺乳动物的关节骨 20 块、脊椎 125 块、肋骨 105 块、趾骨 21 块，共 271 块。其比例比牛、马类更甚。可见不论是大型哺乳动物还是中型哺乳动物，它们的脊椎、肋骨等在出土的动物骨骼中占据相当大的比例是一种普遍现象。

　　到目前为止，我国的动物考古学研究中尚未探讨这个问题，但美国动物考古学家在研究美国近代的遗址里出土的动物骨骼时发现主人的厨房与奴隶的厨房废弃的动物骨骼的部位是不一样的，即主人食用的都是带肉较多的骨骼，而奴隶食用的主要是肋骨和趾

①　［日］松井章：考古学における動物遺存体の研究の步み，国立歷史民俗博物館研究報告第 29 集 13～44 页，1991 年。

②　安家瑗、袁靖：《新疆和静察吾乎沟口一、三号墓地动物骨骼研究报告》，《考古》1998 年第 7 期 63～68 页。

骨等。由此动物考古学家们得出结论，依据动物骨骼的部位及出土的位置，对于分析当时社会结构的高低差异也是有益的[1]。我们这次确认的史道洛墓里出土的动物骨骼中少见带肉多的骨骼，不知其原因是否也与当时在这里活动的人们的社会地位较低有关系。

五、废弃现象问题

由于考古工作者在发掘时注意动物骨骼的出土现象，详细记录了动物骨骼的出土位置，加之被发掘的遗址又是墓葬和盗洞，范围有限，我们在整理时有可能根据图上描绘的动物骨骼出土的形状及平面布局推测当时人的处理过程及废弃行为。如 No.27，No.29，No.53，No.86 等动物的一部分脊椎及肋骨是排列相当完整地出土的，由于周围没有发现完整的头骨和四肢骨，这就排除了当时完整地将整个动物废弃的可能性。当时人们可能是把动物的脊椎骨和肋骨部分的肉剔除干净后将骨骼废弃的，如果作一个形象地比喻，类似我们现在看到的剔除干净的一扇腔骨或排骨。而 No.7～9，12～17 为羊的颈椎、肩胛骨、盆骨、股骨或中型哺乳动物（可能是羊）的肋骨等，他们分布散乱，但出自一个平面，这可能是当时人们吃完后一次性废弃的。

六、切割痕问题

我们在绵羊头骨（No.71）的枕脊部右侧发现一道明显的切割痕迹（图八三，3，由黑三角指示），该痕迹形状规整，其长度为 8、宽度为 0.5 毫米，似乎为金属工具所为，这可能是当时割取羊头时留下的。

第四节　结　语

我们通过对史道洛墓出土的动物骨骼进行整理，确认了鸟、鼠、兔、狗、马鹿、黄牛、马、绵羊等 8 种动物的存在，我们推测当时这个地区的自然环境、人的活动等方面与同时期的中原地区有区别。在出土的动物骨骼中有不少完整的鸟骨架，在 20 多只鸟中仅有 1 只是雄性，其余均为雌性，这些都是难得的发现，其原因尚有待于进一步的研究。由于没有发现猪骨，这可能反映出农牧迁徙带人群的特殊食物结构。而出土的狗、黄牛、马等动物的年龄均较大，这也是应该注意的现象。另外，从食后废弃的动物骨骼中以肋骨、脊椎占多数，而少见肢骨这一点分析，当时在史道洛墓附近活动的人们的社会地位可能较低。关于切割痕迹，我们现在尚不能做过多的论述，还有待于更多的积累这类材料。

（中国社会科学院考古研究所　袁靖）　　（中国历史博物馆　安家瑗）

---

[1]　安家瑗、龙凤骧：《动物考古学在美国》，《文物天地》1993 年第 1 期。

附表一　　　　　　　　　　　　　　**史道洛墓出土动物骨骼鉴定表**

电脑编号	标本编号	出土位置	种属	左右	骨骼描述	件数	插图号
56	33	墓室	A 型鸟		头骨	1	图八一，1～2
57	33	墓室	A 型鸟	左	肩胛骨	1	图八一，8
58	33	墓室	A 型鸟	右	肩胛骨	1	
59	33	墓室	A 型鸟	左	肱骨	1	
60	33	墓室	A 型鸟	右	肱骨	1	图八一，4
61	33	墓室	A 型鸟	左	桡骨	1	
62	33	墓室	A 型鸟	左	尺骨	1	
63	33	墓室	A 型鸟	左	股骨	1	
64	33	墓室	A 型鸟	左	胫骨	1	
65	33	墓室	A 型鸟	右	胫骨	1	
66	33	墓室	A 型鸟		掌骨	1	
67	33	墓室	A 型鸟		跖骨	2	图八一，7
550	33	墓室	A 型鸟		锁骨	1	
551	33	墓室	A 型鸟	左	肱骨	1	
552	33	墓室	A 型鸟	左	桡骨	2	
553	33	墓室	A 型鸟	右	桡骨	1	
554	33	墓室	A 型鸟	左	尺骨	2	
555	33	墓室	A 型鸟	右	尺骨	1	图八一，3
556	33	墓室	A 型鸟		掌骨	1	
557	33	墓室	A 型鸟	左	胫骨	1	
558	33	墓室	A 型鸟	左	跖骨	1	
559	33	墓室	A 型鸟	右	跖骨	1	
27	19	墓室	B 型鸟	左	肱骨	1	
28	19	墓室	B 型鸟	左	桡骨	1	
68	33	墓室	B 型鸟	左	尺骨	1	
69	33	墓室	B 型鸟	右	尺骨	2	
70	33	墓室	B 型鸟	左	股骨	1	
71	33	墓室	B 型鸟	右	股骨	1	

续附表一

电脑 编号	标本 编号	出土 位置	种属	左右	骨骼描述	件数	插图号
72	33	墓室	B 型鸟	左	胫骨	1	
73	33	墓室	B 型鸟	右	胫骨	1	
75	34	墓室	B 型鸟		头骨	1	图八二，1~2
76	34	墓室	B 型鸟		胸骨	1	图八二，3
77	34	墓室	B 型鸟		锁骨	1	图八二，5
78	34	墓室	B 型鸟	左	肩胛骨	1	图八二，6
79	34	墓室	B 型鸟	右	肩胛骨	1	图八二，7
80	34	墓室	B 型鸟		腰骶骨	1	图八二，4
81	34	墓室	B 型鸟	左	肱骨	1	图八二，14
82	34	墓室	B 型鸟	右	肱骨	1	图八二，15
83	34	墓室	B 型鸟	左	桡骨	1	图八二，9
84	34	墓室	B 型鸟	右	桡骨	1	
85	34	墓室	B 型鸟	左	尺骨	1	图八二，8
86	34	墓室	B 型鸟	右	尺骨	1	
87	34	墓室	B 型鸟	左	股骨	1	图八二，10
88	34	墓室	B 型鸟	右	股骨	1	图八二，11
89	34	墓室	B 型鸟	左	胫骨	1	图八二，20
90	34	墓室	B 型鸟	右	胫骨	1	图八二，21
91	34	墓室	B 型鸟	左	掌骨	1	图八二，16
92	34	墓室	B 型鸟	右	掌骨	1	图八二，17
93	34	墓室	B 型鸟	左	跗骨	2	图八二，12
94	34	墓室	B 型鸟	右	跗骨	2	图八二，13
140	69	墓室	B 型鸟		胸骨	1	
141	69	墓室	B 型鸟		腰骶骨	1	
142	69	墓室	B 型鸟	左	肩胛骨	1	
143	69	墓室	B 型鸟	右	肩胛骨	1	
144	69	墓室	B 型鸟	左	肱骨	1	
145	69	墓室	B 型鸟	右	肱骨	1	

续附表一

电脑编号	标本编号	出土位置	种属	左右	骨骼描述	件数	插图号
146	69	墓室	B型鸟	左	桡骨	1	
147	69	墓室	B型鸟	右	桡骨	1	
148	69	墓室	B型鸟	左	尺骨	1	
149	69	墓室	B型鸟	右	尺骨	1	
150	69	墓室	B型鸟	左	盆骨	1	
151	69	墓室	B型鸟	右	盆骨	1	
152	69	墓室	B型鸟	左	股骨	1	
153	69	墓室	B型鸟	右	股骨	1	
154	69	墓室	B型鸟	左	胫骨	1	
155	69	墓室	B型鸟	右	胫骨	1	
156	69	墓室	B型鸟		掌骨	2	
157	69	墓室	B型鸟		跖骨	4	
167	72	墓室	B型鸟		头骨	1	
168	72	墓室	B型鸟		胸骨	1	
169	72	墓室	B型鸟		锁骨	1	
170	72	墓室	B型鸟		腰骶骨	1	
171	72	墓室	B型鸟	左	肩胛骨	1	
172	72	墓室	B型鸟	右	肩胛骨	1	
173	72	墓室	B型鸟	左	桡骨	1	
174	72	墓室	B型鸟	右	桡骨	1	
175	72	墓室	B型鸟	左	尺骨	1	
176	72	墓室	B型鸟	右	尺骨	1	
177	72	墓室	B型鸟	左	盆骨	1	
178	72	墓室	B型鸟	右	盆骨	1	
179	72	墓室	B型鸟	左	股骨	1	
180	72	墓室	B型鸟	左	胫骨	1	
181	72	墓室	B型鸟	右	胫骨	1	
182	72	墓室	B型鸟		掌骨	1	

续附表一

电脑编号	标本编号	出土位置	种属	左右	骨骼描述	件数	插图号
183	72	墓室	B型鸟	左	跗骨	1	
184	72	墓室	B型鸟	右	跗骨	1	
187	75	墓室	B型鸟		头骨	1	
188	75	墓室	B型鸟		胸骨	1	
189	75	墓室	B型鸟		锁骨	1	
190	75	墓室	B型鸟		腰骶骨	1	
191	75	墓室	B型鸟	右	肱骨	1	
192	75	墓室	B型鸟	左	桡骨	1	
193	75	墓室	B型鸟	右	桡骨	1	
194	75	墓室	B型鸟	左	尺骨	1	
195	75	墓室	B型鸟	右	尺骨	1	
196	75	墓室	B型鸟	左	胫骨	3	
197	75	墓室	B型鸟	右	胫骨	2	
198	75	墓室	B型鸟		跗骨	4	
228	93	墓室	B型鸟	左	肱骨	1	
229	93	墓室	B型鸟		掌骨	1	
248	97	墓室	B型鸟		胸骨	1	
249	97	墓室	B型鸟		腰骶骨	1	
250	97	墓室	B型鸟	左	肩胛骨	1	
251	97	墓室	B型鸟	右	肩胛骨	1	
252	97	墓室	B型鸟	左	肱骨	1	
253	97	墓室	B型鸟	左	股骨	1	
254	97	墓室	B型鸟	右	股骨	1	
255	97	墓室	B型鸟		跗骨	1	
266	106	墓室	B型鸟		头骨	1	
296	108	墓室	B型鸟	左	肱骨	1	
297	108	墓室	B型鸟	右	肱骨	1	
298	108	墓室	B型鸟	左	胫骨	1	

续附表一

电脑编号	标本编号	出土位置	种属	左右	骨骼描述	件数	插图号
299	108	墓室	B 型鸟	右	胫骨	1	
300	109	墓室	B 型鸟		跖骨	1	
302	113	墓室	B 型鸟	右	肱骨	1	
314	124	墓室	B 型鸟		头骨	1	
315	124	墓室	B 型鸟		胸骨	1	
316	124	墓室	B 型鸟		锁骨	1	
317	124	墓室	B 型鸟	左	肩胛骨	1	
318	124	墓室	B 型鸟	右	肩胛骨	1	
319	124	墓室	B 型鸟	左	肱骨	1	
320	124	墓室	B 型鸟	右	肱骨	1	
321	124	墓室	B 型鸟	左	桡骨	1	
322	124	墓室	B 型鸟	右	桡骨	1	
323	124	墓室	B 型鸟	左	尺骨	1	
324	124	墓室	B 型鸟	右	尺骨	1	
325	124	墓室	B 型鸟	左	股骨	1	
326	124	墓室	B 型鸟	右	股骨	1	
327	124	墓室	B 型鸟	左	胫骨	1	
328	124	墓室	B 型鸟	右	胫骨	1	
329	124	墓室	B 型鸟		掌骨	1	
330	124	墓室	B 型鸟		跖骨	1	
331	125	墓室	B 型鸟	左	肱骨	1	
332	126	墓室	B 型鸟		头骨	1	
333	126	墓室	B 型鸟		胸骨	1	
334	126	墓室	B 型鸟		锁骨	1	
335	126	墓室	B 型鸟	左	肩胛骨	1	
336	126	墓室	B 型鸟	右	肩胛骨	1	
337	126	墓室	B 型鸟	左	肱骨	1	
338	126	墓室	B 型鸟	右	肱骨	1	

续附表一

电脑编号	标本编号	出土位置	种属	左右	骨骼描述	件数	插图号
339	126	墓室	B型鸟	左	桡骨	1	
340	126	墓室	B型鸟	右	桡骨	1	
341	126	墓室	B型鸟	左	尺骨	1	
342	126	墓室	B型鸟	右	尺骨	1	
343	126	墓室	B型鸟	左	掌骨	2	图八二, 18
344	126	墓室	B型鸟		跖骨	2	
345	126	墓室	B型鸟	左	盆骨	1	
346	126	墓室	B型鸟	右	盆骨	1	
347	126	墓室	B型鸟	左	股骨	1	
348	126	墓室	B型鸟	右	股骨	1	
349	126	墓室	B型鸟	左	胫骨	1	
350	126	墓室	B型鸟	右	胫骨	1	
351	126	墓室	B型鸟		跖骨	2	
352	127	墓室	B型鸟		胸骨	1	
353	128	墓室	B型鸟		胸骨	1	
354	128	墓室	B型鸟		掌骨	1	
355	128	墓室	B型鸟	左	胫骨	1	
356	128	墓室	B型鸟	右	胫骨	1	
358	129	墓室	B型鸟		胸骨	1	
359	129	墓室	B型鸟		锁骨	1	
360	129	墓室	B型鸟	左	肩胛骨	1	
361	129	墓室	B型鸟	右	肩胛骨	1	
362	129	墓室	B型鸟	左	肱骨	1	
363	129	墓室	B型鸟	右	肱骨	1	
364	129	墓室	B型鸟	右	掌骨	1	图八二, 19
365	129	墓室	B型鸟	右	股骨	1	
366	129	墓室	B型鸟	左	胫骨	1	
367	129	墓室	B型鸟	右	胫骨	1	

续附表一

电脑编号	标本编号	出土位置	种属	左右	骨骼描述	件数	插图号
368	129	墓室	B型鸟		跗骨	1	
373	132	墓室	B型鸟	左	肩胛骨	1	
374	132	墓室	B型鸟	左	肱骨	1	
375	132	墓室	B型鸟	左	桡骨	1	
376	132	墓室	B型鸟	左	尺骨	1	
377	132	墓室	B型鸟		跗骨	1	
379	133	墓室	B型鸟	左	桡骨	1	
380	133	墓室	B型鸟	左	尺骨	1	
381	133	墓室	B型鸟		跗骨（雄性，骨干中间带距）	1	图八二，22
382	133	墓室	B型鸟	右	股骨	1	
387	139	墓室	B型鸟		胸骨	1	
388	139	墓室	B型鸟	左	肩胛骨	1	
389	139	墓室	B型鸟	左	尺骨	1	
402	147	墓室	B型鸟	左	肩胛骨	1	
403	147	墓室	B型鸟		锁骨	1	
404	147	墓室	B型鸟	左	肱骨	1	
405	147	墓室	B型鸟	右	肱骨	1	
406	147	墓室	B型鸟	左	尺骨	1	
407	147	墓室	B型鸟		掌骨	1	
408	147	墓室	B型鸟		跗骨	1	
410	148	墓室	B型鸟		头骨	1	
411	149	墓室	B型鸟		头骨	1	
412	149	墓室	B型鸟	左	肩胛骨	1	
413	152	墓室	B型鸟		胸骨	1	
417	157	墓室	B型鸟		头骨	1	
425	162	墓室	B型鸟		胸骨	1	
426	162	墓室	B型鸟		腰骶骨	1	

续附表一

电脑编号	标本编号	出土位置	种属	左右	骨骼描述	件数	插图号
427	162	墓室	B型鸟	左	肩胛骨	1	
428	162	墓室	B型鸟	左	肱骨	1	
429	162	墓室	B型鸟	左	桡骨	1	
430	162	墓室	B型鸟	左	尺骨	1	
431	162	墓室	B型鸟		掌骨	1	
432	162	墓室	B型鸟	左	股骨	1	
433	162	墓室	B型鸟	左	胫骨	1	
434	162	墓室	B型鸟		跖骨	1	
437	164	墓室	B型鸟		头骨	1	
438	164	墓室	B型鸟	左	肩胛骨	1	
439	164	墓室	B型鸟	右	肩胛骨	1	
440	164	墓室	B型鸟	左	肱骨	1	
441	164	墓室	B型鸟	左	尺骨	1	
442	164	墓室	B型鸟		掌骨	1	
443	164	墓室	B型鸟	右	股骨	1	
444	164	墓室	B型鸟	右	胫骨	1	
445	165	墓室	B型鸟		头骨	1	
446	165	墓室	B型鸟		胸骨	1	
447	165	墓室	B型鸟	左	肩胛骨	1	
448	165	墓室	B型鸟	左	桡骨	1	
449	165	墓室	B型鸟	右	桡骨	1	
450	165	墓室	B型鸟	左	尺骨	1	
451	165	墓室	B型鸟	左	股骨	1	
452	165	墓室	B型鸟	左	胫骨	1	
453	165	墓室	B型鸟	右	胫骨	2	
457	171	墓室	B型鸟		头骨	1	
458	171	墓室	B型鸟		胸骨	1	
459	171	墓室	B型鸟		锁骨	1	

续附表一

电脑编号	标本编号	出土位置	种属	左右	骨骼描述	件数	插图号
460	171	墓室	B型鸟	左	肩胛骨	1	
461	171	墓室	B型鸟	右	肩胛骨	1	
462	171	墓室	B型鸟	左	肱骨	1	
463	171	墓室	B型鸟	右	肱骨	1	
464	171	墓室	B型鸟	左	桡骨	1	
465	171	墓室	B型鸟	右	桡骨	1	
466	171	墓室	B型鸟	左	尺骨	1	
467	171	墓室	B型鸟	右	尺骨	1	
468	171	墓室	B型鸟	左	盆骨	1	
469	171	墓室	B型鸟	右	盆骨	1	
470	171	墓室	B型鸟	左	股骨	1	
471	171	墓室	B型鸟	右	股骨	1	
472	171	墓室	B型鸟	左	胫骨	1	
473	171	墓室	B型鸟	右	胫骨	1	
474	171	墓室	B型鸟		掌骨	2	
475	171	墓室	B型鸟		跖骨	4	
476	172	墓室	B型鸟		头骨	1	
477	172	墓室	B型鸟	右	股骨	1	
478	175	墓室	B型鸟		头骨	1	
479	176	墓室	B型鸟		头骨	1	
480	176	墓室	B型鸟	左	肱骨	1	
481	176	墓室	B型鸟	右	肱骨	1	
482	176	墓室	B型鸟	左	尺骨	1	
483	176	墓室	B型鸟	右	尺骨	1	
484	176	墓室	B型鸟	左	股骨	1	
486	177	墓室	B型鸟	左	肱骨	1	
487	177	墓室	B型鸟	左	尺骨	1	
488	177	墓室	B型鸟	左	股骨	1	

续附表一

电脑编号	标本编号	出土位置	种属	左右	骨骼描述	件数	插图号
489	178	墓室	B 型鸟	右	肱骨	1	
490	178	墓室	B 型鸟	右	尺骨	1	
617	178	墓室	B 型鸟		胸骨	1	
618	178	墓室	B 型鸟	左	肱骨	1	
619	178	墓室	B 型鸟	右	肱骨	1	
620	178	墓室	B 型鸟	右	尺骨	1	
621	178	墓室	B 型鸟		掌骨	1	
622	178	墓室	B 型鸟		跖骨	1	
518	178	墓室	B 型鸟	左	肱骨	1	
519	178	墓室	B 型鸟		掌骨	1	
582	178	墓室	B 型鸟		头骨	3	
583	178	墓室	B 型鸟		锁骨	1	
584	178	墓室	B 型鸟	左	肱骨	2	
585	178	墓室	B 型鸟	右	肱骨	1	
586	178	墓室	B 型鸟	左	桡骨	1	
587	178	墓室	B 型鸟	右	桡骨	1	
588	178	墓室	B 型鸟	左	尺骨	1	
589	178	墓室	B 型鸟	右	尺骨	1	
590	178	墓室	B 型鸟	左	胫骨	2	
591	178	墓室	B 型鸟	右	胫骨	1	
592	178	墓室	B 型鸟		掌骨	2	
593	178	墓室	B 型鸟	左	跖骨	1	
594	178	墓室	B 型鸟	右	跖骨	1	
526	178	墓室填土	B 型鸟	左	肱骨	1	
527	178	墓室填土	B 型鸟	右	肱骨	1	
528	178	墓室填土	B 型鸟		掌骨	1	
534	178	墓室中部	B 型鸟		胸骨	1	
535	178	墓室中部	B 型鸟		腰骶骨	2	

续附表一

电脑编号	标本编号	出土位置	种属	左右	骨骼描述	件数	插图号
536	178	墓室中部	B型鸟	左	肩胛骨	1	
537	178	墓室中部	B型鸟	右	肱骨	2	
538	178	墓室中部	B型鸟	左	桡骨	1	
539	178	墓室中部	B型鸟	右	桡骨	2	
540	178	墓室中部	B型鸟	左	尺骨	1	
541	178	墓室中部	B型鸟	右	尺骨	1	
542	178	墓室中部	B型鸟	左	胫骨	2	
543	178	墓室中部	B型鸟	右	胫骨	1	
544	178	墓室中部	B型鸟		掌骨	2	
545	178	墓室中部	B型鸟		跖骨	3	
137	66	墓室	鼠		头骨	1	
313	123	墓室	鼠		碎骨	1	
395	143	墓室	鼠			1	
414	153	墓室	鼠		碎骨	3	
418	158	墓室	鼠			1	
516	158	墓室	鼠		碎骨	1	
502	158	墓室	鼠	左		1	
503	158	墓室	鼠	右		1	
504	158	墓室	鼠		碎骨	1	
560	158	墓室	鼠		头骨	1	
561	158	墓室	鼠	右	盆骨	1	
505	158	墓室	兔	左	肩胛骨	1	图八一, 9
506	158	墓室	兔	右	肩胛骨	1	
507	158	墓室	兔	左	肱骨	1	图八一, 5
508	158	墓室	兔	右	肱骨	1	图八一, 6
509	158	墓室	兔	右	肱骨远端	1	
510	158	墓室	兔		肋骨	20	
511	158	墓室	兔		脊椎骨	10	

续附表一

电脑编号	标本编号	出土位置	种属	左右	骨骼描述	件数	插图号
1	1	墓室	狗		头骨	1	
2	2	墓室	狗		颈椎	1	
3	3	墓室	狗		脊椎	1	
4	4	墓室	狗		脊椎	1	
5	5	墓室	狗	右	肩胛骨	1	
41	30	墓室	狗	右	股骨近端	1	
222	92	墓室	狗	右	肩胛骨	1	
223	92	墓室	狗	左	桡骨	1	
224	92	墓室	狗	右	桡骨	1	
230	93	墓室	狗	右	下颌骨	1	
231	93	墓室	狗	右	肩胛骨	1	
232	93	墓室	狗	左	肱骨	1	
233	93	墓室	狗	右	肱骨	1	
247	96	墓室	狗	右	下颌骨	1	
267	106	墓室	狗		头骨（带上下颌骨）	1	图八三，2；图八四，4~5
268	106	墓室	狗	左	肩胛骨	1	
269	106	墓室	狗	右	肩胛骨	1	
270	106	墓室	狗	左	肱骨	1	
271	106	墓室	狗	右	肱骨	1	
272	106	墓室	狗	左	桡骨	1	
273	106	墓室	狗	右	桡骨	1	
274	106	墓室	狗	左	尺骨	1	
275	106	墓室	狗	右	尺骨	1	
276	106	墓室	狗	左	盆骨	1	
277	106	墓室	狗	右	盆骨	1	
278	106	墓室	狗	左	股骨	1	
279	106	墓室	狗	右	股骨	1	

续附表一

电脑编号	标本编号	出土位置	种属	左右	骨骼描述	件数	插图号
280	106	墓室	狗	左	胫骨	1	
281	106	墓室	狗	右	胫骨	1	
282	106	墓室	狗	左	跖骨	1	
283	106	墓室	狗	右	跖骨	1	
284	106	墓室	狗	左	距骨	1	
285	106	墓室	狗	右	距骨	1	
286	106	墓室	狗		腓骨	1	
287	106	墓室	狗		趾骨	20	
288	106	墓室	狗		脊椎	2	
289	106	墓室	狗		尾椎	1	
396	143	墓室	狗	右	下颌骨	1	
397	143	墓室	狗	右	肩胛骨	1	
398	143	墓室	狗	左	肱骨	1	
399	143	墓室	狗	右	肱骨	1	
512		墓室	狗	右	肱骨	1	
513		墓室	狗	左	胫骨	1	
563		狗龛	狗	左	肩胛骨	1	
564		狗龛	狗	左	桡骨	1	
565		狗龛	狗	右	桡骨	1	
566		狗龛	狗	左	尺骨	1	
567		狗龛	狗	左	盆骨	1	
568		狗龛	狗	右	盆骨	1	
569		狗龛	狗	左	股骨	1	
570		狗龛	狗	右	股骨	1	
571		狗龛	狗	左	胫骨	1	
572		狗龛	狗	右	胫骨	1	
573		狗龛	狗		腓骨	1	

续附表一

电脑编号	标本编号	出土位置	种属	左右	骨骼描述	件数	插图号
574		狗龛	狗	左	跖骨	1	
575		狗龛	狗	右	跖骨	1	
576		狗龛	狗	左	距骨	1	
577		狗龛	狗	右	距骨	1	
578		狗龛	狗		脊椎	13	
579		狗龛	狗		尾椎	1	
580		狗龛	狗		肋骨	16	
581		狗龛	狗		趾骨	42	
529		墓室填土	狗	左	下颌骨	1	
530		墓室填土	狗		脊椎	3	
531		墓室填土	狗		趾骨	6	
160	70	墓室	马		头骨	1	
161	70	墓室	马	左	桡骨远端	1	
162	70	墓室	马	左	桡骨近端	1	
163	70	墓室	马	左	股骨远端	1	
164	70	墓室	马	右	股骨远端	1	
165	70	墓室	马	左	胫骨近端	1	
42	30	墓室	马鹿	右	跖骨	1	
98	37	墓室	马鹿	左	肱骨近端	1	
121	55	墓室	马鹿	左	下颌骨	1	图八四，6
308	119	墓室	马鹿		颈椎	1	
309	119	墓室	马鹿		寰椎	1	
424	161	墓室	马鹿	左	盆骨碎块	1	
454	168	墓室	马鹿	右	下颌骨	1	
6	6	墓室	黄牛		头骨	1	
31	22	墓室	黄牛		趾骨	4	
43	30	墓室	黄牛	左	肩胛骨	1	

续附表一

电脑编号	标本编号	出土位置	种属	左右	骨骼描述	件数	插图号
44	30	墓室	黄牛		掌骨	1	图八四，1
45	30	墓室	黄牛		趾骨	1	
95	35	墓室	黄牛	右	跖骨	1	
101	40	墓室	黄牛		游离门齿	1	
102	40	墓室	黄牛		游离臼齿	1	
123	56	墓室	黄牛	右	肩胛骨	1	
126	58	墓室	黄牛	右	盆骨	1	
129	61	墓室	黄牛	右	下颌骨	1	
130	62	墓室	黄牛	左	下颌骨	1	图八四，7
138	67	墓室	黄牛		游离门齿	2	
200	77	墓室	黄牛	左	肩胛骨	1	
203	80	墓室	黄牛	右	肩胛骨	1	
205	81	墓室	黄牛		掌骨	1	
207	83	墓室	黄牛	左	盆骨	1	
211	85	墓室	黄牛		颈椎	1	
219	91	墓室	黄牛		游离门齿	1	
225	92	墓室	黄牛		掌骨	1	
238	94	墓室	黄牛	左	桡骨	1	
257	101	墓室	黄牛	左	盆骨	1	
258	101	墓室	黄牛		掌骨	1	
290	106	墓室	黄牛		掌骨远端	1	
384	135	墓室	黄牛		尾椎	1	
400	143	墓室	黄牛	左	肩胛骨	1	
423	160	墓室	黄牛	右	盆骨	1	
436	163	墓室	黄牛		头骨（带上颌骨）	1	
455	169	墓室	黄牛		趾骨	1	
456	170	墓室	黄牛		颈椎	1	

续附表一

电脑编号	标本编号	出土位置	种属	左右	骨骼描述	件数	插图号
9	9	墓室	绵羊	右	肩胛骨	1	
15	15	墓室	绵羊	右	盆骨	1	
17	16	墓室	绵羊		颈椎	1	
20	17	墓室	绵羊	右	股骨近端	1	
21	17	墓室	绵羊	右	股骨远端	1	
23	18	墓室	绵羊	左	股骨	1	
34	23	墓室	绵羊	右	肩胛骨	1	
36	25	墓室	绵羊	左	股骨近端	1	
39	28	墓室	绵羊		尾椎	1	
46	30	墓室	绵羊		掌骨	1	
47	30	墓室	绵羊		趾骨	1	
51	31	墓室	绵羊	左	盆骨	1	
52	31	墓室	绵羊	右	盆骨	1	
53	31	墓室	绵羊	右	胫骨近端	1	
107	45	墓室	绵羊	右	胫骨近端	1	
108	45	墓室	绵羊	左	距骨	1	
109	45	墓室	绵羊	左	距骨	1	
111	46	墓室	绵羊	左	肩胛骨	1	
113	49	墓室	绵羊	右	胫骨近端	1	
116	52	墓室	绵羊	左	肩胛骨	1	
125	57	墓室	绵羊	左	盆骨	1	
131	62	墓室	绵羊	左	盆骨	1	
136	65	墓室	绵羊	右	肱骨远端	1	
166	71	墓室	绵羊		头骨（带上下颌骨）	1	图八三，1、3；图八四，2～3
239	94	墓室	绵羊	左	胫骨	1	
240	94	墓室	绵羊		掌骨	1	

续附表一

电脑编号	标本编号	出土位置	种属	左右	骨骼描述	件数	插图号
241	94	墓室	绵羊	左	跖骨	1	
242	94	墓室	绵羊	左	距骨	1	
243	94	墓室	绵羊		趾骨	5	
370	131	墓室	绵羊	左	尺骨近端	1	
371	131	墓室	绵羊		掌骨	1	
623	131	墓室	绵羊	右	盆骨	1	
520	131	墓室	绵羊	左	股骨近端	1	
521	131	墓室	绵羊		掌骨	1	
494	131	墓室	绵羊	左	距骨	1	
497	131	墓室	绵羊		游离臼齿	1	
498	131	墓室	绵羊	左	盆骨	1	
499	131	墓室	绵羊	右	盆骨	1	
548	131	墓室	绵羊	右	盆骨	1	
532	131	墓室填土	绵羊		腰骶骨	1	
562	131	墓室	绵羊		趾骨	1	
48	30	墓室	大型哺乳动物		关节骨	3	
99	38	墓室	大型哺乳动物		肋骨	1	
112	47	墓室	大型哺乳动物		肋骨	1	
158	69	墓室	大型哺乳动物		脊椎	1	
159	69	墓室	大型哺乳动物		趾骨	1	
185	73	墓室	大型哺乳动物		肋骨	1	
186	74	墓室	大型哺乳动物		肋骨	1	
199	76	墓室	大型哺乳动物		肋骨	1	
201	78	墓室	大型哺乳动物		肋骨	1	
202	79	墓室	大型哺乳动物		肋骨	1	
212	86	墓室	大型哺乳动物		脊椎	6	
215	88	墓室	大型哺乳动物		肋骨	1	

续附表一

电脑编号	标本编号	出土位置	种属	左右	骨骼描述	件数	插图号
216	89	墓室	大型哺乳动物		肋骨	1	
217	90	墓室	大型哺乳动物		脊椎	3	
218	90	墓室	大型哺乳动物		肋骨	2	
220	91	墓室	大型哺乳动物		肋骨	2	
244	94	墓室	大型哺乳动物		脊椎	7	
245	94	墓室	大型哺乳动物		肋骨	5	
259	101	墓室	大型哺乳动物		脊椎	1	
265	105	墓室	大型哺乳动物		肋骨	2	
291	106	墓室	大型哺乳动物		脊椎	4	
292	106	墓室	大型哺乳动物		肋骨	2	
295	107	墓室	大型哺乳动物		肋骨	1	
305	116	墓室	大型哺乳动物		趾骨	1	
378	132	墓室	大型哺乳动物		肋骨	1	
383	134	墓室	大型哺乳动物		肋骨	1	
385	137	墓室	大型哺乳动物		脊椎	1	
391	141	墓室	大型哺乳动物		肋骨	1	
419	158	墓室	大型哺乳动物		脊椎	1	
420	158	墓室	大型哺乳动物		肋骨	3	
500	158	墓室	大型哺乳动物		肋骨	1	
7	7	墓室	中型哺乳动物		肋骨	1	
8	8	墓室	中型哺乳动物		肋骨	1	
10	10	墓室	中型哺乳动物		碎块	1	
11	11	墓室	中型哺乳动物		肋骨	3	
12	12	墓室	中型哺乳动物		肋骨	1	
13	13	墓室	中型哺乳动物		肋骨	1	
14	14	墓室	中型哺乳动物		肋骨	1	
16	15	墓室	中型哺乳动物		肋骨	2	

续附表一

电脑编号	标本编号	出土位置	种属	左右	骨骼描述	件数	插图号
19	16	墓室	中型哺乳动物		脊椎	2	
22	17	墓室	中型哺乳动物		碎块	1	
24	18	墓室	中型哺乳动物		脊椎	13	
25	18	墓室	中型哺乳动物		肋骨	1	
26	18	墓室	中型哺乳动物		碎块	6	
29	20	墓室	中型哺乳动物		肋骨	1	
30	21	墓室	中型哺乳动物		肋骨	2	
32	22	墓室	中型哺乳动物		关节骨	2	
33	22	墓室	中型哺乳动物		碎块	1	
35	24	墓室	中型哺乳动物		肋骨	8	
37	26	墓室	中型哺乳动物		肋骨	1	
38	27	墓室	中型哺乳动物		脊椎	10	
40	29	墓室	中型哺乳动物		脊椎	7	
49	30	墓室	中型哺乳动物		肋骨	10	
50	30	墓室	中型哺乳动物		碎块	3	
54	31	墓室	中型哺乳动物		肋骨	5	
55	32	墓室	中型哺乳动物		肋骨	1	
74	33	墓室	中型哺乳动物		肢骨碎块	2	
96	35	墓室	中型哺乳动物		肋骨	1	
97	36	墓室	中型哺乳动物		肋骨	1	
100	39	墓室	中型哺乳动物		肋骨	1	
103	41	墓室	中型哺乳动物		肋骨	2	
104	42	墓室	中型哺乳动物		碎块	1	
105	43	墓室	中型哺乳动物		肋骨	1	
106	44	墓室	中型哺乳动物		碎块	1	
110	45	墓室	中型哺乳动物		肋骨	2	
114	50	墓室	中型哺乳动物		碎块	1	

续附表一

电脑编号	标本编号	出土位置	种属	左右	骨骼描述	件数	插图号
115	51	墓室	中型哺乳动物		肋骨	1	
117	53	墓室	中型哺乳动物		脊椎	8	
118	53	墓室	中型哺乳动物		肋骨	1	
119	53	墓室	中型哺乳动物		碎块	5	
120	54	墓室	中型哺乳动物		肋骨	1	
122	55	墓室	中型哺乳动物		碎块	5	
124	56	墓室	中型哺乳动物		肋骨	4	
127	59	墓室	中型哺乳动物		肋骨	1	
128	60	墓室	中型哺乳动物		肋骨	1	
132	62	墓室	中型哺乳动物		关节骨	2	
133	62	墓室	中型哺乳动物		碎块	9	
134	63	墓室	中型哺乳动物		肋骨	3	
135	64	墓室	中型哺乳动物		脊椎	3	
139	68	墓室	中型哺乳动物		肋骨	1	
204	80	墓室	中型哺乳动物		脊椎	1	
206	82	墓室	中型哺乳动物		脊椎	1	
208	83	墓室	中型哺乳动物		肋骨	3	
209	84	墓室	中型哺乳动物		脊椎	2	
210	84	墓室	中型哺乳动物		肋骨	1	
213	87	墓室	中型哺乳动物		脊椎	1	
214	87	墓室	中型哺乳动物		碎块	2	
221	91	墓室	中型哺乳动物		碎块	4	
226	92	墓室	中型哺乳动物		关节骨	5	
227	92	墓室	中型哺乳动物		脊椎	4	
234	93	墓室	中型哺乳动物		脊椎碎块	37	
235	93	墓室	中型哺乳动物		肋骨	11	
236	93	墓室	中型哺乳动物		关节骨	7	

续附表一

电脑编号	标本编号	出土位置	种属	左右	骨骼描述	件数	插图号
237	93	墓室	中型哺乳动物		趾骨	11	
246	95	墓室	中型哺乳动物		肋骨	1	
256	98	墓室	中型哺乳动物		脊椎	3	
260	102	墓室	中型哺乳动物		脊椎	6	
261	102	墓室	中型哺乳动物		碎块	7	
262	103	墓室	中型哺乳动物		脊椎	4	
263	104	墓室	中型哺乳动物		脊椎	1	
264	104	墓室	中型哺乳动物		肋骨	2	
293	106	墓室	中型哺乳动物		脊椎	2	
294	106	墓室	中型哺乳动物		肋骨	2	
301	111	墓室棺床上	中型哺乳动物		脊椎	1	
303	114	墓室	中型哺乳动物		趾骨	1	
304	115	墓室	中型哺乳动物		脊椎	1	
306	117	墓室	中型哺乳动物		肋骨	1	
307	118	墓室	中型哺乳动物		肋骨	1	
310	120	墓室	中型哺乳动物		脊椎	2	
311	121	墓室	中型哺乳动物		脊椎	1	
312	122	墓室	中型哺乳动物		肋骨	1	
357	128	墓室	中型哺乳动物		趾骨	1	
369	130	墓室	中型哺乳动物		肋骨	1	
372	131	墓室	中型哺乳动物		肋骨	2	
386	138	墓室	中型哺乳动物		碎块	1	
390	140	墓室	中型哺乳动物		肋骨	1	
392	141	墓室	中型哺乳动物		关节骨	1	
393	141	墓室	中型哺乳动物		肋骨	1	
394	142	墓室	中型哺乳动物		脊椎	5	
401	145	墓室	中型哺乳动物		肋骨	1	

续附表一

电脑编号	标本编号	出土位置	种属	左右	骨骼描述	件数	插图号
409	147	墓室	中型哺乳动物		肋骨	1	
415	154	墓室	中型哺乳动物		肋骨	1	
416	155	墓室	中型哺乳动物		肋骨	1	
421	158	墓室	中型哺乳动物		脊椎	2	
422	158	墓室	中型哺乳动物		趾骨	1	
435	162	墓室	中型哺乳动物		肋骨	1	
485	176	墓室	中型哺乳动物		碎块	4	
491	176	墓室	中型哺乳动物		脊椎	1	
492	176	墓室	中型哺乳动物		肋骨	1	
493	176	墓室	中型哺乳动物		碎块	1	
522	176	墓室	中型哺乳动物		脊椎	2	
523	176	墓室	中型哺乳动物		肋骨	5	
524	176	墓室	中型哺乳动物		趾骨	7	
525	176	墓室	中型哺乳动物		碎块	11	
495	176	墓室	中型哺乳动物		肋骨（烧成灰白色）	1	
496	176	墓室	中型哺乳动物		碎块	2	
501	176	墓室	中型哺乳动物		肋骨	2	
517	176	墓室	中型哺乳动物		肋骨	1	
514	176	墓室	中型哺乳动物		肋骨	1	
515	176	墓室	中型哺乳动物		肢骨碎块	3	
595	176	墓室	中型哺乳动物		脊椎	1	
533	176	墓室	中型哺乳动物		碎块	1	
549	176	墓室	中型哺乳动物		脊椎	1	
546	176	墓室	中型哺乳动物		脊椎	3	
547	176	墓室	中型哺乳动物		肋骨	1	

附表二　　　　　　　　　　　史道洛墓盗洞出土动物骨骼鉴定表

电脑编号	标本编号	出土位置	种属	左右	骨骼描述	件数
598		盗洞覆土	B型鸟		头骨	1
599		盗洞覆土	B型鸟		锁骨	1
600		盗洞覆土	B型鸟	左	肱骨	2
601		盗洞覆土	B型鸟	右	肱骨	2
602		盗洞覆土	B型鸟	左	桡骨	2
603		盗洞覆土	B型鸟	右	桡骨	2
604		盗洞覆土	B型鸟	左	尺骨	2
605		盗洞覆土	B型鸟	右	尺骨	2
606		盗洞覆土	B型鸟	左	胫骨	1
607		盗洞覆土	B型鸟	右	胫骨	1
608		盗洞覆土	B型鸟		掌骨	3
609		盗洞覆土	B型鸟		跗骨	5
610		盗洞覆土	狗	左	下颌骨	1
596		盗洞	狗	左	股骨	1
597		盗洞	狗		趾骨	1
611		盗洞覆土	黄牛		游离门齿	10
612		盗洞覆土	黄牛		游离臼齿	1
613		盗洞覆土	大型哺乳动物		脊椎碎块	7
614		盗洞覆土	大型哺乳动物		肋骨	6
615		盗洞覆土	大型哺乳动物		趾骨	2
616		盗洞覆土	中型哺乳动物		关节骨	3

附表三　　　　史道洛墓出土动物骨骼可鉴定标本数和最小个体数统计表

鸟类种属	可鉴定标本	百分比	最小个体数	百分比
A 型鸟	25	7.16%	3	11.11%
B 型鸟	324	92.84%	24	88.89%
合计	349	100.00%	27	100.00%
哺乳动物种属	可鉴定标本	百分比	最小个体数	百分比
鼠	13	4.14%	4	19.05%
兔	35	11.15%	2	9.52%
狗	163	51.91%	5	23.81%
马	6	1.91%	1	4.76%
马鹿	7	2.23%	1	4.76%
黄牛	45	14.33%	3	14.29%
绵羊	45	14.33%	5	23.81%
合计	314	100.00%	21	100.00%
哺乳动物	可鉴定标本	百分比		
中型哺乳动物	343	82.25%		
大型哺乳动物	74	17.75%		
合计	417	100.00%		
	可鉴定标本	百分比	最小个体数	百分比
鸟类	349	32.31%	27	56.25%
哺乳动物	731	67.69%	21	43.75%
合计	1080	100.00%	48	100.00%

第九章　彩色陶俑的修复

第一节　彩绘陶俑出土情况

　　史道洛墓的清理工作在中日双方考古队员的密切配合下共同进行。清理到墓室深距地表约 10 米时，在墓室靠近墓门东西两侧发现彩绘陶俑 4 件，其中彩绘武士俑 2 件，彩绘镇墓兽 2 件。先初步对俑的上半部进行剔除，从剔除的情况观察，因墓葬早年被盗，墓室严重塌方，墓内大量进水，陶俑已十分酥软。二件武士俑被盗墓者推倒，二件镇墓兽位置基本未动。四件陶俑损坏程度严重，每件陶俑均断裂为数块，但残断的碎块基本保持在原位。这样在尽量保证陶俑少受损坏的前提下，采取哪种方式进行清理是关键问题。由于陶俑非常酥软，而且碎块较多，如果按照以往的清理方法，所有碎块均被一次性清理出土，就会使陶俑加剧损坏，对下一步室内修复找对粘接造成一定困难。另外，陶俑碎块在包装运回时会互相摩擦震动，造成彩绘不同程度的脱落损坏。

　　根据上述情况，中日双方考古队员本着对彩绘陶俑认真负责的态度，经过仔细研究提出了合理的清理方案。采取陶俑下半部在墓室内不做剔除，进行现场保护。将每件陶俑周围保留 20 厘米原土，根据俑的大小情况扩成长方形或方形不等。然后为每件俑用厚 2 厘米的松木板做一木箱，先不安装箱子的底和盖，从扩出的俑碎块上方套下（图八五）。俑块的上下部距木箱保持 10 厘米原土，用木螺钉先固定木箱的盖。让几人扶住木箱，另外几人在木箱下面将土挖空后把木箱侧面放置，再固定箱底，这样就完成了将包含着周围原土的俑完整装箱的过程。下一步是如何把木箱从十余米深的墓室内运到地面，考虑到每个木箱重量大约在100公斤以上，木箱的强度可能不够，若在从墓室内运上地面的过程中发生木箱散架的情况就会造成严重的后果，最

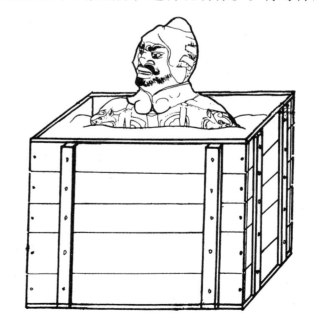

图八五　木箱 A

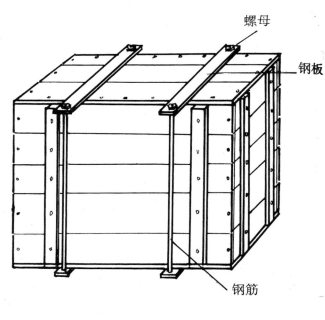

螺母

钢板

钢筋

图八六　木箱 B

后决定在每个木箱外各加两个宽 4、厚 0.5 厘米的钢板，每个钢板两头长出木箱 5 厘米。在每个钢板两头紧靠木箱外侧打直径 1.3 厘米的孔，再使用直径 1.2 厘米的钢筋，其长度比木箱两头长出 3 厘米，然后在钢筋两头长出的 3 厘米处拔丝。然后，将钢筋从上下钢板孔中出头，把 1.2 厘米螺模用扳手拧紧，这样木箱就固定成一体，安全无误地运到 10 米以上的地面（图八六）。

根据后期的室内修复情况看，这种连土装箱整体起运彩绘陶俑的方法效果很理想，解决了以前彩绘陶俑出土时使用包装纸包裹，然后装箱运回时因陶俑潮湿而易使包装纸吸潮发生腐烂的问题。如果腐烂的包装纸粘接在陶俑表面，就会造成彩绘污染，严重的将会直接破坏彩绘。

第二节　彩绘陶俑修复前的准备工作及所需工具和材料

史道洛墓共出土彩绘陶俑 4 件。每件装一个木箱，先将木箱运到修复工作室，打开木箱，把每个木箱的陶俑分别放置，防止搞乱。

一、工　具

沙盘一个，用直径 100 厘米的塑料盆里面装上细沙即可。红外线灯二个，每个 600 瓦。竹签若干个，用竹筷子加工而成。长 15 厘米，刃类似小刀，宽 0.5 厘米，打磨光滑。羊毛刷，宽 3 厘米，白色羊毛制成。

此外还有玻璃滴水管、喷壶、小刀、手钳、手电钻、玻璃搅棒、玻璃烧杯、水浴锅和电炉等工具。

二、材　料

914 快速粘接剂（天津产）、502 粘接剂、聚醋酸乙烯酯乳液、石膏粉、矿物颜料、聚乙烯醇缩丁醛、无水乙醇、细铁丝和直径 8 厘米钢筋等。

第三节　彩绘陶俑剔土

　　根据中国已出土的彩绘陶质文物分析，其制作方法一般都是先做陶胎，再行烧制，烧制成后，在俑胎土上先以白土或胶质涂敷地子后再彩绘颜色[①]。史道洛墓出土的四件彩绘陶俑同样是用这种方法制作的。由于这四件彩绘陶俑在墓室内受到地下水的浸泡，使彩绘陶俑上的白土和胶质逐步分解失效，造成彩绘层不牢固，不小心彩绘层将成片脱落。

　　针对这种情况，彩绘陶俑的剔土工作就显得十分重要。剔土工作主要是要掌握合理的剔土方法。经过在小的陶俑碎块上反复剔土试验，得出较好的方法是，先对陶俑进行初步剔土，每块陶俑碎块上先保留 0.3 厘米厚的原土暂不做剔除。原因是附着在陶俑表面较厚的原土对水的吸附能力强，粘接性大，若一次性剔除就容易将彩绘层从陶俑上拨下来。所以应将所有的陶俑碎块上的土初步剔完后，再进行第二次仔细剔除。第二次剔除时，用玻璃滴水管将水滴到俑块的原土上面，让俑块上的原土慢慢渗透。等水分半干时，再用竹签轻轻地剔除。每次渗透的剔土面积最好掌握再 2～3 厘米左右，反复慢慢延伸，逐渐扩大。

　　剔土时，将大块的陶俑碎块放在工作台上，放置稳妥再行剔除。小块的用左手握持。用竹签剔土的手法要灵活轻柔，主要使用腕力。竹签和羊毛刷要同时使用，先用竹签剔土，再用羊毛刷扫清浮土。在剔土清理过程中，难免有彩绘层起翘、松动、脱落等现象，对已经脱落的彩绘层碎片或贴金描银碎屑，应用小镊子轻轻夹取，放入备用的盒中，做好彩绘层碎片脱落的位置记录，等彩绘陶俑清理完成后再粘贴回原位。对翘起、松动的彩绘层应在剔土过程中及时用 502 胶液粘好[②]。

第四节　彩绘陶俑完残情况

　　被剔出的四件彩绘陶俑完残情况如下：

　　张口武士俑，上身断为 3 块，两腿断为 9 块。座和腿分离断为 20 余块，左右胳膊和俑身分离，左胳膊断为 6 块，失去左手，右胳膊断为 3 块（图八七）。

　　闭口武士俑，头、胸、腹部完全断开。两腿断为 10 余块，左腿下半部完全残缺。座和腿分离断为 16 块，左右胳膊和身体分离，右手失去。

　　人面镇墓兽，头和身完全分离，双肩各有一对称的翅膀，翅膀尖部各残断 3 个。头上部有一独角的尖部残缺，两前腿断为 16 块和座分离，后腿和部分座相连，座断为 10 余块。身体部分基本完好，尾巴断为 3 块（图八八）。

　　兽面镇墓兽，头部两耳失去，双肩各有一对称的翅膀，翅膀尖各部残 4 个。嘴上部

---

　　① 　陈海：《彩绘陶质文物的清理、加固技术》，《考古与文物》1995 年第 2 期 75 页。
　　② 　陈海：《彩绘陶质文物的清理、加固技术》，《考古与文物》1995 年第 2 期 80 页。

图八七　复原前的张口武士俑

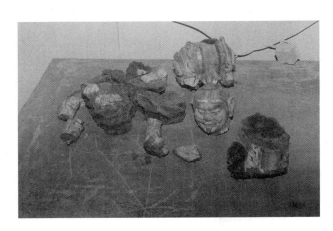

图八八　复原前的人面镇墓兽

图八九　复原工作现场

断开，两前腿断为数块和座分离，座断为 20 余块。下腹部裂缝，尾巴断为 2 块。

第五节　彩绘陶俑烘干

从剔出的陶俑碎块看，陶俑在烧制过程中火候较低，陶质结构疏松，内部包含气孔大，吸水率高。尤其墓室内非常潮湿，使陶俑内部水分达到饱和。陶俑表面粘附的泥土吸水更多，使陶俑十分酥软，强度不够，无法粘接。

将剔出的陶俑碎块，按所属陶俑个体分别集中放置在工作台上。破碎面朝上，彩绘面朝下。用二个 600 瓦红外线灯，距俑块 30 厘米高度均匀地进行加温，并不断地翻动陶俑碎块的位置，让每一块陶俑碎块都能加温，慢慢烘干。

第六节　彩绘陶俑粘接

一、加　固

烘干的陶俑碎块粘接前，要对每一碎块的粘接面，用宽 2 厘米的羊毛软刷，蘸无水乙醇进行清洗一次。为了增加每一碎块的强度，还应将每块粘接面用配置浓度 20% 的乙醇和聚醋酸乙烯酯乳液[①]，以羊毛软刷蘸乳液涂在陶俑碎块的断面，进行渗透加固三次。每次渗透应加温烘干，再渗透第二次、第三次。对严重松散的陶俑碎块，用 502 胶液滴在上面渗透加固一次（图八九）。

---

① 徐毓明：《艺术和图书、档案保养法》，科学普及出版社，1985 年。

二、翻模制手

2件武士俑出土时，分别失去一只手，各保存一手。由于二件武士俑的整体造型和高低尺寸基本相同，两俑手的形状和尺寸也接近，这样可以将各保存的手交叉翻模。

以俑的大拇指和无名指做平行面，分上模和下模两半。用草板纸将俑手围成长方形盒，并把盒的四周用胶带固定。俑手用肥皂水涂刷起脱模作用，再将石膏粉兑适量水，调成糊状灌入盒内。石膏灌至和盒上沿平行，手下模就浇成。等下模石膏凝固半干时，修平被浇石膏的平面，并在其平面的两侧各挖一个三角形榫，边长2厘米，深1厘米。在模平面上放一层薄纸（普通纸）使上模下模起到隔离作用，同样用草板纸围另一半模下模，灌入调好的石膏糊，等石膏凝固稍干时，去掉外围上下模草板纸，用橡皮锤子轻轻敲击整个外模，使模有松动，先取上模，再取下模。再对上下模内稍经修理，涂上脱模剂，把上下模合到一起，外模用细铁丝捆几道固定，将调好的稍稠的石膏糊灌入，等石膏凝固后，轻轻敲击外模，取掉铁丝拿掉外模，俑手即制成。对照保存的手进行细部修理，以备粘接时用[①]。

三、粘　接

首先是武士俑的粘结。二件武士俑损坏程度比较严重。每件俑残断碎块达40余块，大的碎块只有8厘米，小的碎块不到1厘米，这给粘接带来很大的困难。粘接前要仔细观察，找出可以互对的碎块集中放置。将明显而容易找对的较大碎块，比如底座、身体部位先找到一起。对不太明显的碎块，应对照碎块上的颜色来决定是俑的哪个部位。对碎块上没有颜色的且碎块又很小的要找对就更困难，只有按照碎块的断碴进行仔细找对，接下来就可以开始粘接。

二件武士俑在原制胎时，两俑腿中间各放入铁芯和座相连，起到俑的加固支撑作用。俑由于潮湿，使铁芯严重锈蚀，产生氧化膨胀，造成俑腿裂缝损坏。其中一件俑的左腿下半部完全残缺。

修复时首先把俑的两腿间的铁芯小心抽出，将俑腿的裂缝用502胶粘好。腿的碎块从脚开始粘起，同时把腿和腹部连接粘好。然后把俑的底座粘接完整备用，底座胶干透后按原铁芯位置用小手电钻重新打孔，孔径0.8、深4厘米。俑腿中间加入直径0.8厘米的钢筋，钢筋植入腿内约6厘米。脚下长出4厘米钢筋植入腿内后，用914粘接剂灌入钢筋周围空隙。胶干后可将俑腹部以下立起，给座的两孔内灌入914胶，把俑脚下长出的4厘米钢筋插入底座的两孔，使俑腿和底座固定。俑腿和底座的胶要完全干透。对一俑腿下半部残缺的部位，用较厚纸围俑腿一周，侧面留一小孔，灌入调好的石膏糊，等石膏凝固半干时对照俑的右腿，修出细部形状。这样俑的腹部以下部位和底座连成整体，保证了俑的重心。接下来就可以将俑的胸部、头部粘接完整。

然后是俑胳膊的粘接。两俑胳膊均断为几块，但碎块基本都在，能复原完整。粘接

①　王振江等：《出土文物的清理和修复》，《考古工作手册》，文物出版社，1982年。

前把每件俑的胳膊碎块分别集中，先将一只胳膊的碎块在沙盘内进行找对，找对好后在每块断碴上涂 914 胶，分别把每一个碎块压紧固定。对粘接每一碎块时涂 914 胶要适量，不要太多，胶太多容易压紧时胶从断碴中流出粘在表面破坏彩绘。两俑的胳膊粘接完整，让胶干透后就可粘接到俑身上去。由于俑的胳膊较重，而且胳膊和俑身粘接时俑体呈站立状，这样胳膊和俑身粘接就很难固定。采用先在胳膊肩部内侧用小刀挖直径 1、深 0.5 厘米小坑。坑内埋入长约 40 厘米细铁丝的一端，用 914 胶粘接牢固备用。在俑体的肩部和胳膊连接处，用小手电钻打直径 0.3 厘米孔，从左肩打至右肩出头。打孔时一定要小心，一人将俑的身体握持住，不要让俑身晃动，一人用小手电钻慢慢用力打通。胳膊粘接方法，先给俑肩部内侧涂 914 胶，来给胳膊上固定细铁丝。左胳膊铁丝从俑身左肩进入，从右肩拉出。而右胳膊铁丝从俑体右肩进入，从左肩拉出。这时需要三人同时进行，两人分别各扶持俑胳膊，并握持好俑体，一人拉左右肩部出头的细铁丝，同时将俑左右胳膊向俑肩部靠拢，胳膊和俑体肩部靠紧后，将拉出的细铁丝两头连接一起固定。胶干后剪掉多余铁丝，武士俑即粘接完成。

其次是人面镇墓兽粘接。人面镇墓俑因体形较武士俑小，在墓内盗扰时损坏程度较轻，粘接比较容易。粘接方法和粘接武士俑方法基本相同，先把俑底座在沙盘内找对粘接完整。身体部位基本完好，后腿和座连接。这样粘接的部位主要是两前腿断为 16 块的粘接，将两前腿从座依次向胸部逐块进行找对粘接。其次进行尾巴断为 3 块的粘接，最后把翅膀羽毛尖各残缺 3 个用石膏做出尖部形状，头上方独角用石膏作出形状，分别粘接到原位。

最后是兽面镇墓兽的粘接。兽面镇墓兽身体部位也基本完好，仍先将底座在沙盘内进行固定粘接完整，再把两前腿碎块找对粘接好和座连接。腹部有一横向裂缝用 502 胶液灌入加固，嘴上唇断开用 914 胶粘接原位。然后用石膏作出羽毛尖部四个残缺的形状和头部两耳尖部形状，用小刀仔细修理，细砂纸打磨光滑粘接到位。最后把尾巴二块粘接上去。

四件彩绘陶俑全部粘接完成后，对俑体用石膏补配的部位和粘接缝，要进行补色做旧处理。先对石膏补配的如武士俑左腿下半部、武士俑手、人面镇墓兽和兽面镇墓兽的翅膀羽毛、耳朵尖部用矿物颜料调成和俑本身颜色一致的色调，用羊毛软刷涂上。粘接缝用石膏糊填补和俑体平面一样，石膏凝固干后，用小刀将填补的粘接缝中多余石膏轻轻刮去，注意不要刮到俑体上。同样用调好的颜料对粘接缝进行补色。

最后本着整旧如旧的修复原则，对修复完成的彩绘陶俑进行做旧处理。用矿物颜料土黄加入少量细黄土、少量胶液，兑入适量水调成稀糊状，在调色板反复试验，调成和俑体协调的色调，用羊毛软刷涂在俑体石膏补配和接缝上，使修复过的彩绘陶俑，直观的看不出修补的部位，增加彩绘陶俑的完整美。

彩绘陶俑在完成粘接、补配、做旧这些工序后，还要配制彩绘陶俑表面颜色加固剂，对陶俑颜色进行加固。加固剂的配置方法是用 500 毫升无水乙醇（99.5%），加入 10 克聚乙烯醇缩丁醛，放入玻璃烧杯内，再把玻璃烧杯放入水浴锅内，将水浴锅用电炉加热，用玻璃搅棒在玻璃烧杯内进行搅动，使其完全溶化。用喷壶均匀地对俑整体喷涂三次，第一次喷涂后稍等三十分钟，再喷涂第二次、第三次。

　　应中日原州联合考古队的邀请，中国社会科学院考古研究所高级工程师王振江先生对彩绘陶俑进行修复，以上是根据王振江先生修复工作过程整理而成。

（郑克祥）

第一〇章 结 语

唐史道洛墓的发掘是国内外考古研究机构合作，首次对中国境内古代墓葬进行的考古发掘。在遵循国家文物局颁布的《考古发掘条例》的基础上，吸取了日方田野工作中的一些科学发掘手段和先进技术，并取得了一定成果。

第一节 对地表封土的测量和解剖

首先是对地表封土的测量和解剖。封土的考察是过去发掘中容易疏忽的，特别是封土与墓室之间的位置关系不很清楚。史道洛墓封土早年已毁，原地地势相对较高，封土形状和高度不详。通过地表的测量，可以大致摸清封土的分布和形状，再加之横向剖面和纵向剖面的剖析，基本确定了封土的分布范围和与墓室间的相对位置。其次，在发掘平面上确定发掘水平基点，以此为基准，可以确定每处遗迹和出土遗物的实际深度和准确位置。不仅限于相对位置，对进一步研究，提供了可靠、准确的资料。第三，对遗物分布的实测图采用大比例方法，准确记录每一件出土物的位置，小的遗迹现象和较小的遗物也不会被遗漏。墓室内随葬品分布图采用 1/2 的比例，局部采用 1/1 的比例。出土文物的绘图除个别大型器物采用 1/2 的比例外，均以 1/1 的比例予以绘制，以此可以准确把握器物的细部特征。

第二节 史道洛墓是"史氏墓地"已发掘八座墓中的一座

史道洛墓是固原南郊"史氏墓地"已发掘的八座墓葬中的一座[①]。固原史氏为粟特人的后裔，其祖先原居住于中亚索格底亚那（Sogdiana）地区的史国。史国又名羯霜那，在梵文中作 Kasanna 或者 Kusanaa，是阿拉伯—波斯 Kass、Kiss 的对音，汉文佉沙、乞史是其转写，史，是前者的减写或缩写。流寓中国的中亚粟特人，均以国为姓，见于文献记载的有康、米、史、曹、何、安等，统称"昭武九姓"。《魏书·西域传》卷一〇二康国条载："其王本姓温，月氏人也，旧居祈连山北昭武城，因被匈奴所破，西逾葱岭，遂有国。枝庶各分王，故康国左右诸国并以昭武为姓，示不忘本"。"名为强国，西域诸国多归之。"史道洛墓志载："祖多悉多，周鄯州刺史，摩诃萨宝。父射勿槃陀，隋左十二府

---

① 罗丰编著：《固原南郊隋唐墓地》，文物出版社，1996 年。

骠骑将军，开府仪同三司"，其祖父事迹与他志有出入。史射勿墓志称："父认愁，蹉跎年所，舛此宦途"；史诃耽墓志称："祖思，周京师萨宝，酒泉县令"；史铁棒墓志也称："曾祖多思，周京师萨宝，酒泉县令。"据史道洛墓志可知其祖父名为史多悉多[①]，拟音为Duoxi（t）duo［tasietta'］，是粟特语的译音，类似粟特语人名在敦煌文书中曾经出现过[②]。关于史多悉多的职衔，史氏墓地出土各志记载不一，已生疑端[③]。由县令至刺史，从萨宝至摩诃萨宝，无法印证[④]。其父名为史射勿槃陀，也是粟特语的音译。在史射勿墓志中被分解为名"射勿"，字"槃陀"[⑤]，当是割裂原名以附和唐朝的习惯。槃陀即粟特语Bntk，有"奴""仆"之意[⑥]。史道洛"起家任左亲卫"是"用荫"所致。《旧唐书》卷四十三职官志载"若以门资入仕，则先授亲、勋、翊卫，六番随文武简入选例"，"凡左右卫、亲卫、勋卫、翊卫，及左右率亲勋翊卫，及诸卫之翊卫，通谓三卫。择其资荫高者为亲卫"，"量远近以定其番第"。《唐六典》卷五载：亲卫"取三品以上子，二品以上孙为之"。史道洛父史射勿为隋正四品骠骑将军，左亲卫为正七品上，用荫较前载为高。史道洛"永徽六年正月廿八日遘疾薨于劝善里"，其兄史诃耽墓志记载"以总章二年九月二十三日遘疾终于原州平高县劝善里舍"[⑦]。侄史铁棒墓志亦载："乾封元年八月十三日以疾终于原州平高劝善里第"。[⑧] 表明史氏家族始终维持粟特人聚族而居的习俗。史道洛妻康氏出身于萨马尔罕，为中亚康国人之后裔，亦属文献所记昭武九姓之一。粟特人大多实行九姓内部婚姻，流寓中国后通婚范围依然如故，这一现象已引起学术界广泛关注[⑨]。

固原史氏墓地出土墓志的古墓有六座，排列顺序自东至西依次为史索岩、史铁棒、史诃耽、史道洛、史射勿、史道德。据墓志所记世系，知诸史并非出自同支。史索岩、史道德一支为"建康飞桥人"（今甘肃高台县境内），北魏时已从凉州迁徙至平高。史射勿墓志则云其祖先出自西国（史国），北周时期始仕于中国。射勿有子七人，世子诃耽、次子长乐、次安乐、次长兴、次胡郎、次道乐、次拒达。毫无疑问，墓志所记第六子道乐即史道洛，"乐"与"洛"发音相近。

史道洛墓位于父史射勿和长兄史诃耽墓之间，第六子墓葬位置比长子更接近于父亲，似有违古制，或许与昭武九姓的习俗有关。史道洛故去早于史诃耽十四年（后者总章二年〔669〕去世，次年葬），并先于长兄十二年入葬，但是，史道洛死后三年才与贞观二十年（646）故去的妻子康氏合葬，墓地建设应该有严格的计划性，建墓地点不应是随意

① 罗丰编著：《固原南郊隋唐墓地》69 页，文物出版社，1996 年。
② 池田温氏曾据《天宝十载敦煌县差科簿》对从化乡粟特居民构成进行研究，其中有一名安乌悉多。参见《八世纪中叶における敦煌のソグド人聚落》，《ユ ラシア文化研究》1965 年第 1 期 65 页。
③ 罗丰编著：《固原南郊隋唐墓地》191 页。
④ 罗丰：《萨宝：一个唐代唯一外来官职的再考察》，《唐研究》第四卷 221 页，北京大学出版社，1998 年。
⑤ 罗丰编著：《固原南郊隋唐墓地》186 页。
⑥ 参见里夫什茨：《穆格山出土粟特法律文书》197 页。转引自蔡鸿生：《唐代九姓胡礼俗丛考》，《文史》第 35 辑 121 页，中华书局，1992 年。
⑦ 罗丰编著：《固原南郊隋唐墓地》71 页。
⑧ 罗丰编著：《固原南郊隋唐墓地》83 页。
⑨ 参见卢兆荫：《何文哲墓志考释——兼谈隋唐时期在中国的何国人》，《考古》1986 年第 9 期 844～845 页；蔡鸿生：《唐代九姓胡礼俗丛考》，《文史》第 35 辑 121 页。

选择的。史氏墓地规模较大，延续时代也较长，搞清墓葬分布规律尚有待于今后进一步工作。

附：史道洛世系表

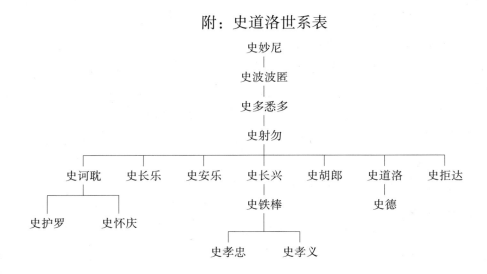

第三节　史道洛墓发掘后的几点认识

史道洛墓与史氏墓地其他墓葬相比较，存在许多共性，保存状态也不甚理想。但是，本次发掘在方法上进行了新的尝试，墓葬研究方面也取得了新收获。

包括史道洛墓在内的史氏诸墓均属具有多天井的长斜坡墓道单室墓。除史诃耽墓为砖室结构外，其余均为土洞墓。墓葬朝向基本一致，地面不同程度的保存了封土。各墓均遭盗掘，保存遗物相对较少，而且位置已被移动。我们在总结了以往史氏墓地墓葬清理经验的基础上，对史道洛墓实施了发掘，收获如下：

一、墓室坍塌过程的复原

与墓室大规模塌落有直接关系的是位于第五天井上方的盗洞。盗掘发生之前，墓室顶部有过小规模塌落。因盗洞被宋代灰坑打破，推知盗掘发生于宋代以前。此后，在水浸、地震等自然力作用下，大量动物骨骼和石碑碎片通过盗洞进入墓室，至少又经历了两次大规模塌落，形成现在的堆积。通过对史道洛墓出土的动物骨骼进行整理，确认了鸟、鼠、兔、狗、马鹿、黄牛、马、羊等八种类动物的存在，对了解当时固原地区的生态环境以及人类的活动具有重要意义。

二、史氏墓地是一处大型粟特人家族墓地

史氏墓地是国内目前有计划发掘和研究的唯一一处大型粟特人家族墓地。但是，过去由于资金、技术等方面原因，对出土遗骨未能进行体质人类学方面的研究。本次发掘

出土的人骨经中国社会科学院考古研究所鉴定，测量数据表明被葬者骨骼特征与蒙古人种存在较大差异，接近于高加索人种，与墓志记载史氏世系相吻合。

三、史道洛墓出土的玻璃器均为当时中国的制品

史道洛墓出土的玻璃器与附近的史诃耽墓、史铁棒墓（道洛之甥，唐总章二年，即670年葬）出土玻璃器材质相同，均为当时中国的制品，含70%以上的铅，属于特殊的高铅玻璃。西安李静训墓（隋大业四年，即608年葬）出土玻璃器中一部分（带盖盒等）已被确认为高铅玻璃。《隋书·何稠传》（"何"亦为中亚系昭武九姓之一）中有关于使用绿瓷技术恢复失传已久的琉璃制法的记载，而制作高铅玻璃的具体方法载于天平六年（734年）五月一日的正仓院文书，史道洛墓高铅玻璃的发现为证实这一记载的可靠性增添了新资料。

四、大型彩绘武士俑与镇墓兽在宁夏地区属首次发现

史道洛墓出土的大型彩绘武士俑与镇墓兽在宁夏地区属首次发现，堪称近年唐墓出土陶俑的精品。

五、木箱应是盛装珍贵物品之用

从墓室地面残余的木箱痕迹推测，除陶俑和置于棺床上的随葬品以外，与正仓院的宝物收藏箱一样，珍贵物品是装入黑漆镶鎏金具的木箱内随葬的。墓室中散乱分布的鎏金铜花、铜泡钉及骨质饰件，均属木箱的附属品。与这种木箱形态相同的传世品见于正仓院南仓及法隆寺（其中也有涂漆、装有鎏金缘、角、足等金属饰件的）。

六、墓志放置程序反映当时埋葬思想

以往的发掘对墓门开闭的方向、墓志放置的程序未能予以充分注意。然而，这恰恰是一个反映当时埋葬思想的关键问题。从史道洛墓门铺首出土位置判断，墓门是向内开的，这种结构是基于墓主本人来开闭墓门的想法而设计的。支持这种看法的是墓志的出土状况。墓志盖出土时，文字头向墓道一侧，是为了墓主看读而安放的。墓志本体文字反向与志盖正相反，是按便于生者读看的方向放置。仪式过程中如同诔文一样，先朗读志文，然后盖上纺织品，再加盖志盖。

综上，史道洛墓的发掘为宁夏固原史氏墓地的研究提供了新视角，在唐墓的发掘方法上也进行了有益的尝试，并为1996年北周田弘墓的发掘作了技术上的准备，从这个角度来说，史道洛墓具有不容忽视的重要意义。

（罗丰、谷一尚、苏哲）

编 后 记

　　1995~1996年，中日考古工作者组成原州联合考古队对宁夏固原地区北朝隋唐时期原州古墓群进行调查发掘，唐史道洛墓是其中的一座。该墓得到了仔细的发掘与考古材料整理，使得一些容易被忽略的考古信息也被记录下来。2000年，日本勉诚出版社出版《唐史道洛墓》（以下简称原报告），公布了这批考古材料。由于该报告是在日本出版，加上数量有限，中国读者很难见到。为了全面公布这批考古材料，史道洛墓的中日双方发掘负责人经过商议，决定在日文版的基础上重新出版中文版的唐史道洛墓发掘报告，希望这本报告能够比原报告的内容更为全面准确，以满足更多读者的需要。

　　唐史道洛墓的发掘与材料整理是由中日两国多位考古人员完成，原报告在出版前未经仔细完全地统稿，加上文化与语言差异，在编号、描述等方面也存在一些问题。本次修订根据中国考古发掘报告的编写规范，力求尽可能修正这些问题，以下是本次修订所采用的基本方法：

一、器物登记表中的编号

　　原报告中对各类器物制作了器物登记表，但是器物编号使用了多种编号方式，也有相当多重号或者无号的器物。本次修订，为更直观地反映发掘过程，也便于厘清原报告提供的所有出土遗物并且继续使用原报告提供的线图，我们原则上没有对器物重新给出整理号，而是沿用原器物的各种编号，对有重号或者无号的器物进行了适当调整，重新制作器物登记表，具体如下：

　　（一）以阿拉伯数字编号，是原报告中使用最多的编号。以阿拉伯数字编号的器物基本上都出现在正文的平面图上，有个别器物号出现重号现象，为方便区分，就在该数字后加上－1、－2、－3……依次进行排序。

　　（二）以出土位置进行编号，例如耕土层、H1（宋代灰坑）、井五（第五天井）、甬（甬道）、过洞、封门下等，遇到重号的器物时，以出土位置加上—1、－2、－3……依次进行排序。

　　（三）墓室内一些遗物以具体位置进行编号，例如棺床上、皮革（漆皮箱残片）东部、棺床南侧中央部、东壁下、棺床上散、墓室西南角俑下部等，遇到重号的器物时，以出土位置加上－1、－2、－3……依次进行排序。

　　（四）以英文字母加上阿拉伯数字，例如以T代表铁器或者铜钱，例如T1（铁甲片）、T4（开元通宝）、T5（铁锅残片）等；还有一种情况是以M代表木器，例如M1、M2、……，代表残木片，在本次修订中，则以木1、木2、……代替M1、M2等等。

（五）以日文编号，例如，一括，原发掘者中有相当队员来自日本，推测他们是用这一词汇命名那些残损成几部分而不好编号的器物，本次修订中则继续沿用，遇到重号的器物时，以"一括"加上－1、－2、－3……依次进行排序。

6. 无号，原报告中有一定数量的器物无号，主要集中在鎏金铜饰、装饰有鎏金铜饰的残木片，尤其是后者，墓葬在发掘时由于被盗和进水，墓室内散落着许多朽坏的残木片，其中一部分只留下朽痕。由于保存状况很差，发掘者对于这类器物没有全部编号，但是进行了统计，所以本次修订仍旧保留了这部分无号的器物。

二、动物骨骼登记表

史道洛墓早年被盗，从盗洞进入大量动物骨骼，加上进水和墓葬坍塌，动物骨骼散落于墓葬各处。发掘者和动物考古学研究者对于这些动物骨骼的出土位置、数量、种属、所属部位进行过细致的记录、统计和鉴定分析，是研究古代固原地区动物物种、气候环境以及动物与人的关系的重要考古学资料。为了弥补这批资料在原报告中的缺失，本报告对这些数据重新核对，以动物骨骼登记表的形式补入。

三、线图与图版

原报告中提供了大量器物线图与图版，但是并未标明这些器物的编号，读者很难将这些图像与器物登记表中的信息和正文描述迅速准确地对应起来，造成阅读和理解的不便。本次修订中，我们将原报告的线图与图版同器物登记表进行多次统计、比对，除了残木片、玻璃器等器类中个别无法确定编号的器物外，其他均在新版报告中采用，凡是采用的器物线图与图版，基本有编号说明，方便读者进行图、表和文字的检索。此外，还补充了固原城卫星影像图、墓志、墓主人头骨等图像信息，与原报告的图版相比，内容更丰富。

四、文字描述

由于中日文化与语言的差异，加上未经完全的统稿，原报告的不同章节在文字描述上有前后不一致、描述含混等问题，本次修订中进行仔细全面统稿，力求文字描述准确，逻辑清楚，前后一致。

史道洛墓由原州联合考古队调查发掘，原报告各章节分别由下列人员执笔，中方有雷润泽、罗丰、苏哲、卫忠、陈晓桦、郑克祥、韩康信、袁靖、安家瑗；日方有谷一尚、菅谷文则、茂木雅博、三宅俊彦。朱岩石、苏哲承担了原报告日文的中文翻译，菅谷文则、妹尾信子、三宅俊彦负责中文的日文翻译。

在调查发掘和原报告编写过程中，曾经得到了宿白、徐苹芳、刘长宗、陈坤、王建新、安家瑶、森浩一、伊达宗泰、高桥徹、相马秀广、安田顺惠、铃木昭夫、梅原章一等诸位先生的帮助和指导，在此谨致谢意。

宁夏文物考古研究所马晓玲女士承担本报告的修订与编辑工作，文物出版社楼宇栋先生曾为报告的修改提过很好的意见，刘昶女士为责任编辑，他们为报告的再版付出了大量心血。宁夏文物考古研究所所长罗丰、宁夏文化厅副厅长卫忠对报告的再版和具体修订工作给予大力支持并提出宝贵意见。宁夏文物考古研究所边东冬先生拍摄了器物照片，宁夏文物考古研究所朱存世先生、宁夏固原博物馆郑克祥先生与武瑛女士也提供了诸多帮助，在此一并致谢。

由于编者并未亲身参加该墓考古发掘，加上水平、经验有限，书中错误之处在所难免，不足之处敬请读者批评指正。

编　者

2014 年 4 月 8 日

The Tomb of Shi Daoluo of Tang Dynasty
The Yuanzhou Archaeological Joint Excavation in 1995

(Abstract)

Guyuan, old named Yuanzhou, situated in the south part of Ningxia Hui Autonomous Region, is an important military and political town in the north of China since ancient times and the well known Silk Road passed it.

During the years of 1995－1996, the Yuanzhou Archaeological Excavations in China, funded by the Monbusho (Japan Ministry of Education) Grant-in-Aid for International Scientific Research, was a Joint Project by Japan and China.

During 1995, we discovered the Tomb of Shi Daoluo who lived during Tang dynasty, and was buried in 658A.D. Numerous pottery, porcelain, copper, gold, woodware and polychrome, small fragments of murals were found.

The tomb had two pottery guards, one depicted with the head of a man and the body of a beast. the other was the beast head and body. Both of these guards were painted of gold, silver and polychrome.

A Byzantine gold coin, two white porcelain vases, six lobed glass bowl and three wood lacquer ware boxes were also discovered, we have deduced that those well artifacts in wood lacquer ware boxes, similar to Japanese Shosoin Treasures.

The epitaph has four guards engraved on each of four sides, it is similar to Japanese Takamatsu-zuka Kofun wall Paintings.

These discoveries would be helpful to our understanding of the relationships among the Byzantine, west-central Asian, Chinese, Japanese cultures during 600s A.D.

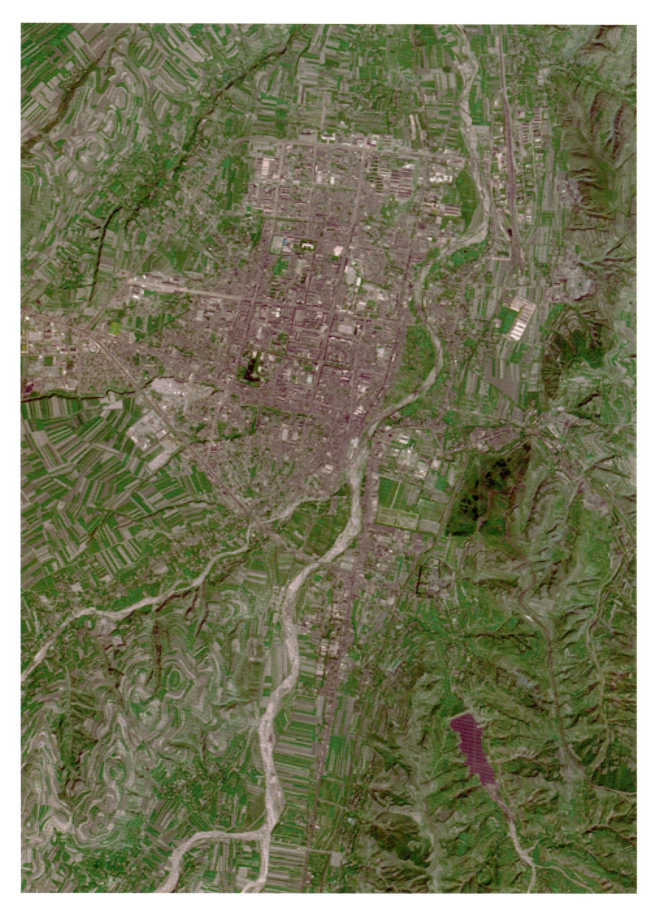

彩版一　固原城和南郊黄土台地卫星影像图（1/34500，宁夏国土测绘院2010年制）

1. 固原南郊乡小马庄村远景

2. 固原南郊黄土台地

彩版二　唐史道洛墓地理环境

1. 史射勿墓封土

2. 史诃耽墓封土

彩版三　隋唐史氏墓地

2. 清理墓室骨骼

1. 清理盗洞与天井

4. 揭取壁画残片

3. 现场测绘

彩版四　唐史道洛墓发掘现场

彩版五　墓室及天井全景（由南向北摄）

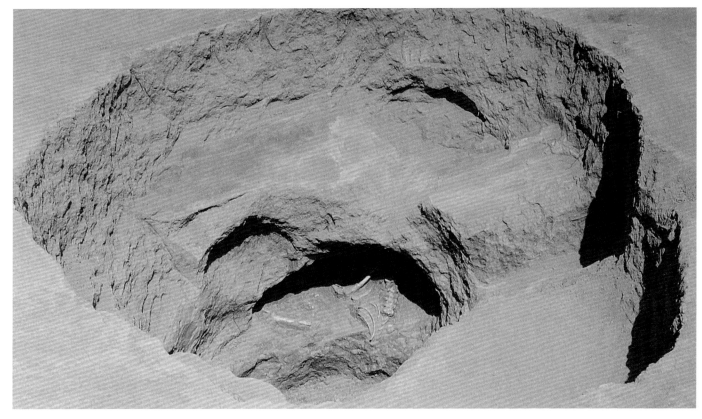

1. 狗龛（由西向东摄）

2. 盗洞出土动物骨骼（由北向南摄）

彩版六　狗龛与盗洞出土动物骨骼

彩版七　墓志出土情况（由南向北摄）

1. 木封门遗痕（由南向北摄）　　　　　　　　　2. 甬道内壁画残片

3. 棒状铁制品

彩版八　甬道口木封门遗痕及甬道内遗物出土情况

1. 由北向南摄

2. 由西向东摄

彩版九　墓室内遗物出土情况

1.东罗马金币与铜镜出土情况（由南向北摄）

2.漆皮箱出土情况（由西向东摄）

彩版一〇　墓室内遗物出土情况

1. 开元通宝及残木片出土情况（由西向东摄）

2. 下颚骨、残木片及条形骨器出土情况（由西向东摄）

彩版一一　墓室内遗物出土情况

1. 海贝出土情况（由南向北摄）　　　　2. 方形、长方形骨器和贴金箔骨器出土情况（由西向东摄）

3. 黑漆木箱（中）遗痕（由南向北摄）　　　　4. 黑漆木箱（小）遗痕（由西向东摄）

5. 黑漆木箱（大）遗痕（由北向南摄）

彩版一二　墓室内遗物出土情况

1. 开元通宝

5. 鎏金铜马镫（651）

2. 玻璃器（墓室西南隅陶俑下）

6. 鎏金铜马镳（左632；右633））

3. 条形骨器（墓室东侧）

7. 陶灯盏（532）

4. 条形骨器及甬道西侧红烧土痕迹

8. 墓室覆土木质器

彩版一三　墓室内遗物出土情况

彩版一四　棺床上遗物出土情况（由西向东摄）

1. 棺床西侧夹道遗物及人头骨等出土情况
（由南向北摄）

2. 棺床前遗物出土情况
（由北向南摄）

彩版一五　棺床西侧及棺床前遗物出土情况

1. 陶灯盏（甬道 P-1）

2. 陶灯盏（532）

3. 陶纺轮（井五 6-3）

4. 陶器盖（耕土层-3）

彩版一六　陶灯盏、陶纺轮和陶器盖

彩版一七　张口武士俑

1. 正视   2. 左侧视

彩版一八　张口武士俑实测图

1. 背视

2. 右侧视

彩版一九　张口武士俑实测图

彩版二〇　闭口武士俑

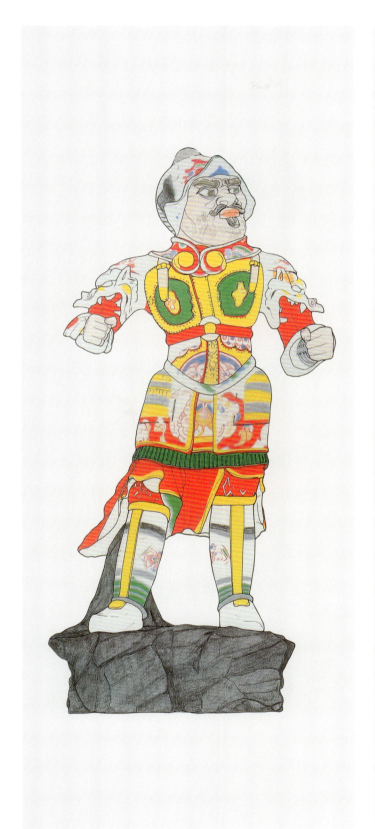

1. 正视   2. 左侧视

彩版二一　闭口武士俑实测图

1. 背视

2. 右侧视

彩版二二　闭口武士俑实测图

彩版二三　人面镇墓兽

1. 正视

2. 左侧视

3. 背视

彩版二四　人面镇墓兽实测图

彩版二五　兽面镇墓兽

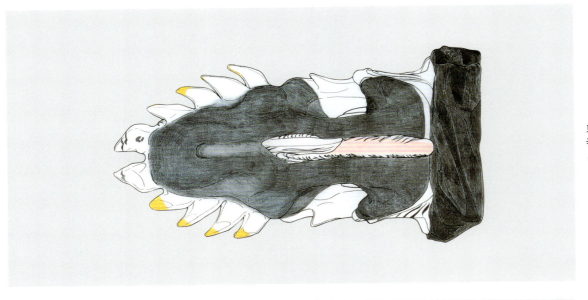

3. 背视

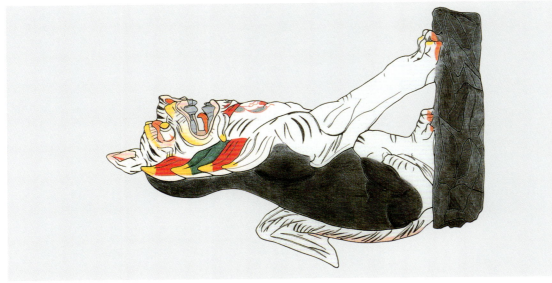

2. 右侧视

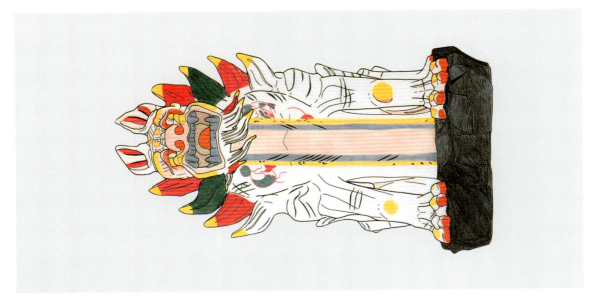

1. 正视

彩版二六　兽面镇墓兽实测图

彩版二七　耕土层及宋代灰坑H1出土瓷器残片

1. 青瓷碗（耕土层-6）　2. 青瓷残片（H1-17）　3. 青瓷残片（H1-18）　4. 青瓷圈足灯盏（H1-20）　5. 白瓷碗（H1-12）　6. 青瓷残片（H1-19）
7. 青瓷碗（H1-15）　8. 青瓷碗（H1-8）　9. 青瓷碗（H1-14）　10. 青瓷碗（H1-7）　11. 青瓷碗（H1-11）　12. 青瓷碗（H1-10）　13. 青瓷碗（H1-9）

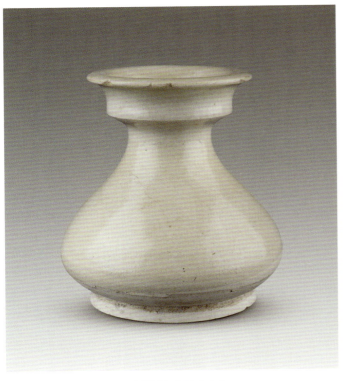

1. 白瓷瓶（536-1）

2. 白瓷瓶底视（536-1）

3. 白瓷罐（538、537+539）

4. 白瓷瓶盖（121）

彩版二八　白瓷瓶、白瓷罐及白瓷盖

2. 铁钉（甬17-3，封门下11-1，封门下10-1，甬16-1，576-1，748）

1. 铁甲片（T1）

4. 铜铺首正视（47、48）

3. 铜铺首侧视（47、48）

彩版二九　铁甲片、铁钉及铜铺首

1. 铜镜（535–7）

2. 铜镜（659）

1. 鎏金铜马镳（734-2、717、632、633、533-3）

2. 鎏金铜马镫（651）

彩版三一　鎏金铜马镳及马镫

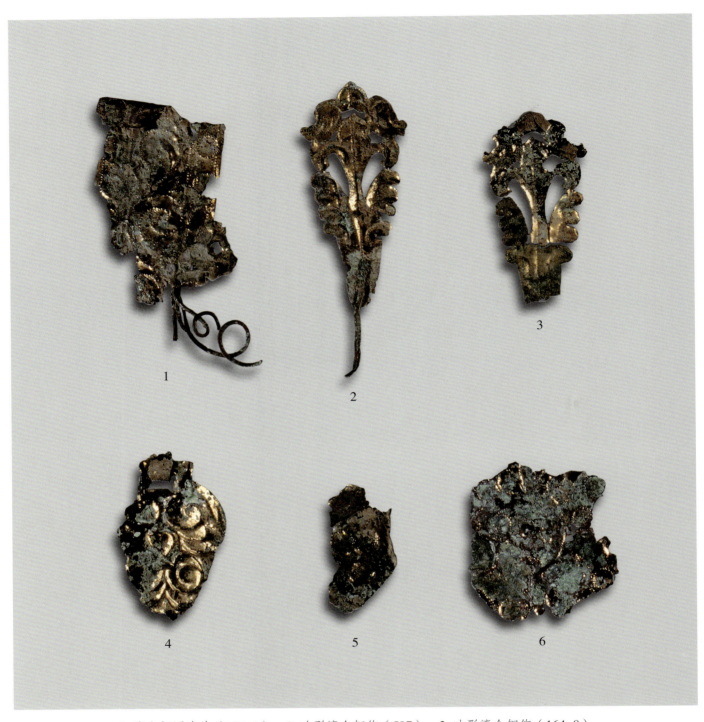

1. 鎏金铜冠残片（164-3）　2. 叶形鎏金铜饰（597）　3. 叶形鎏金铜饰（164-8）
4. 鎏金铜杏叶（631）　5. 鎏金铜饰（506）　6. 嵌玻璃珠鎏金铜饰（164-7）

1. 六曲玻璃器侧视（590-1）　　　　　　　　2. 六曲玻璃器底视（590-1）

3. 六曲玻璃器侧视（706-3）　　　　　　　　4. 六曲玻璃器底视（706-3）

彩版三三　六曲玻璃器

1. 葡萄叶形鎏金铜饰（甬道北侧-2）　　2. 葡萄叶形鎏金铜饰（甬道北侧-3）　　3. 鎏金铜饰（164-1）

4. 花瓣形玻璃饰片（598）　　5. 花瓣形玻璃饰片（557）　　6. 花瓣形玻璃饰片（586）

7. 玻璃珠（711）　　8. 嵌玻璃珠鎏金铜饰（159）　　9. 铜丝（164-2）

彩版三四　鎏金铜饰、嵌玻璃珠鎏金铜饰、花瓣形玻璃饰片、玻璃珠及铜丝

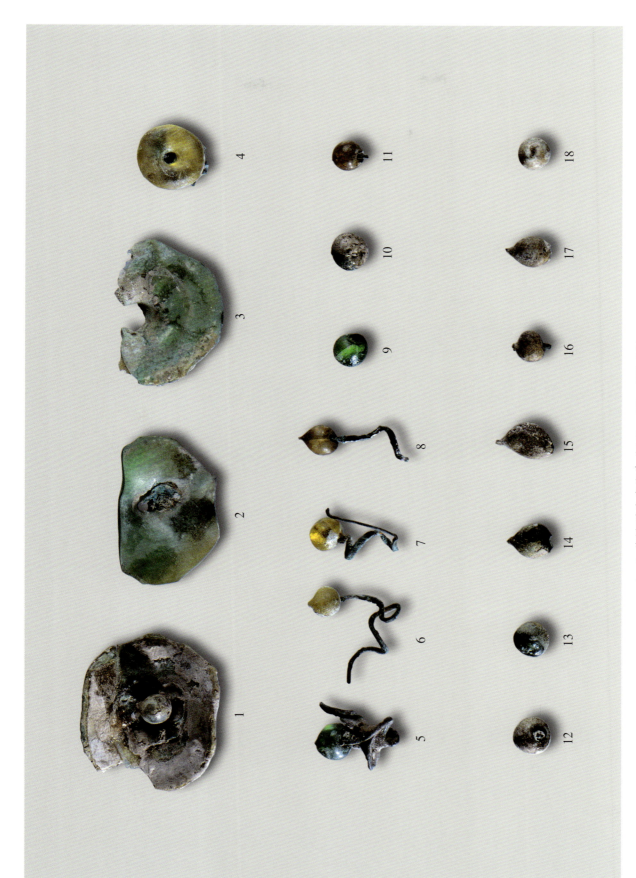

1～3. 花瓣形玻璃饰片（555、569、653-14）

4～18. 玻璃珠（615-1、653-9、19-1、653-8、584-2、701-2、646、701-1、119-2、585、112、126、102、107-2、706-1）

彩版三五 花瓣形玻璃饰片及玻璃珠

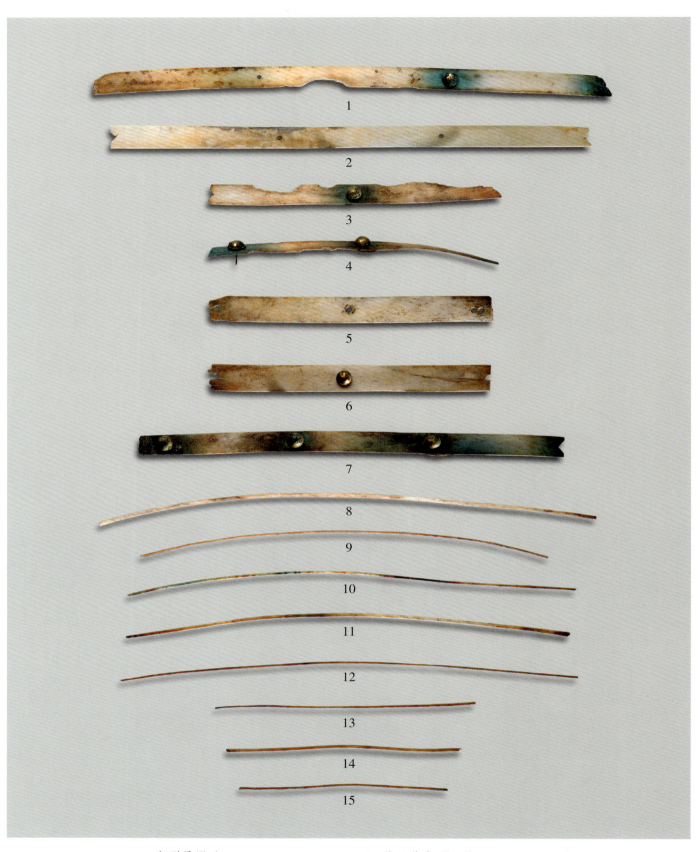

1~7. 条形骨器（605-2、726、173、698-4、井五墓志下、井五15-2、620-2）

8~15. 签形骨器（554-1、540、27、551-1、554-2、621-1、36、543）

彩版三六　条形骨器及签形骨器

1～4.贴金箔长条形骨器（墓室西南角俑下部-1、-4、-3、-2）

5～10.贴金箔长方形骨器（731-1、742-1、743、745-16、745-17、746-3）

11～14、17.长方形骨器（745-19、745-3、745-2、745-1、582）　15、16.方形骨器（744-1、744-2）

18～22.圆形骨器（741、524、120、124-2、116）　23.刀形骨器（550）　24.T字型骨器（横棒522、竖棒738）

彩版三七　贴金箔骨器及长方形、方形、圆形、刀形、T字型骨器

1. 第一类（526-1） 2. 第一类（572） 3. 第一类（684） 4. 第一类（木2） 5. 第二类（木1）

6. 第二类（629-3） 7. 第二类（653-1） 8. 第二类（666） 9. 第二类（692-2） 10. 第二类（699-1）

11. 第二类（木3） 12. 第二类（木4） 13. 第二类（墓室棺床下） 14. 第二类（墓室西南角）

彩版三八 装饰有鎏金铜饰的木箱残片

1. 第三类（607-1） 2. 第三类（669-1） 3. 第三类（木5-1） 4. 第三类（木6-3） 5. 第四类（653-2）
6. 第四类（574） 7. 第四类（602-1） 8. 第四类（612-1） 9. 第四类（679-1） 10. 第四类（692-1）
11. 第四类（694-1） 12. 第四类（710） 13. 第四类（685-1） 14. 第四类（墓室西角） 15. 第四类（墓室西南角）

彩版三九　装饰有鎏金铜饰的木箱残片

1~5. 钉有鎏金铜泡钉的残木片（683-3、683-4、709-5、709-7、638-1）

6. 残木片（636）

7. 残木片（639-2）

8. 残木片（638-2）

9. 残木片（墓室西南隅陶俑下）

10. 残木片（625-2）

11. 残木片（695-3）

12. 残木片（628-2）

13. 残木片（592-2）

彩版四〇　钉有鎏金铜泡钉的残木片及残木片

1. 东罗马金币（534-4，正面，放大）

2. 东罗马金币（534-4，背面，放大）

3~10. 海贝（501、622、623、624、652、722-1、722-2、722-3）

彩版四一　东罗马金币及海贝

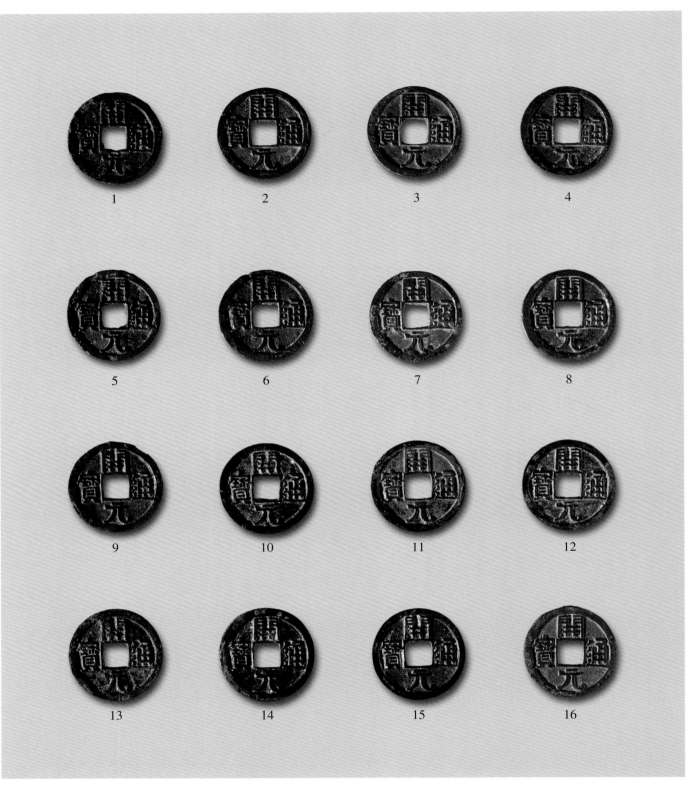

1. 502　2. 508-1　3. 508-2　4. 508-3　5. 687-1　6. 687-2　7. 687-3　8. 687-4　9. 687-5　10. 705　11. 676-1

12. 676-2　13. 676-3　14. 577-1　15. 577-2　16. T4

彩版四二　开元通宝正面

1   2   3   4

5   6   7   8

9   10   11   12

13   14   15   16

1. 502   2. 508-1   3. 508-2   4. 508-3   5. 687-1   6. 687-2   7. 687-3   8. 687-4   9. 687-5   10. 705   11. 676-1   12. 676-2   13. 676-3   14. 577-1   15. 577-2   16. T4

彩版四四　史道洛墓志盖

彩版四五　史道洛墓志铭文

1. 左：青龙

2. 右：白虎

彩版四六　史道洛墓志盖局部花纹

1. 上：朱雀

2. 下：玄武

彩版四七　史道洛墓志盖局部花纹

1. 正视

2. 底视

3. 右视

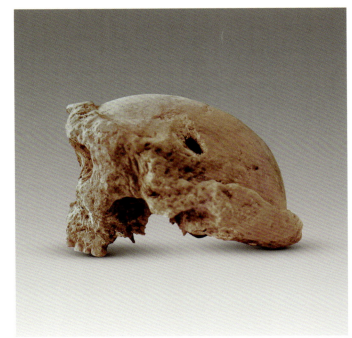

4. 左视

彩版四八　史道洛墓甲个体人头骨